本书获

中国民航大学航空法津与政策研究中心开放式基金

项目经费资助

本书获中国民航大学航空法律与政策研究中心
开放式基金项目经费资助

我国独立航空仲裁法律制度研究

——以航空仲裁适用性为视角

贺大伟／著

中国政法大学出版社

2022·北京

图书在版编目（ＣＩＰ）数据

我国独立航空仲裁法律制度研究：以航空仲裁适用性为视角/贺大伟著. —北京：中国政法大学出版社，2022.8
　ISBN 978-7-5764-0253-7

Ⅰ.①我… Ⅱ.①贺… Ⅲ.①航空－仲裁法－研究－中国 Ⅳ.①D922.296.4

中国版本图书馆CIP数据核字(2022)第007114号

出　版　者　中国政法大学出版社

地　　　址　北京市海淀区西土城路 25 号

邮寄地址　北京 100088 信箱 8034 分箱　邮编 100088

网　　　址　http://www.cuplpress.com (网络实名：中国政法大学出版社)

电　　　话　010-58908285(总编室) 58908433（编辑部）58908334(邮购部)

承　　　印　固安华明印业有限公司

开　　　本　720mm×960mm　1/16

印　　　张　15.5

字　　　数　255 千字

版　　　次　2022 年 8 月第 1 版

印　　　次　2022 年 8 月第 1 次印刷

定　　　价　75.00 元

序言（一）

    在现代社会中，仲裁是一个国家或地区法治成熟度的重要指标之一，对于促进争议解决机制的专业化与多元化、提升市场营商环境具有极为特殊的功能。仲裁所具有的自治、便捷、高效、私密的制度优势不仅为国际经济贸易中的各方当事人所广为接受，更早已成为我国积极融入全球经济一体化、推动企业参与国际市场竞争的重要法律保障。

    改革开放以来，伴随着我国经济社会发展取得的巨大历史成就，我国的仲裁事业也取得了长足的发展，在仲裁理念日益深入人心的同时，各项仲裁要素不断丰富完善，不仅为国内市场交易主体间的定分止争提供了又一重要法律选项，也为促进我国投资环境、贸易环境的持续优化作出了积极贡献。以《中华人民共和国仲裁法》的正式实施为标志，现代仲裁制度在国家法律层面得以确立，为进一步推动我国的仲裁制度走向世界、面向未来奠定了良好的制度基础。随着实践的发展，2018 年 12 月 31 日，中共中央办公厅、国务院办公厅发布了《关于完善仲裁制度提高仲裁公信力的若干意见》，为我国仲裁制度的进一步改革发展勾勒出宏伟蓝图。其中特别提到要"结合行业特点，研究建立专业仲裁工作平台，培养专业仲裁人员，制定专业仲裁规范，促进仲裁的专业化发展"，这也为包括航空仲裁在内的我国专业仲裁机制的完善指明了方向。

    航空业是国民经济和社会发展的支柱性产业之一，对于保障社会民生、促进全球经济交往具有重要的战略性意义。随着我国经济实力和综合国力的不断增强，我国已持续多年稳居全球第二大航空市场，以航空制造、航空运输、航空金融为代表的各细分行业均得到迅猛发展。与之相伴的是，我国航空业的法律环境不断优化，航空法律制度建设也取得了优异的成绩，特别是以上海国际航空仲裁院为代表的航空仲裁的实践探索，已成为我国引领全球航空业法律规则的制定、提升中国民航话语权的重要体现，也成为我国从民航大国向民航强国转变的重要诠释。

在国际航空界，仲裁制度并非新鲜事物。无论是作为战后国际航空业宪章性文件的《国际民用航空公约》（《芝加哥公约》），抑或是规范国际航空运输活动的《统一国际航空运输某些规则的公约》（《蒙特利尔公约》），均对以仲裁机制解决相关领域航空争议的方式设置了相应的制度规范。进入21世纪以来，随着航空制造、运输、物流、金融等行业的飞速发展，航空争议也日趋增多，业界对航空争议多元化解决机制的需求相应提升，在此背景之下，与航空仲裁相关的话题和事件也日益受到社会各界的关注、重视，体现在：

首先，在实践创新方面，2014年8月28日，由中国航空运输协会、国际航空运输协会、上海国际仲裁中心共同发起设立的上海国际航空仲裁院正式揭牌，成为全球首个专门服务于航空业的国际仲裁机构，为我国、亚太地区乃至全球航空界在争议解决领域的规则构建发挥了重要的引领和示范作用。更为重要的是，上海国际航空仲裁院的成立，结束了世界上只有海事仲裁机构、没有航空仲裁机构的历史，具有重要的里程碑意义。

其次，在制度探索方面，上海市人民代表大会常务委员会于2016年在广泛听取有关方面的意见后，在出台的《上海市推进国际航运中心建设条例》中，专门将航运仲裁机构、航运仲裁规则的完善纳入航运营商环境建设的指标体系。需要特别指出的是，上海既是全球的金融贸易中心，也是包括空运在内的航运中心，并且还是航空制造业的中心，这在世界上是唯一的，因此上海具有发展航空仲裁、研究航空法学、推动航空制度创新的得天独厚的条件。

最后，在学术研究方面，航空仲裁实践的快速发展，为国内外航空法学界关于航空争议解决机制的理论研究提供了丰富的素材。在中国法学会航空法学研究会、中国航空运输协会法律委员会等机构近年举办的历次年会和各类专题会议中，以航空仲裁为代表的航空争议多元化解决机制的建设等话题均作为会议主题之一，并为与会嘉宾所热议。过去业界曾出现过航空法是小众学科、航空仲裁的范围太小等观点，这实际上是我国早期的航空工业（特别是航空制造业）相对落后的境况在法学理论中的反映和体现，然而，随着我国民航强国建设的步伐更快、力度更大，到2024年左右我国将成为世界上最大的单一民航运输市场，航空法、航空仲裁将会为更多受众所认识，并成为我国法治建设的重要组成部分。

在此背景下，贺大伟同志的这本著作不失为一次从学理角度进行研究的重要尝试，据我所知，本书也是国内外第一本专门研究航空仲裁的专著，具有一定的理论意义和实践价值。在本书即将付梓之际，贺大伟同志邀我作序，我欣然接受，希望他能够为航空仲裁法律制度的研究与建设作出更多、更大的贡献。

是为序。

郭俊秀 博士

中国东方航空集团有限公司 总法律顾问

中国法学会航空法学研究会 会长

序言（二）

在市场经济国家中，制度是经济增长和发展之源。无论如何表述经济增长与经济发展的源泉，制度始终是其决定性因素。通过减少不确定性和复杂性，防止和化解冲突，作为"交往的结构、行动的指南、选择的集合"的制度决定着经济绩效、预期着机会成本、提供着博弈机会、增加着交易的依赖度，进而增加了社会利益。倘若伯尔曼关于"法律调整本身就是资本的一种形式"之论断为真，那么在我看来，本书关于航空仲裁法律制度的主题研究，不仅是对作为一种价值尺度的法律规则本身的分析，也隐含了对作为组织与链接航空业生产要素的制度资本进行有益探索的尝试。

如果说法律作为社会变迁的工具，包含行为方式的内化（推行信仰与价值观）和行为方式的制度化（建立规范并且为规范提供保障）这两个相互关联的过程，那么，相较于纯粹的仲裁法律制度而言，航空仲裁毫无疑问正处于第一阶段向第二阶段转化的进程中。在人类漫长的历史进程中，广义范围内的航空业虽然也具有较为久远的演进史，但商业意义上的航空业的发展历程迄今才历经百余年时间，相应地，作为既是对产业变迁的回应，又是产业变迁推进器的航空法，尚处于其学科的青年期。航空业是典型的基于技术进步和技术创新的行业，高科技含量虽然构成了产业发展的重要表象，但并不构成产业发展的全部内容，因为单纯的技术革命必须以制度变革为其功能放大的前提。技术创新开拓着人类活动的边际，制度创新则规范着人类活动的规则，从制度史上看，技术创新从来都会引发制度创新，诺思甚至把制度创新比作技术创新的副产品，认为"它使技术变化的潜在利益得以实现"。如果制度的需求是客观的情势，制度的供给则是主观的理念，一个制度的变化往往是需求与供给都存在或满足时才会成为现实。在这一意义上，以航空仲裁为视角，来探索促进航空业发展的制度绩效，无疑具有一定的价值。

特别是在经济全球化的今天，国家之间的竞争不仅仅是经济、军事等硬实力之间的比拼，以制度为重要组成部分的软实力之间的较量更不可或缺。在我国，航空业是经济社会发展的基础性产业，也是较早融入全球化竞争的产业之一，特别是进入到 21 世纪以后，全球航空业之间的竞争早已趋于白热化。市场经济是制度经济，航空业的发展转型或更加富有绩效同样必须实现法律从资源优势向竞争优势的转型，因为竞争优势本质上是制度优势。基于制度理性决定制度选择的原理，制度优势取决于制度理性优势，或者可以说，制度优势来源于理性优势，来源于理性优势的制度设计。曾如斯蒂格利茨所言："设计良好的制度与规则会产生一个有效率的、增长迅速的、生活水平不断提高的社会，设计不良的制度和规则会引起停滞，甚至衰退。……在认真建立起来的法律规则的环境中，人们可以预见到会出现的情况，也就会相当负责任地行事。"从这一角度出发，作为全球航空业软实力竞争的重要诠释之一，中国航空界所积极倡导的航空仲裁理念已然付诸实践，使我国尤其是上海成为对区域乃至全球航空争端解决产生虹吸效应的重要高地，也为其上升至制度、甚至形成制度优势奠定了良好的基础。如果说制度设计是对分散决策者的选择进行的集合，经规则满足所有分散决策的利益，那么通过制度设计则可以使稀缺走向相对丰沛，或者至少相对满足社会大多数人的需要，更进一步的是，好的且有效率的制度则是社会缓解稀缺的契机。就航空仲裁而言，尽管从理性优势到制度优势是一个复杂的政治过程，但即便如此，未来仍可期待！

本书的作者贺大伟同志是我指导的博士生，回忆起与他交往以来的点点滴滴，特别是在华东政法大学攻读学位期间的那段岁月，感到非常愉快。欣闻贺大伟同志这本关于航空仲裁制度的主题研究即将付梓，受其邀请，我非常高兴为其作序，基于前述思考，希望能对读者有所启发。

是为序。

肖国兴

华东政法大学 教授、博士生导师

CONTENTS

目　录

本书为关于航空仲裁法律制度的专题研究，以规范、调整航空仲裁的国内法规则、国际法规则及相关实践为研究对象，旨在通过对我国现阶段航空仲裁的适用性法律问题作出清晰阐释，进而明确我国独立航空仲裁在学理层面的论证基础和实践层面的实然绩效，在此基础之上，就其制度完善进行分析并探讨相应对策。

一、选题缘起

（一）问题的提出

在一国法律体系内，航空法是重要的部门法之一，且兼具国内法与国际法、实体法与程序法、公法与私法等多重特征于一身。仅就作为调整航空市场、航空产业中各交易要素的航空法律规范而言，航空法体现了极强的经济法律制度特征，无论是民用航空法关于航空器权利体系的系统性规范，抑或是民法典关于旅客运输合同、货物运输合同的特定性规定，再或是学术界关于航空法学科定位的学术性探讨，[1]均反映了航空法之于航空业的基础性调整、规范功能。同时，对于包括航空法在内的广义范畴内的经济法律制度而言，在此类规范所调整法律关系的争议解决方式方面，其规则设计与机制安

---

[1]　关于航空领域法律规范的学科定位，国内外学术界多有探讨，在许多学者看来，航空法在一定程度上具有经济法的色彩与属性。譬如，金泽良雄教授将《日本航空法》《日本飞机工业振兴法》等航空运输事业法令纳入经济法的研究范畴；在我国，顾功耘教授亦将《中华人民共和国民用航空法》等纳入宏观调控法的范畴。参见［日］金泽良雄：《经济法概论》，满达人译，中国法制出版社2005年版，第2页；顾功耘主编：《经济法教程》，上海人民出版社、北京大学出版社2013年版，第97页。

排不仅是该类法律制定、实施或规制的一项重要内容，[1]亦作为企业、产业、市场营商环境的重要组成部分而存在。[2]作为两者的结合与交汇，航空仲裁虽早已构成实践中航空争议解决的重要方式之一，但在学理层面尚有诸多问题亟待研判。

基于上述宏观背景，本书拟以航空仲裁为研究视角，就我国独立航空仲裁法律制度的发展与完善进行若干不成熟的探讨。具体而言，本书选取我国航空仲裁的适用性为切入点，主要基于如下因素：

1. 航空仲裁在我国的迅速发展。近年来，航空仲裁机制在我国航空争议解决与仲裁实践创新领域发展迅速，具体体现为：

（1）航空仲裁已发展为航空争议解决机制的重要法律选项。在我国国民经济体系中，航空业是重要的战略性产业，[3]对于促进经济增长、保障社会民生具有重要功能。得益于经济社会的快速发展，我国航空产业近年来也保持了高质量的增长态势，航空制造、航空运输等主导产业持续发展，并在全球范围内保持领先地位，若干关键领域取得了突破性进展，航空产业链上下游环节的市场结构日渐成熟。以民用航空为例，进入到 21 世纪以来，中国民航的客货运输量、机队规模、机场数量等各项指标均呈现爆发式增长的态势，总体而言，已连续多年位列全球第二大航空市场，并在 2019 年继续创出历史

---

〔1〕 在传统大陆法系民商事法律体系中，诚然以民事诉讼法为代表的程序性法律规范对于民商事争议的诉讼解决发挥着极为重要的规范作用，但这并不能完全涵盖现代市场经济体制内相关经济法律规范所调整法律关系的争议解决，而该等争议解决方式恰恰也应当成为该类法律规范的固有要素之一。譬如，日本的丹宗昭信教授将反垄断法上的违法案件处理程序、世贸组织法上的统一争端解决程序等机制或问题归入经济法的规则程序进行研究。参见 ［日］丹宗昭信、伊从宽：《经济法总论》，［日］吉田庆子译，中国法制出版社 2010 年版，第 330、677 页。

〔2〕 近年来，对于纠纷解决机制特别是多元化解决机制的构建之于营商环境的重要性等问题，法学界的研究日渐深入。譬如，2018 年 8 月 25 日，由上海市法学会经济法学研究会、华东政法大学经济法律研究院联合主办的"第十届经济法律高峰论坛"成功举行，本次论坛以"营商环境与政府职责"为主题，并下设优化营商环境与政府职能转变、优化营商环境与市场秩序规制、优化营商环境与投资者权益保护、优化营商环境与多元化纠纷解决机制四个分论题。对于论题四，参会学者认为，纠纷多元化解决机制与营商环境密切相关，其定分止争的实质功能与产权明晰、契约精神、公平竞争的市场法则共同构成了营商环境的基本规则。基于上述论断，本书初步推论，作为纠纷多元化解决机制重要实现方式之一的仲裁机制，不仅需受到仲裁法、程序法的调整，亦需受到经济法律制度等实体法的指导与规范。参见"上海市法学会经济学研究会举办'第十届经济法律高峰论坛'"，载上海法学会官网，https://www.sls.org.cn/levelThreePage.html? id＝9903，最后访问日期：2019 年 1 月 10 日。

〔3〕 参见《国务院关于促进民航业发展的若干意见》，国发〔2012〕24 号。

新高。〔1〕

　　当然，在产业迅速发展的同时，航空领域的各类争议也呈大幅增长之势，并且基于航空产业的交易结构复杂化、交易标的特殊化、交易金额巨额化等诸多特征，航空争议也呈现出争议类型多元化、争讼诉求复杂化、裁决需求专业化等趋势，进而为航空法领域中航空争议解决机制的完善提出了全新的课题。

　　与其他类型的商事争议相类似，航空争议的解决机制也存在着包括诉讼、仲裁、ADR（替代性争议解决机制，全称为"Alternative Dispute Resolution"）〔2〕等机制在内的多元化选择。仅就仲裁与诉讼在一般类型争议解决领域的法律功能比较而言，仲裁在当事人意思自治、程序灵活性、专业性、成本和效率、非公开性等方面所体现出的比较优势已经日益为市场参与者所青睐。相较而言，在航空争议的解决机制领域，仲裁与诉讼同样存在上述对比维度，体现为：一方面，航空仲裁较之航空诉讼具有独立且独特的法律价值，其法律功能无法完全为诉讼所代替；另一方面，航空诉讼作为传统争议解决方式的主要途径，仍在诸多领域占据主导地位。总体而言，航空仲裁在相当程度上已成为航空争议解决的重要法律选项。

　　（2）航空仲裁已发展为行业仲裁的重要制度创新。如果说"市场经济是制度经济"〔3〕，现代仲裁机制则是基于市场经济土壤所孕育的宝贵制度结晶。仲裁是我国法律规定的纠纷解决制度，也是国际通行的纠纷解决方式。〔4〕就

　　〔1〕　2019 年，中国民航运输总周转量在继 2017 年首次突破千亿吨公里的基础上，达到 1292.7 亿吨公里，同比增长 7.1%；旅客运输量 6.6 亿人次，同比增长 7.9%；货邮运输量 752.6 万吨，同比增长 1.9%。参见"中国发布 | 2019 年中国民航行业规模居世界第二　运输航空持续安全飞行 8068 万小时"，载中国民用航空局官网，http://www.caac.gov.cn/ZTZL/RDZT/2020QGMHGZHY/2020WZBB/202001/t20200109_200249.html，最后访问日期：2020 年 4 月 7 日。

　　〔2〕　目前，对于 ADR 与仲裁的关系，不同国家的学者有不同的理解。本书认为，仲裁机制是否属于 ADR 的类型之一，应依照 ADR 的标准设定而定。在本书看来，广义的 ADR 系指除诉讼之外的其他所有类型的争议解决替代机制，狭义的 ADR 仅指可为法律程序所接受的、通过协议而非强制性的有约束力的裁定来解决争议的机制。本书采"狭义说"，故而将仲裁与 ADR 分列。"广义说"参见薛波主编：《元照英美法词典》（缩印版），北京大学出版社 2013 年版，第 65 页；"狭义说"参见 Gary Slapper, David Kelly, *English Legal System*, Gavendish Publishing Limited, 1996, p.275, 转引自齐树洁主编：《英国民事司法改革》，北京大学出版社 2004 年版，第 507 页。

　　〔3〕　［美］康芒斯：《制度经济学》（下册），于树生译，商务印书馆 1962 年版，第 73 页。

　　〔4〕　中共中央办公厅、国务院办公厅《关于完善仲裁制度提高仲裁公信力的若干意见》，2018 年 12 月 31 日发布。

其本质而言，仲裁是市场主体利用民间资源和市场机制，自主了结争议的一种纠纷解决路径，以尽量避免国家权力对争议解决的介入，因此仲裁具有典型的民间性特征。如果说公正是仲裁的生命力之所在，那么专业化就是商事仲裁机构得以发展壮大的力量源泉。[1]在此背景之下，基于专业化、行业化目标而生的行业仲裁理念逐渐兴起，并日益受到重视。

尽管目前学术界对于行业仲裁的学理定位尚存争议，包括其是否可以成为与机构仲裁、临时仲裁在制度层面平行或并列的第三种独立仲裁方式，但无论如何，在经济全面发展、分工不断细化、科学技术日新月异的现代社会，仲裁业所提倡的"基于专业"[2]的服务属性，在"行业仲裁"这一术语范畴内无疑得到了进一步彰显。

在对行业仲裁持肯定态度的学者看来，在全球范围内，英国的伦敦海事仲裁员协会（London Maritime Arbitrators Association，以下简称为"LMAA"）仲裁、谷物及饲料贸易协会（The Grain And Feed Trade Association，以下简称为"GAFTA"）仲裁以及国际油、油籽和油脂协会（Federation of Oils, Seeds and Fats Associations Ltd，以下简称为"FOSFA"）仲裁等，美国仲裁协会（American Arbitration Association，以下简称为"AAA"）仲裁，以及国际投资争端解决中心（The International Center for Settlement of Investment Disputes，以下简称为"ICSID"）仲裁等均为行业仲裁的典型代表；[3]在我国，行业仲裁也产生或存在于不同历史阶段，包括计划经济体制时期的经济合同仲裁、技术合同仲裁、著作权仲裁等仲裁组织或仲裁活动，以及改革开放之后得到迅速发展的建筑行业仲裁、金融行业仲裁等，均属于行业仲裁的范畴，[4]并有其存在的价值和意义。

倘若上述论断为真，航空仲裁无疑将成为行业仲裁发展史上的又一重要制度创新。就产业专业化程度而言，航空产业具有高科技壁垒、高成本投入、高社会敏感度、高运营风险、低收益品质的"四高一低"特征，伴随这一产

---

〔1〕 参见陈忠谦："关于完善我国行业仲裁制度的若干思考"，载《仲裁研究》2011 年第 2 期。

〔2〕 在法制史上，仲裁的进程可以分为基于神灵、基于权威、基于专业三个阶段。参见康明："论商事仲裁的专业服务属性"，对外经济贸易大学 2004 年博士学位论文。

〔3〕 参见黎晓光："中外行业仲裁法律制度比较研究"，中国政法大学 2005 年博士学位论文。

〔4〕 参见叶峰："行业仲裁发展的实践研究"，载《仲裁研究》2015 年第 1 期。

业而生的各种法律关系亦呈现出非常复杂的专业化色彩，这也对航空争议的解决机制在专业化程度方面提出了更高的标准和要求。在产业发展带动、引领法律机制同步改良的背景及需求下，加深对航空仲裁的内在运作机理、外在法律功能等要素的探讨，无疑具有一定意义。

（3）航空仲裁已发展为仲裁法、航空法的重要改革实践。对于航空仲裁的研究，不仅发端于学理的探索，更是基于我国航空仲裁的发展实践。2014年8月28日，作为全球首家专门服务于航空业的国际仲裁机构，上海国际航空仲裁院（Shanghai International Aviation Court of Arbitration，以下简称为"SHIACA"）正式揭牌。上海国际航空仲裁院由中国航空运输协会（China Air Transport Assocition，以下简称为"CATA"）、国际航空运输协会（International Air Transportation Association，以下简称为"IATA"）与上海国际仲裁中心（Shanghai International Arbitration Center，以下简称为"SHIAC"）共同发起设立。根据公开的报道，三方约定：国际航空运输协会、中国航空运输协会将积极向其会员推荐上海国际航空仲裁院作为航空争议解决机构，三方共同致力于今后逐步在中国及国际航空业标准合同中纳入上海国际航空仲裁院的争议解决条款。[1]

上海国际航空仲裁院的设立，标志着国际航空仲裁机制正式引入我国，这不仅有利于我国乃至全球航空争议解决机制的完善，更为重要的是，国际航空仲裁机制落地中国上海而非其他国家和地区，对于保持中国航空产业在全球航空市场的竞争优势、提升我国在航空规则构建中的话语权和影响力、推动我国由航空大国迈向航空强国具有重要的示范意义。

上海国际航空仲裁院的设立，也在一定程度上表明我国航空仲裁机制的实践已远远领先于对航空仲裁的学理探索，这不仅为航空法、仲裁法学术理论研究开拓了一片崭新的天地，更提出了全新的挑战。如能对以上海国际航空仲裁院为代表的独立航空仲裁机制进行实证分析，无疑将对进一步夯实航空仲裁制度的理论基础产生积极效应。

2. 对航空仲裁适用限度的界定与论证已构成航空仲裁理论发展与制度完

---

〔1〕　参见李含："揭秘首家国际航空仲裁院"，载和讯网，http://news.hexun.com/2016-11-02/186696734.html，最后访问日期：2018年12月27日。

善的前提之一。仲裁机制虽然具有明显的制度优势，且在若干领域与航空争议的产业特征高度契合，为航空争议中仲裁机制的引入与应用奠定了良好的基础，但这并不意味着仲裁制度可以适用于航空争议的所有领域，对于这一情形，本书将其归纳为航空仲裁的适用限度。作为航空仲裁理论与制度的基础性问题之一，航空仲裁的适用限度构成了某一类型航空争议能否适用仲裁解决的前置性条件，进而成为航空仲裁机制能否得以顺利实施的基本前提假设。在我国现阶段，就航空仲裁适用限度问题的提出，有如下具体因素：

（1）航空仲裁法律规范层面：相对欠缺协同性。就航空仲裁适用性的制度规范而言，现有规范之间相对欠缺协同性，进而导致了不同制度之间的冲突，包括国内法与国际公约之间的冲突、国内法与国内法之间的冲突等。

第一，就国内法与国际公约之间的冲突而言，在国际航空商事仲裁实践中，航空仲裁制度发端于航空运输领域争议解决机制的设置，尤其以 1999 年《统一国际航空运输某些规则的公约》（以下简称为《蒙特利尔公约》）对于仲裁适用的规定和国际航空运输协会临时仲裁制度的安排为典型。然而，如果依照我国仲裁法原理及其他相关部门法原理，可以初步发现，在国内法与国际公约的适用领域，存有若干冲突、模糊。其中，1999 年《蒙特利尔公约》明确将航空仲裁的适用范围限定于航空货物运输领域，而将航空旅客/行李运输排除在外；与之相比，根据《中华人民共和国仲裁法》（以下简称为《仲裁法》）的规定，航空旅客/行李运输中的财产性损失似亦可纳入航空仲裁的范畴，由此产生了国内法与国际公约的适用冲突。

第二，就国内法与国内法之间的冲突而言，目前我国国内法的正式制度中虽尚无专门规范航空仲裁的体系性规则，但这并不妨碍在航空争议解决实践中通过法律解释的途径引入（广义上的）航空仲裁机制。然而，依照现行国内立法体例，结合航空产业的实然特征，亦会发现国内制度规则在对航空仲裁的规范方面同样存在若干冲突领域。其中，依照现行《中华人民共和国消费者权益保护法》（以下简称为《消费者权益保护法》）的规定，航空消费者如与航空承运人达成仲裁协议，亦可通过仲裁方式解决争议，然而，该等仲裁与《仲裁法》上的仲裁之间的关系究竟为何？如发生航空旅客人身伤害争议，究竟应适用《仲裁法》的规定还是《消费者权益保护法》本身的规定？更为关键的是，根据《中华人民共和国民法典》（以下简称为《民法典》)、《消费者权益保护法》的规定，航空运输合同应为一种由承运人负有强制缔约义务的有名合同，但依航空业惯例，此类合同的缔结需依赖于航空法领域承运人运输总条件方能达成，而这种为保障交易便利而由承运人单方拟定的运输总条件是否具有《民法典》上有名合同或者格式合同的法律地位？以及承运人在运输总条件中事先拟定的与合同相对方进行仲裁的条款是否符合《仲裁法》关于当事人意思自治的构成要件？诸如此类问题均存有学理层面的疑问。

综上可知，目前在对航空仲裁适用性的制度规范领域，国内法与国际法之间、仲裁法与航空法之间、仲裁法与消法之间、合同法与航空法之间，以及其他若干正式法律之间，基于不同时期的立法背景，秉持不同视角的价值取向，难免在制度设计和规则安排层面存有冲突，尚且具有进一步协同的空间，而这亦有赖于法理层面的论证与探讨。

（2）航空仲裁机制实践层面：相对欠缺体系性。就航空仲裁适用性的机制实践而言，目前无论是上海国际航空仲裁院对于其受案范围主要涉及航空运输、飞机制造、飞机销售、飞机融资租赁、航空保险、油料供应、通用航空托管、地面服务以及票务代理等领域产生的各类航空纠纷[1]的区分，抑或是相关学术研究的论述[2]，在梳理航空领域的各类争议时，大都采取了列举模式，依照细分产业和细分行业分别介绍了各子领域的争议，或可称之为以"大类列举"的方式涵盖航空仲裁的适用范围。上述方式虽然有利于当事人更为清晰地理解、判断某种争议是否适合仲裁机制的适用，提升当事人对仲裁适用场景的可具体化、可想象化，但对于作为专业性、规范性争议解决机制的应然目标而言，难免会存在逻辑周密性的缺陷，这也对从学理层面进一步

---

〔1〕 参见李含："揭秘首家国际航空仲裁院"，载和讯网，http://news.hexun.com/2016-11-02/186696734.html，最后访问日期：2018年12月27日。

〔2〕 譬如，《中国民用航空争议解决年度观察（2018）》指出："航空领域的商事争议（考虑到本报告的发布目的，不包括航空旅客运输合同纠纷）一般集中在航空器买卖/转让纠纷、航空器租赁纠纷、飞机托管纠纷、飞机维修纠纷及航空器损害赔偿纠纷、货代合同纠纷等，纠纷主体包括航空公司、机场管理机构、第三方专业地服公司、航空油料企业、航空食品公司、航空保险人、通用航空企业、货运代理企业、飞机制造商、飞机维修企业以及飞机出租人等"。参见高峰、金喆："中国民用航空争议解决年度观察（2018）"，载北京仲裁委员会、北京国际仲裁中心编：《中国商事争议解决年度观察（2018）》，中国法制出版社2018年版，第278页。

加强论证进而给予规范性解答提出了全新的要求。

综上可知，无论是基于航空仲裁规则协同化的考量，抑或是基于航空仲裁实践规范化的目标，从学理层面清晰厘定航空仲裁的适用限度，不仅是实践中航空仲裁规则制定、航空仲裁活动开展的科学基础，更是未来条件具备之时制定、完善航空仲裁法律的逻辑前提。因此，在承认仲裁对于航空争议解决所具有的特殊价值之外，客观评估仲裁制度的作用范围与边界，摒弃不适于仲裁制度发挥作用的领域，或许更具学术意义。

（二）研究价值及意义

以我国独立航空仲裁法律制度的发展与完善为选题视角，在理论层面和实践层面均具有一定的价值。

1. 理论价值。在我国，航空仲裁的实践早已存在，但学理研究相对滞后，由此，如何通过分析论证实践案例的创新与发展，进而带动理论研究，具有一定的意义。本书以我国独立航空仲裁制度为选题，对于进一步挖掘航空仲裁适用性的法理基础、立法选择等方面具有一定的价值，具体体现为：

（1）法理基础层面。长期以来，航空法学术界对于航空争议解决的研究侧重于承运人责任体系领域，对于承运人责任以外的契合理论发展必要与现实发展需求的新问题的涉猎相对不足，航空争议解决机制的完善即为体现之一。虽然我国航空仲裁的实践已先于理论展开，但是，在学理层面究竟如何论证航空仲裁制度的必要性与可能性、如何适用航空仲裁的相关法律制度等问题均亟待解决，而这些争议的前置性问题即在于解决航空仲裁的适用性命题。此外，就现阶段航空仲裁的实践而言，"泛仲裁化"倾向较为明显，基于此，本书如能就航空仲裁的适用限度究竟为何作出清晰界定，或许对于将仲裁制度引入航空法领域并进一步完善会提供一定程度的说理性支持，同时，对于将航空争议的研究从航空运输环节延展至更为广阔的链条，或许也具有一定的探索意义。

（2）立法选择层面。目前，我国航空仲裁并无专门性立法，但具体规则的适用分别依照《仲裁法》《消费者权益保护法》《蒙特利尔公约》等进行，上述规则在航空仲裁具体适用的多个维度均存有冲突性规定，且存在模糊化地带，总体欠缺协同性。在我国《民法典》全面生效、《中华人民共和国民用航空法》（以下简称为《民用航空法》）与《仲裁法》面临系统性修订之际，如何根据我国法律的现有理论体系和制度框架，并结合行之有效的若干国际公约，就当前我国航空仲裁法律适用中若干障碍的解决寻求学理层面的突破，进而就未来独立航空仲裁的制度建设和立法完善提出若干建议，亦是本书期待可以产生学术价值之处。

2. 实践价值。本书对于进一步丰富行业仲裁制度的具体形态、推动航空仲裁在我国的实践发展具有一定意义，对于已在实际中运作多年的上海国际航空仲裁院的示范引领与改革创新也具有互为验证的功能。具体体现在：

（1）航空争议解决机制完善层面。近年来，随着我国经济深度融入全球经济一体化进程，航空产业资源配置的国际化、市场化程度也越来越高，加之国产大飞机项目的快速推进，未来我国的航空制造业势必在全球航空业占据优势地位。而航空仲裁制度在实践层面的落地，有利于丰富我国乃至全球航空争议解决机制的选项，为日益增多的航空纠纷提供另一条高效、便捷、私密的解决路径，这对于降低当事人的纠纷处理成本、缓解司法资源紧张具有一定的实践意义。

（2）行业仲裁制度完善层面。仲裁的专业化对于当事人至为重要，这也为行业仲裁的快速发展奠定了基础、提供了需求。可以预料，行业仲裁将会是仲裁制度发展的一个必然趋势，而航空仲裁则是行业仲裁在航空产业中不可或缺的一种形态。上海国际航空仲裁院的改革实践已经为航空仲裁提供了案例样本，如何通过对航空仲裁制度的深度研究，为已有的改革实践服务，进而助力我国行业仲裁制度的发展，既是本书的研究思路，也是本书的努力方向。

（3）上海航运中心建设营商环境完善层面。在学理层面，航空仲裁机制隶属于航空法、仲裁法的范畴；在实践层面，航空仲裁隶属于市场营商环境的指标体系，在这一方面，独立航空仲裁机制发挥着独特的制度竞争功能：一方面，对于当前上海国际航空仲裁院的所在地上海而言，国际航运中心的打造已将包括航空仲裁机制在内的法律要素涵盖其中；另一方面，在我国构建民航强国的征程上，独立航空仲裁机构作为全球航空业争端解决机制的重要组成部分，落户于我国上海，是我国积极争取国际话语权、规则制定权的重要体现。因此可以说，独立航空仲裁机制已然作为全球航空产业制度竞争的要素之一而存在。

二、文献综述

(一) 研究概览

根据笔者掌握的资料，对于航空仲裁制度的研究，呈现出如下特点：第一，地域分布方面，美国学者的影响力最为广泛，这源于欧美等国特别是美国航空制造业、航空服务业在全球的领先地位，相较而言，国内有关航空仲裁的研究起步较晚；第二，在仲裁法领域，重仲裁理论研究，轻航空仲裁专题研究，主要原因在于航空仲裁机制是仲裁制度与航空产业各自发展到一定阶段而交汇的产物，在航空产业特别是对航空仲裁的学理研究和制度适用发展到一定程度前，对航空争议依照一般法理和现行有效的争端解决机制即可处理；第三，在狭义航空法领域，重承运人责任研究，轻争议解决机制研究，主要原因在于"华沙—蒙特利尔公约体系"[1]本就是以规范航空承运人责任为核心，而争议解决机制的完善也存有漫长的过程，加之我国《民用航空法》尚未吸纳1999年《蒙特利尔公约》的最新内容，从国内航空法角度也暂未涉及这一领域；第四，在广义航空法领域，重航空运输业中的争议解决机制研究，轻航空制造业和航空附属产业的争议解决机制研究，究其原因，包括航空金融、航空贸易等在内的航空附属产业中所发生的纠纷，常常通过现存的争议解决机制即可解决，并未赋予新型争端解决机制以更多纠纷案例，此外，就我国而言，航空制造业相对落后于欧美，与之相匹配的法律制度构建同样存在一个时间差。总体而言，对于航空仲裁法律制度研究的系统性还存在进一步提升的空间。

此外，对航空仲裁领域的研究文献也相对稀缺，总体可以归纳为三类：第一，专题著述类（包括编著、译著等），常由学者以及业内资深人士编撰；第二，学术论文类，包括公开发表于各类期刊的主题论文，以及各大学或科研机构的博士论文、硕士论文等学位论文与科研报告文献等；第三，其他文献，包括但不限于各政府机构、大学及科研院所、学术机构、行业管理机构、

---

　　〔1〕　即以1929年《统一国际航空运输某些规则的公约》（以下简称为《华沙公约》）、1999年《蒙特利尔公约》为代表的国际公约，系统性、延续性地解决了诸如运输凭证、航空损害赔偿责任制度、航空运输纠纷的管辖法院和诉讼时效等国际航空运输领域中以承运人责任为核心的航空私法问题，进而形成了"华沙—蒙特利尔公约体系"。

航空仲裁实际参与方、其他市场第三方就该领域发布的各类官方文件与报告等，以及国际航空运输协会、国际民航组织、国际统一私法协会等国际组织或行业组织编撰整理或公开发布的公约文件、研究报告等出版物。其中，前两类构成文献参考的主要部分，第三类同样具备重要的参考价值。

（二）研究分述

随着学术界对于国内、国际仲裁法领域相关研究的不断成熟，对于航空仲裁法律问题的研究也日益深入，并形成了一定的成果。根据前述研究概览，本书拟仅选取若干重要文献予以分述如下：

1. 仲裁法律制度领域。仲裁法的基础理论作为航空仲裁制度的研究前提、逻辑起点而存在。在这一领域，主要研究成果包括：

第一，仲裁的制度优势领域。国内学者卢绳祖[1]、尹伊[2]、李葆义[3]、刘彦伟[4]、赵金镶[5]等是较早对仲裁制度进行研究的学者。此后，我国学术理论界对于仲裁法律制度的研究日渐深入，尤其是在《仲裁法》实施后，相关研究掀起了一个新的高潮，发表于各类学术期刊的相关主题论文呈现出爆发式增长的态势。国外学者中，博恩等的观点颇具代表性，认为相比诉讼等争议解决方式，仲裁在公正性、专业性、执行性、一裁终局性、灵活性、保密性和经济性等角度更具优势。[6]

第二，争议法律关系的可仲裁性领域。江伟等认为，可仲裁性是指依据法律可以通过仲裁解决的争议范围。[7]欧明生基于对关于仲裁制度性质学说领域不同流派观点的梳理，进一步提出判定可仲裁性的依据。[8]曹志勋基于

---

[1]　参见卢绳祖："试论国际商事仲裁制度的特性——兼论仲裁与调解的关系"，载《外贸教学与研究·上海对外贸易学院学报》1982年第2期。

[2]　参见尹伊："略论国内仲裁制度的改革"，载《西北政法学院学报》1984年第4期。

[3]　参见李葆义："我国仲裁制度改革的几个问题"，载《中国法学》1984年第3期。

[4]　参见刘彦伟、何晓凤："经济仲裁比较谈——兼论我国经济合同仲裁制度的特征"，载《政治与法律》1985年第3期。

[5]　参见赵金镶："谈谈我国仲裁制度的改革"，载《法学研究》1986年第1期。

[6]　参见［美］加里·B.博恩：《国际仲裁：法律与实践》，白麟等译，商务印书馆2015年版，第13~22页。

[7]　参见江伟、肖建国主编：《仲裁法》，中国人民大学出版社2016年版，第137页。

[8]　参见欧明生："民商事纠纷可仲裁性问题研究"，西南政法大学2011年博士学位论文。

对美国反垄断经验的考察,认为我国反垄断争议应当具有可仲裁性。[1]从对公共政策理由反思的视角出发,倪静就知识产权有效性争议的可仲裁性进行了论证。[2]

第三,争议解决方式的可契约性领域。侯登华认为,仲裁制度的发展史就是仲裁协议制度产生、发展、成熟的演进过程,无论是仲裁的雏形阶段,还是仲裁法律制度发展相对完善的成形阶段,当事人的仲裁合意(协议)都具有核心的、基础性的地位。[3]孙得胜认为,国际商事仲裁协议成立的有效条件分为一般要件和特殊要件两方面,协议生效后会对当事人、仲裁机构、法院产生法律效力。[4]张贤达认为,由于国际商事仲裁协议制度中形式合意的突破发展,各国逐渐降低了对仲裁协议书面形式的要求,此外,伴随着以禁止反言原则、公司集团理论等为代表的国际商事仲裁协议效力扩张理论的持续涌现和发展,仲裁协议效力扩张至非签字人的情形出现得越来越多,从而使仲裁协议效力扩张问题成为一个极富研究价值的课题。[5]在对仲裁协议与仲裁权来源关系的认识方面,Andrew Tweeddale 等主张仲裁权的来源包括当事人合意、法律授权两大部分,且二者缺一不可,仅将当事人合意作为仲裁权的来源是片面的。[6]美国学者 Thomas H. Oehmke 则认为,仲裁权的唯一来源在于当事人的授权,且仲裁权具有绝对契约化的属性。[7]

第四,争议解决机构的可独立性领域。陈彬以"灰脚法庭"到现代常设仲裁机构的演变为例,梳理了商事仲裁机构发展的历史。[8]陈福勇通过对 S 仲裁委的个案研究,具体剖析了地方仲裁机构在我国特定社会背景下追求独

---

〔1〕 参见曹志勋:"论可仲裁性的司法审查标准——基于美国反垄断仲裁经验的考察",载《华东政法大学学报》2012 年第 4 期。

〔2〕 参见倪静:"论知识产权有效性争议的可仲裁性——对公共政策理由的反思",载《江西社会科学》2012 年第 2 期。

〔3〕 参见侯登华:"仲裁协议制度研究",中国政法大学 2004 年博士学位论文。

〔4〕 参见孙得胜:"国际商事仲裁协议的效力问题研究",大连海事大学 2012 年博士学位论文。

〔5〕 参见张贤达:"国际商事仲裁协议效力扩张法律问题研究",大连海事大学 2018 年博士学位论文。

〔6〕 See Andrew Tweeddale, Keren Tweeddale, *Arbitration of Commercial Disputes: International and English Law and Practice*, Oxford University Press, 2007, p. 649.

〔7〕 See Thomas H. Oehmke, *Oehmke Commercial Arbitration*, West Group, 2003.

〔8〕 参见陈彬:"从'灰脚法庭'到现代常设仲裁机构——追寻商事仲裁机构发展的足迹",载《仲裁研究》2007 年第 1 期。

立、胜任和公正等价值诉求方面所面临的约束条件。[1]

第五，仲裁员法律制度领域。陈建指出，仲裁员在市场经济条件下的地位实际上已演变成为提供私人裁判业务的民间法律服务商，仲裁员的业务具有竞争性、排他性和不可分性，但仲裁员提供的个案服务不具有外部性，不属于公共品或准公共品，而是私人品，完全应该由市场提供。[2]范铭超认为，仲裁员与法官的职业共性来自于他们"行使裁判职责者（Adjudicator）"的共同职业原型，两者承袭了该原型的本质并成为他们各自职业的属性，同时，仲裁员与法官的个性区别主要因为他们不同的执业体系，在保留其作为共性的职业属性之外，在应用中加入了所在体系的实际要求，形成了各自的责任体系。[3]马占军认为，商事仲裁员制度是整个商事仲裁制度的灵魂所在，没有独立并公正作出裁决的商事仲裁员，商事仲裁制度就失去了存在的意义和价值。[4]

第六，仲裁庭的管辖权领域。Jean-François Poudret 等认为，仲裁程序启动前，当事人应当有机会对仲裁管辖权寻求确认、检验，进而否定了自裁管辖权的优先性。[5]Emmanuel Gaillard 等赞成确认仲裁庭自裁管辖权的优越性，并且总体上应当通过限定法院的裁定管辖权以尽量保证仲裁庭自裁管辖权的行使。[6]

第七，机构仲裁与临时仲裁制度比较领域。李广辉指出，现代意义上的机构仲裁起源于临时仲裁，且在机构仲裁出现之前，临时仲裁一直是仲裁的

---

〔1〕 参见陈福勇："仲裁机构的独立、胜任和公正如何可能——对 S 仲裁委的个案考察"，载《北大法律评论》2009 年第 2 期。

〔2〕 参见陈建："论仲裁员在市场经济中的定位"，对外经济贸易大学 2007 年博士学位论文。

〔3〕 参见范铭超："仲裁员责任法律制度研究——兼及我国仲裁员责任法律制度的反思与构建"，华东政法大学 2012 年博士学位论文。

〔4〕 参见马占军："商事仲裁员独立性问题研究"，西南政法大学 2015 年博士学位论文。

〔5〕 See Jean-François Poudret, Sébastien Besson, *Comparative Law of International Arbitration*, Sweet & Maxwell, 2007, p. 518.

〔6〕 See Emmanuel Gaillard, Yas Banifatemi, "Negative Effect of Competence-Competence: The Rule of Priority in Favour of the Arbitrators", in Emmanuel Gaillard, Domenico Di Pietro eds., *Enforcement of Arbitration Agreements and International Arbitral Awards: The New York Convention in Practice*, Cameran May, 2008, p. 259.

唯一形式。[1]邓著指出,随着仲裁制度的国际化发展,我国《仲裁法》不承认临时仲裁的做法已经显得不合时宜,因为它限制了当事人选择纠纷解决方式的权利,压制了仲裁制度的活力。[2]赵秀文结合德国奥特克公司向我国法院申请承认与执行由临时仲裁庭在伦敦作出的仲裁裁决的案例,对涉及临时仲裁机构裁决的法律效力及其在我国的承认与执行、临时仲裁机构与常设仲裁机构裁决的效力、含有仲裁条款的合同与仲裁协议的成立时间、仲裁条款独立原则在仲裁与审判实践中的解释、如何确定国际商事仲裁程序的适用法律等问题提出了相关见解。[3]刘晓红、周祺通过对临时仲裁与机构仲裁的比较研究,认为目前我国引入临时仲裁的时机并不成熟,引入时间取决于在人、制度和理念等问题上的突破。[4]结合上海、海南等地自由贸易区的建设,李志强[5]、赖震平[6]、张建[7]、张贤达[8]等就自贸区临时仲裁制度的建设分别从不同角度提出了建议。

第八,仲裁与司法的关系领域。沈秋明指出,对解决国际经济贸易争议的仲裁裁决进行司法审查已为有关国际公约和各国立法所采纳,但此种司法审查应是实体性审查还是程序性审查,我国学者的认识尚存分歧,进而对我国仲裁法的有关规定在评价上也不一致。[9]肖晗指出,我国仲裁法律制度规定了不予执行和撤销裁决两种司法监督方式,它们在功能上基本相同,但因

---

[1] 参见李广辉:"入世与中国临时仲裁制度的构建",载《政治与法律》2004年第4期。

[2] 参见邓著:"从理念到实践:临时仲裁制度构建初探",载《仲裁研究》2005年第1期。

[3] 参见赵秀文:"从奥特克案看外国临时仲裁裁决在我国的承认与执行",载《政法论丛》2007年第3期。

[4] 参见刘晓红、周祺:"我国建立临时仲裁利弊分析和时机选择",载《南京社会科学》2012年第9期。

[5] 参见李志强、王向前:"中国(上海)自由贸易区临时仲裁制度的建立",载《中国法律》2013年第6期。

[6] 参见赖震平:"我国商事仲裁制度的阙如——以临时仲裁在上海自贸区的试构建为视角",载《河北法学》2015年第2期。

[7] 参见张建:"构建中国自贸区临时仲裁规则的法律思考——以《横琴自由贸易试验区临时仲裁规则》为中心",载《南海法学》2017年第2期。

[8] 参见张贤达:"我国自贸区临时仲裁制度的构建",载《国家检察官学院学报》2017年第3期。

[9] 参见沈秋明:"论我国对涉外仲裁裁决的司法审查",载《南京大学法律评论》1996年第2期。

在立法技术上对一些具体问题未能合理衔接，以致出现逻辑上的矛盾，也给实践操作带来许多消极后果，因此建议取消不予执行仲裁裁决的司法监督方式，以完善我国对仲裁的司法监督体制。[1]万鄂湘、于喜富认为，法院应否监督仲裁的实体内容，理论界向有争议，但目前有关国家的立法与实践已提供了法院强制监督仲裁实体、任意监督仲裁实体、不监督仲裁实体、原则上不监督但在当事人协议同意时可监督仲裁实体四种主要模式；同时，中国的仲裁立法改革应超越"程序监督论"与"实体监督论"，还当事人真正的意思自治权。[2]刘晓红指出，内地（大陆）与港、澳、台之间相互承认与执行仲裁裁决的问题，是区际司法协助的重要内容。[3]章杰超指出，仲裁接受司法审查是世界各国的通例，法院秉持怎样的审查理念，对于单个仲裁机构乃至整个仲裁行业的发展都会产生重要影响，但其背后理念的变迁则是需要尤为关注的问题。[4]

第九，对仲裁的研究分析方法领域。Eric A. Posner 等曾对仲裁裁决的审查规则进行了经济学分析，认为错误仲裁裁决将影响当事人在各个国家的实际利益，进而引起纠纷。[5]经济学家 Orley C. Ashenfelter 等曾专题汇编了多篇关于 ADR、仲裁博弈、仲裁立法等方面的经济分析论文。[6]

2. 航空仲裁法律制度领域。航空仲裁是仲裁法基础理论与航空争议解决机制的结合，是仲裁法在航空法领域的延展。在这一领域，学术界主要研究成果涉及：

第一，航空仲裁的制度优势领域。杜丽君认为，上海国际航空仲裁院的设

---

〔1〕 参见肖晗："建议取消不予执行仲裁裁决的司法监督方式"，载《河北法学》2001 年第 3 期。

〔2〕 参见万鄂湘、于喜富："再论司法与仲裁的关系——关于法院应否监督仲裁实体内容的立法与实践模式及理论思考"，载《法学评论》2004 年第 3 期。

〔3〕 参见刘晓红："论我国商事仲裁裁决执行的区际司法协助"，载《政法论丛》2010 年第 1 期。

〔4〕 参见章杰超："论仲裁司法审查理念之变迁——以 N 市中院申请撤销国内仲裁裁决裁定为基础"，载《当代法学》2015 年第 4 期。

〔5〕 See Eric A. Posner, Nathalie Voser, "Should International Arbitration Awards be Reviewable?", *Proceedings of the ASIL Annual Meeting*, Vol. 94, 2000, pp. 129–132.

〔6〕 See Orley C. Ashenfelter, Radha K. Iyengar eds. , *Economics of Commercial Arbitration and Dispute Resolution*, Edward Elgar Publishing, 2009.

立是中国引入航空仲裁制度的契机。[1]罗超、平旭认为，航空仲裁机制在中国已有一定程度的发展，但其仍面临与现行法律的兼容、仲裁机构之间的协调、航空仲裁的市场需求等方面的困境，同时，仲裁机构及仲裁员的专业化、争议解决程序方式的国际化、开展国际性合作的常态化、与司法解决机制的协调化将是航空仲裁机制在中国未来发展的趋势。[2]欧阳紫琪认为，在解决航空争议方面，仲裁相比于诉讼更具优越性。[3]Thomas J. Whalen 认为，航空仲裁虽然具有许多优点，但在吸引能力、临时仲裁裁决的认同性等方面也存在缺陷。[4]

第二，航空争议事项的可仲裁性领域。李乾贵、郑围君认为，航空知识产权纠纷的可仲裁性不仅具有学理基础，而且有其现实基础，与调解、诉讼相较而言，仲裁在航空纠纷的解决方式中具有不可替代的优越性。[5]周亚光认为，非国家中心主义的国际投资仲裁可以作为国际航空领域 ETS 指令争端解决机制的另一种可能路径。[6]

第三，航空仲裁机制的可契约性领域。赵劲松认为，国际航空商事领域的刚性惯例可以成为航空运输总条件的发展方向。[7]郝秀辉认为，航空运输总条件是航空运输合同的核心内容，其不能自动订入合同，而须由航空承运人一方明确提出并经旅客同意方能订入。[8]

第四，航空仲裁实践领域。张超汉、张宗师认为，为健全多元化争议解

---

〔1〕 参见杜丽君："对中国引进国际航空仲裁制度的思考"，载《中国对外贸易》2015 年第 6 期。

〔2〕 参见罗超、平旭："论航空仲裁机制在中国的发展"，载《南京航空航天大学学报（社会科学版）》2015 年第 4 期。

〔3〕 参见欧阳紫琪："国际航空仲裁制度探析"，载《法制博览》2015 年第 12 期。

〔4〕 See Thomas J. Whalen, "Arbitration of International Cargo Claims", *Air and Space Law*, Vol. 34, Iss. 6, 2009, pp. 417-420, 转引自张超汉、张宗师："国际航空仲裁制度研究——兼评 1999 年《蒙特利尔公约》第 34 条"，载《北京理工大学学报（社会科学版）》2017 年第 4 期。

〔5〕 参见李乾贵、郑围君："航空知识产权纠纷可仲裁性探讨"，载《北京航空航天大学学报（社会科学版）》2012 年第 4 期。

〔6〕 参见周亚光："ETS 指令的法律遗产：国家与外国航空企业间航空争端解决的投资仲裁路径"，载《河北法学》2013 年第 10 期。

〔7〕 参见赵劲松："航空运输总条件法律地位路在何方？——'弹性'合同条款，抑或'刚性'国际惯例"，载杨惠、郝秀辉主编：《航空法评论》（第 4 辑），法律出版社 2014 年版，第 81~97 页。

〔8〕 参见郝秀辉："论'航空运输总条件'的合同地位与规制"，载《当代法学》2016 年第 1 期。

决机制，有效发挥航空仲裁的原本价值，中国应统一和明确航空仲裁的范围，以上海国际航空仲裁院为依托和契机，实行航空机构仲裁与临时仲裁"双轨制"。[1]董肖肖认为，近年来，我国航空运输业发展迅速，国际航空纠纷也不断增加，我国需及时顺应时代发展的要求，以上海国际航空仲裁院的成立为契机，将临时仲裁引入国内，建立起国际航空临时仲裁制度。[2]Verson Nase认为，根据英美双边航空运输协定，一旦出现航空纠纷，双方应当正式磋商，如磋商失败，则应由 3 名仲裁员组成仲裁庭对纠纷进行仲裁，仲裁员由当事人指定，若未指定仲裁员，则任意一方可申请由国际法院院长指定仲裁员。[3]

　　第五，与航空仲裁相关的国际公约领域。在航空运输责任体系领域，王立志就国际航空法统一化趋势下 1999 年《蒙特利尔公约》与我国《民用航空法》的衔接做了探讨。[4]郑派就"华沙-蒙特利尔公约体系"下国际航空旅客运输承运人责任规则体系的适用以及人身、行李、延误等责任的界定进行了系统性整理。[5]在航空器权利体系领域，就 2001 年《移动设备国际利益公约》（以下简称为《开普敦公约》）法律制度研究与适用问题，Lorne S. Clark详细阐述了《开普敦公约》如何实现了多方共赢，其列举了航空公司、制造商和租赁公司、金融机构、政府以及旅客在公约框架下得到的益处。[6]Giulia Mauri 对比了《开普敦公约》和 1948 年《国际承认航空器权利公约》（以下简称为《日内瓦公约》）两种法律框架下出借人的处境，认为"选择出"条款配合国际注册中心制度保证了出借人可以更快地了解特定国家加入公约时

　　〔1〕　参见张超汉、张宗师："国际航空仲裁制度研究——兼评 1999 年《蒙特利尔公约》第 34条"，载《北京理工大学学报（社会科学版）》2017 年第 4 期。

　　〔2〕　参见董肖肖："论在我国国际航空领域引入临时仲裁制度"，外交学院 2015 年硕士学位论文。

　　〔3〕　See Verson Nase, "ADR and International Aviation Disputes Between Sates", *ADR Bulletin*, Vol. 6, No. 5. , 2003, pp. 112–117.

　　〔4〕　参见王立志：《国际航空法的统一化与我国的利益——历史逻辑与理性回应》，法律出版社2014 年版。

　　〔5〕　参见郑派：《国际航空旅客运输承运人责任研究》，法律出版社 2016 年版。

　　〔6〕　See Lorne S. Clark, "The 2001 Cape Town Convention on International Interests in Mobile Equipment and Aircraft Equipment Protocol: Internationalising Asset-Based Financing Principles for the Acquisition of Aircraft and Engines", *Journal of Air Law and Commerce*, Vol. 69, Iss. 1, 2004, pp. 3–19.

作出的保留从而识别风险。[1]麦吉尔大学 Ludwig Weber 教授于我国国内期刊《中国律师》上连载的学术论文"开普敦公约将促进中国的航空器融资租赁",系统介绍了《开普敦公约》的相关内容,这对于我国航空器融资租赁的立法尤其是对于航空器上竞存的国际利益的界定、国际登记、中国作出的声明、管辖权条款、中国 IDERA 的执行等重要问题颇具意义。[2]

第六,航空法与航空业发展的关系领域。余成安、闵亮从历史的角度研究了航空法的意义,认为航空法是民用航空发展的重要保障。[3]王献平、童新潮通过研究美国航空法的体系结构和历史沿革,认为航空业的发展与航空法律制度的健全是相辅相成的,美国是航空业比较发达的国家,也是航空法律、法规比较健全的国家,研究和分析美国的航空立法,对健全我国航空法律体系具有重要的借鉴意义。[4]从完善我国航空立法体系的必要性出发,张千帆等对我国航空立法的现状进行了研究和介绍,并就我国统一航空立法的四种模式进行了比较分析,得出我国需要设计一部综合性的"大"航空法、形成统一航空法规体系的结论。[5]陈晓和、陈迎春分别论述了产业政策和相关法规对民用飞机产业发展的影响。[6]王瀚等在论述加强中国民航法律体系建设必要性的基础上,就中国现代民用航空法律体系的基本架构和应有内容做了阐释,并就航空法律体系的现代化、一体化、法典化提出了若干具体建议。[7]

---

〔1〕 See Giulia Mauri, "The Cape Town Convention on Interests in Mobile Equipment as Applied to Aircraft: Are Lenders Better off Under the Geneva Convention?", *European Review of Private Law*, Vol. 13, Iss. 5, 2005, pp. 641–656.

〔2〕 参见 [加] Ludwig Weber: "开普敦公约将促进中国的航空器融资租赁",孙凯文、雷傲、富毓译,载《中国律师》2016 年第 2-5 期。

〔3〕 参见余成安、闵亮: "《民用航空法》:民用航空发展的保障",载《江苏航空》1995 年第 Z1 期。

〔4〕 参见王献平、童新潮: "美国的航空法律体系",载《民航经济与技术》1995 年第 9 期。

〔5〕 参见张千帆等: "建立统一的中国航空法体系——理论初探与立法建议",载《北京航空航天大学学报(社会科学版)》2008 年第 2 期。

〔6〕 参见陈晓和、陈迎春主编:《政策法规对民用飞机产业发展的影响》,上海交通大学出版社 2013 年版。

〔7〕 参见王瀚等:《国际航空法专论》,法律出版社 2017 年版。

三、研究提要

(一) 本书结构

本书力争能以较为规范的学术范式对我国航空仲裁制度的适用限度进行论证，进而为我国独立航空仲裁法律制度的建立与完善提供更为扎实的论证基础。在此目标之下，笔者将本书正文分为七个部分（含导论），具体结构如下：

1. 导论。本部分系对论题的总体性说明，涵盖选题缘起、文献综述、研究提要、术语说明等四个主要模块，涉及内容包括研究主题的背景与意义、问题导入的视角与方法、文献资料的整理与阐释、可能的创新与存在的不足、分析工具的选取与相关术语的界定等。

2. 具体章节。本部分系对全书拟研究主题的具体展开，本着问题导向的研究思路，并基于"提出问题——分析问题——解决问题"的研究思路和分析脉络，共分六个章节。

第一章——航空仲裁的基本范畴和既有实践。本章系对我国航空仲裁制度基本范畴的界定，以及对航空仲裁既有实践的归纳。基本范畴界定的目的在于厘定研究对象的基本概念，既有实践整理的目标在于阐释航空法、仲裁法与航空仲裁实践的基本关系，为正式展开论述奠定基础。具体而言，基本范畴主要围绕航空仲裁中"航空""仲裁"这两大基本要素进行展开，分别论述了航空活动、航空器、航空法的内在意涵，并以西方法制史中仲裁的沿革和我国现代仲裁制度的确立为主线，归纳了我国航空仲裁制度确立的时空背景。既有实践主要围绕国际、国内两大领域现有航空实践而展开，就国际领域而言，与一般类型的国际商事仲裁相似，国际航空仲裁实践虽存在于外国法、国际公约以及若干常设性国际航空组织的仲裁活动之中，但就全球范围内来看，在我国上海国际航空仲裁院诞生之前，尚不存在真正意义上的独立性、常设性国际航空仲裁组织；就国内领域而言，尽管《民用航空法》并未涉及仲裁等法律机制，但这并不能否定仲裁在航空争议解决过程中的应有价值，在实践适用中应依《仲裁法》而行，同时，随着我国航空仲裁实践的蓬勃开展，特别是上海国际航空仲裁院的设立，标志着国际航空仲裁机制正式引入我国，这不仅有利于我国乃至全球航空争议解决机制的完善，更为重要的是，对于提升中国航空业在国际航空市场的话语权、推动中国由航空大国向航空强国转型具有重要意义。

第二章——航空争议引入仲裁机制的动因与条件。本章系对我国航空仲裁适用的根本动因与前提条件所作的阐释和论证。研究在航空争议中引入仲裁机制的具体原因，旨在说明航空仲裁在学理层面适用的合理性；提出在航空争议中引入仲裁机制的条件问题，旨在阐释问题的意义与本书的分析框架，为后文正式展开论证奠定方法论基础。在航空争议引入仲裁机制的缘由方面，本书论证了仲裁机制作为一种制度供给被引入航空争议解决领域，既存在必要性，又存有合理性。具体而言，其核心因素无外乎我国《仲裁法》所确立的现代仲裁制度对于航空争议固有特征与解决需求的契合，包括仲裁对航空争议多元化解决机制的供给、仲裁与航空争议个性化解决需求的契合等。就航空争议引入仲裁机制的限度而言，本书将这一命题定位为某一类型航空争议能否适用仲裁解决的前置性条件，进而成为航空仲裁机制能否得以顺利实施的基本前提假设，并将其具体缘由概括为法律规范相对欠缺协同性、机制实践相对欠缺体系性这两大问题。在前述问题之上，本部分提出了航空争议引入仲裁机制的具体条件，包括必要条件和充分条件，在航空争议领域合理界定仲裁机制的作用范围，寻找出航空仲裁的制度边界，至少应遵循仲裁法关于仲裁制度启动具有两大刚性要素的标准，以及航空仲裁的已有实践。基于此，本书将争议法律关系的可仲裁性、争议解决方式的可契约性、争议解决机制的可独立性设定为具体判定航空仲裁适用边界的三个维度。其中，前两大维度构成了本论题的必要条件，后一维度构成了本论题的充分条件，由此进一步确立了全文的分析框架，为全文论证提供了方法论基础。

第三章——可仲裁性视角下航空争议的类型化区分。本章系根据我国仲裁法中关于争议法律关系可仲裁性的刚性标准，并基于部门法、仲裁法、航空法等多个维度的划分标准，力争通过类型化的方式归纳出符合法理要求和学理规范的航空争议类型，并对其可仲裁性作出论证，以求能厘定航空仲裁机制在可仲裁性层面的适用限度。具体而言，本部分首先论证了可仲裁航空争议类型化的缘由，一方面是基于可仲裁属性为航空仲裁适用范围的论证基础，另一方面是基于类型化标准为航空仲裁适用范围的区分规范。在此基础上，有鉴于航空仲裁属于仲裁法与航空法的交叉学科领域，其制度设计的逻辑链接着国际法与国内法、大陆法与英美法、公法与私法、实体法与程序法等多个维度，内容较为繁杂，且不乏部门法之间的法律冲突，因此，本书根据部门法、仲裁法、航空法的不同维度，从源头梳理了航空争议的基本类型。基于上述考量，结合学理和实践的衔接，本书将航空争议主要归纳为基于合同的航空财产权益争议、基于侵权的航空财产权益争议、基于法定事由的航空财产权益争议三种主要类型，并分别就其内涵与外延、具体类型或内容构成、是否具有可仲裁性等问题进行了论证。

第四章——可契约性视角下航空仲裁协议的效力纾困。本章系根据我国仲裁法中关于争议解决机制可契约性的刚性标准，并基于航空法上的特有论争，就航空仲裁协议的效力问题进行论证，涉及航空运输总条件的法律属性以及航空仲裁协议引入争议的方式等问题，以求能厘定航空仲裁机制在可契约性层面的适用限度。具体而言，本部分首先分析了争议解决方式的可契约性构成航空仲裁协议效力认定的应然方法，同时论证了航空运输协议中仲裁条款的效力认定构成了一般意义上航空仲裁协议效力认定的实然挑战。以此为基础，并重点以航空运输争议为分析对象，就其在仲裁机制可契约性方面存在的两大法理障碍具体展开论证，其一为航空法上特有的问题，亦即航空运输领域所面临的运输总条件是否具有合同属性的问题，这构成了航空运输争议中仲裁机制可契约性的逻辑前提，其二为仲裁法上仲裁协议效力认定标准适用于航空运输争议的步骤与障碍，以求实现航空运输争议中仲裁协议的效力纾困。

第五章——可独立性视角下航空仲裁实践的绩效评价。本章系根据我国仲裁实践中关于航空仲裁要素可独立性的柔性标准，并基于行业仲裁理论和制度竞争理论，就航空仲裁机制独立化、专业性实践的绩效进行评估，在为我国航空仲裁制度的完善提供实证样本的同时，希冀能厘定航空仲裁机制在可独立性层面的适用限度。具体而言，本部分以可独立性为探讨目标，汇总了我国独立航空仲裁实践的现状，在具体介绍上海国际航空仲裁院的有益探索实践之后，就其在机构定位、仲裁规则、竞争优势等领域的发展现状与面临的挑战予以论证。此外，基于解释论的视角，以上海国际航空仲裁院为代表的独立航空仲裁实践，不仅可以从仲裁法上的行业仲裁理念中寻找到其独立性根源，亦可以从我国正在推进的民航强国战略中软性制度竞争实力构建的角度出发，探寻并"发现"独立航空仲裁机制的现实意义。

第六章——完善我国航空仲裁制度的路径展望。本章系对全文研究的回顾，以及对未来制度完善的展望。回顾的目的在于评估研究是否实现了预期确立的目标，包括学术观点、学术方法、论证过程是否符合学理逻辑；展望的方向在于通过对本次研究得失的检测，为将来可能的继续研究矫正方法和方向，并就我国航空仲裁在制度层面的完善提出若干不成熟的建议。具体而言，依据前文的论述，本部分进一步论述了航空仲裁"制度"至少由"机制"和"法律"两部分构成，并论证了航空仲裁制度的完善动因，包括其必要性和可行性。同时，在经过争议法律关系可仲裁性、争议解决方式可契约性、争议解决机制可独立性分析之后，就航空仲裁的适用限度得出了若干初步结论。此外，基于对我国现行航空仲裁理论与实践的分析，本部分也就我国独立航空仲裁制度的完善提出了若干不成熟的建议，指出应当从"机制"和"法律"两个层面出发，共同推进我国独立航空仲裁"制度"的完善，进而为我国航空业在全球市场中的竞争提供制度层面的软实力支撑。

（二）研究方法

在研究方法上，本书主要选取了规范分析方法、实证分析方法、比较分析方法、制度分析方法四种学术工具。

1. 规范分析方法。作为法学研究的基础性方法之一，规范分析方法是本书拟采纳的重要分析工具之一。鉴于航空仲裁这一研究命题链接着国内法与国际法、仲裁法与航空法、实体法与程序法、私法与公法等不同维度，笔者需依托于现行有效的多个法律文件，通过对实在法的概念、要素和逻辑结构的分析、解释与适用，以寻求不同学科视角下法律冲突之间的匹配与调和，进而实现对于航空仲裁法律制度融入我国法律体系结构的关切。

2. 实证分析方法。在我国，航空仲裁法律制度呈现出了实践领先于理论的鲜明特征。上海国际航空仲裁院的建立，倒逼学术界对航空仲裁实践过程中的一系列问题提供系统性的解答思路和方案，因此，实证分析方法在本书撰写过程中尤为重要。加之现实市场中的航空争议类型丰富、结构繁杂，这就要求论证过程不仅在知识结构和学科背景层面具有较高程度的集成性，且需在实践中研判大量商业案例，包括若干通过法律诉讼或非讼方式为学术界所关注的案例。因此，本书拟通过实证分析的方法，结合实践案例来探讨、分析拟提出的问题，力争能使本书在尽量实现理论创新的同时，也具有一定程度的实践基因。

3. 比较分析方法。航空仲裁在我国尚属于一个相对崭新的研究领域，但是国际航空仲裁的实践已存续多年。基于此，本书拟通过查阅国内外与航空仲裁有关的学术资料，力争掌握航空仲裁发展的最新现状，并通过对文献进行分析与归纳，为本书的论证奠定坚实基础，把握正确研究方向。同时，相较于金融仲裁、建筑仲裁等，我国航空仲裁也属于起步较晚的行业仲裁类型之一，因此在这一领域，亦有许多值得航空仲裁理论与实践参考的宝贵经验。基于此，在对行业仲裁价值理念和实践发展等情况分析的基础之上，本书拟通过对行业仲裁领域若干成熟实践案例的借鉴与比较，以提取出契合航空仲裁理论逻辑和实际需求的要素，力争能够从比较法的角度就我国航空仲裁的制度完善提出若干不成熟的建议。

4. 制度分析方法。本书在对独立航空仲裁机制开展研究之时，亦在一定程度上引入了制度学派的制度分析方法。自科斯提出交易成本命题之后，制度主义逐渐向新制度主义进行了转移，新制度主义摒弃了旧制度主义文本式的分析方法，更注重文本背后的经济理论与经济伦理；同时，在管理学领域，波特将竞争优势的研究由企业视角先后拓展至产业和国家的视角，为竞争优势理论作出了巨大的贡献，其竞争战略理论成为战略管理的主流。基于先贤的智慧结晶，本书结合制度学派的制度演化理论和管理学中的国家竞争优势理论，就"法律制度竞争优势"的理念作了若干不成熟的论述，力争能够通过合理使用这一分析工具，就航空仲裁的制度价值尽可能作出清晰、确定的阐释。

（三）可能的创新

本书以我国独立航空仲裁法律制度的建设为目标，以现阶段我国航空仲裁的适用限度为切入点，以航空法和仲裁法等多学科背景为分析视角，结合业已开展的独立航空仲裁实践，期待能较为深入地分析实践中日益增多的航空争议类型，并就符合航空仲裁机制作用域的三种主要类型的航空财产权益争议予以系统性阐释，且分别论证上述领域仲裁机制是否引入的理由，在此基础之上，就独立航空仲裁制度的构建与完善提出若干不成熟的建议。

如果本书可能存在若干创新的话，笔者力争有所突破的学术创新点主要集中于如下方面：

第一，通过对我国独立航空仲裁制度实践的"发现"，整理出了独立航空仲裁制度的动因与条件。就其动因而言，既基于仲裁对航空争议多元化解决机制的供给，又基于仲裁与航空争议个性化解决机制的契合；就其条件而言，既包括必要条件，又包括充分条件。

第二，提出航空仲裁机制适用限度的理念。本书认为，随着实践领域具有独特属性的航空争议日益增多，航空仲裁机制的适用成为必然，但是，有鉴于制度与实践因素，对于航空仲裁适用限度的清晰界定有其学理必要和实践可能。通过分析论证，进而将纷繁复杂的航空争议类型化为基于合同的航空财产权益争议、基于侵权的航空财产权益争议、基于法定事由的航空财产权益争议三大主要类型，并根据可仲裁性、可契约性的分析方法，分别论证航空仲裁机制在上述领域的适用边界，力争探寻出其合理的适用限度。

第三，通过对以上海国际航空仲裁院为代表的独立航空仲裁机制的实证分析，评估独立航空仲裁机制的实然绩效和发展挑战，在此基础上，一方面，寻求并"发现"航空仲裁所具有的行业仲裁属性与学理定位；另一方面，基于制度竞争的理念，探寻独立航空仲裁机制发展完善的积极意义。

第四，就我国航空仲裁制度的完善提出若干不成熟的建议。本书认为，基于对现行航空仲裁理论与实践的分析，应当从"机制"和"法律"两个层面出发，共同推进航空仲裁"制度"的完善，为我国航空业在全球市场的竞争中提供制度层面的软实力支撑。

然而，由于笔者的学术功底有限，本书力图实现的上述创新，是否属于真正意义上的学术创新，亦有赖于各位专家学者和读者的评判。

（四）存在的不足

囿于个人的学术理论功底，实践经验也相对匮乏，本书对于航空仲裁领域诸多基础性法律问题的探讨尚有待深入，包括但不限于：

第一，研究对象的提炼方面。在确立独立航空仲裁制度为研究主题后，本书将研究视角切入到航空仲裁的适用性领域，并本着问题意识的指导思想，概括出了"航空仲裁适用限度"这一论题，力争能就当前我国航空仲裁实践中对于航空争议"泛仲裁化"的倾向作出针对性的问题总结。然而，这一概括归纳是否符合学理逻辑的规范表述，是否可以清晰、合理地界定拟解决的学术问题，亦有待各位专家的点评。

第二，分析工具的选取方面。根据仲裁法、航空法的特有理论，就航空争议适用仲裁机制的标准问题，本书将其归纳为理论必要性标准和实践可能性标准。其中，理论必要性标准又可区分为可仲裁性与可契约性标准，实践可能性标准选取了可独立性标准。对于该等归纳与论证是否具有严密性、规范性、完备性，尤其是在可仲裁性与可契约性标准各自的内涵阐释及相互关系的论证方面，以及在可独立性标准的论证与解读方面，本书尚存在不少欠缺，有待进一步加强。

第三，论证内容的深度方面。限于个人学术功底，以及研究侧重，本书主要围绕我国独立航空仲裁制度的价值、功能及其适用性而展开，对于航空仲裁中可能存在的其他若干学术论题的探讨涉及较少，包括对航空仲裁与司法监督、航空仲裁裁决的可执行性、域外仲裁规则的适用、航空仲裁第三人等诸多问题的研究尚不深入。

第四，制度完善的对策方面。有鉴于航空仲裁在实践中的机制完善与在立法中的规则确立问题既具有关联性，又具有差异性，本书力图在通过提取两者在"制度"范畴中的公因式后，提出若干有价值的建议。然而，由于立法问题的严肃性、立法程序的复杂性，本书对于立法完善方面所提出的不成熟的建议，尚有待进一步加强论证。

对于以上不足和遗憾，笔者亦期待将来能获得进一步研究论证的宝贵机会，并力争能够兼顾理论和实践，提出更具意义的研究成果。

四、术语说明

（一）相关术语界定

1. "民用航空"的界定。根据相关国际公约及我国立法例，航空器被划分为民用航空器和国家航空器，如无特别说明，本书所述的航空器均指民用航空器，且参照我国《民法典》等法律文本的相关表述，"航空器"一词在一般情况下均为"民用航空器"一词的简写。另外，虽然航空器的法律范畴较飞机更为广泛，但是鉴于在近代航空法上，飞机已构成航空器的主要类型，因此如无特别说明，本书对于航空器所有法律问题的理论与实证分析均以飞机这一标的物为论证对象。

相应地，如无特别说明，本书所述的"航空业"均指"民用航空业"，亦简称为"民航业"，且在论述过程中会出现交替使用情况。

2. "制度"的界定。无论是基于法理学关于国家法与民间法的划分标准，或是借鉴制度分析学派关于正式制度与非正式制度的类型区分，在本书看来，航空仲裁"制度"至少由"机制"和"法律"两部分构成，前者代表着侧重实践运作的非正式制度/民间法，后者代表着象征国家公权保障的正式制度/国家法。[1]

（二）若干撰写说明

1. 术语简写说明。本书在撰写过程中涉及若干词汇、术语的简写，主要包括：

（1）组织机构简写。为行文方便，本书在撰写过程中对国家有关机关和部门、有关国际组织等主体的全称将会适当作出简写化处理。譬如，对于"中华人民共和国国务院"，会简写为"国务院"；对于"国际航空运输协会"等行业性国际组织，会在作出相应说明后简写为"国际航协"等。

（2）法律文本简写。为行文方便，本书在撰写过程中对相关法律法规、国际公约的全称将会适当作出简写化处理。譬如，对于"《中华人民共和国仲裁法》"，会简写为"《仲裁法》"；对于"1999 年《统一国际航空运输某些规则的公约》"等行业性国际公约，会在作出相应说明后简写为"1999 年《蒙特利尔公约》"等。

2. 资料采集时间说明。本书援引的各类文献、法律、案例等资料，采集时间截止至 2021 年 2 月份。

---

〔1〕 对于本书所界定的"制度"及其分类原因，笔者在第六章中将有详细论证。

第一章

航空仲裁的基本范畴和既有实践

第一节　航空仲裁的基本范畴

　　作为航空争议解决机制的重要选项之一，航空仲裁既是航空法、仲裁法理论和实践愈发成熟的制度结晶，更是人类航空活动、仲裁实践发展到一定阶段的必然产物。因而，欲探求航空仲裁法律制度的运作机理，需就该领域的基础概念作出相应界定。纵观"航空仲裁"这一专用性术语所依赖的理论基础，虽然逻辑庞杂、体系繁多，但大都源自"航空"和"仲裁"这两大基石性概念，基于此，本书拟通过对与其相关的航空活动与航空法、仲裁活动与仲裁法的基本范畴予以回顾、厘定，以为更加科学地展开对于航空仲裁法律制度的研究奠定基础。

一、航空活动与航空法

　　宇宙无垠，天地悠悠。在人类历史上，航空是一种源远流长的活动，从古至今的数千年来，人类对于"飞翔"的追逐从未停止过。如果说早期古希腊神话〔1〕和中国古代神话〔2〕中的传说饱含着先民对于浩瀚星空的美好向往，那么历史上的无数次实践则彰显了人类对于征服空气空间所付出的持续

---

　　〔1〕　古希腊神话中曾有伊卡洛斯使用蜡和羽毛造的"翼"逃离克里特岛的传说，伊卡洛斯因飞得太高，双翼上的蜡遭太阳融化而跌落水中丧生，被埋葬在一个海岛上，为了纪念伊卡洛斯，埋葬伊卡洛斯的海岛被命名为伊卡利亚。
　　〔2〕　在中国古代文化中，夸父逐日、嫦娥奔月、南海观音遨游八荒、齐天大圣大闹天宫等神话传说可谓是家喻户晓，妇孺皆知。

努力以及因此而取得的丰硕成果。

在我国历史上，新石器时代的石制陀螺和后来作为儿童玩具的木制陀螺，以及四大发明之一的指南针，都可以看作是现代导航仪表的"先驱"；春秋战国、两汉时期，人们已开始试图利用空气浮力和空气动力升空飞行，现在仍在使用的帆、舵、风车等就是中国古代利用风力和水动力的生产工具；秦汉、唐宋时期，人们不断摸索制造飞行器具，用于军事、生产以及日常生活，其中走马灯、火药助推兵器的原理已和现代燃气涡轮、喷气技术的原理接近，竹蜻蜓则被欧洲称为"中国陀螺"，可视为直升机的雏形；[1]明代初年，万户陶成道将火箭试验付诸实践，虽告失败，但在几百年之后的1969年，国际天文学联合会将月球背面的一环形山命名为"万户环形山"，以纪念其功绩。[2]

在西方航空史上，经过千百年的探索与传承，许多科学家为航空的发展作出了不可磨灭的贡献。其中，文艺复兴时期的达·芬奇，在人类科学史上较早研究飞行问题，提出过包括空气螺旋桨、扑翼机等多种飞行器设计的构想，并为此付诸实践；英国人乔治·凯利在人类历史上第一次提出现代飞机的概念；美国人奥利塔夫·查纽特发表的《飞行机器的进展》被后人公认为当时最重要的科学文献之一；美国人塞缪尔·兰利首先在旋臂塔上试验鸟翼的升力，从而阐释了鸟类毋需鼓翼就能在空中翱翔和滑翔的原理；俄国人尼古拉·叶戈罗维奇·茹科夫斯基创立了飞行器升力原理；德国人路德维希·普朗特为近代流体力学奠定了基础；匈裔美国人西奥多·冯·卡门发表过多篇有关超声速飞行的论文和科研成果；德国人阿道夫·布泽曼为飞机插上后掠翼，使飞机飞得更快；美国人理查德·惠特科姆的研究成果使飞机飞得更远。[3]历经千百年的持续研究和大量实践，人类初步完成了驾驶航空器飞行的先驱性工作。

---

〔1〕 参见孟赤兵、李周书编著：《神鹰凌空：中国航空史话》，北京航空航天大学出版社2003年版，第1页。

〔2〕 据传，明初时期，万户陶成道曾把47个自制的火箭绑在椅子上，自己坐在上面，双手举着2只大风筝，然后让人点火发射，设想利用火箭的推力，加上风筝的力量飞起，不幸火箭爆炸，万户也为此殉难。

〔3〕 参见王钟强编著：《灿烂群星：外国航空人物》，北京航空航天大学出版社2003年版，第1页。

近代意义上的航空源于人类正式实现飞翔之梦。1783 年 11 月 21 日，法国造纸商蒙哥尔费兄弟完成了人类历史上首次热气球载人空中旅行；1903 年 12 月 17 日左右，美国人莱特兄弟成功试飞人类第一架飞机"飞行者 1 号"，飞行时间 12 秒，飞行距离 36.6 米，正式开启了现代航空的新纪元；1909 年 9 月 21 日，被后世誉为"中国航空之父"的冯如，驾驶着"冯如 1 号"正式试飞成功，为我国动力载人飞行史谱写了光辉的第一页。

二战以后，随着科学技术的飞速发展，航空由军用步入民用，航空产业的商业价值和社会属性得到大规模体现，并持续至今。随着航空运输的大范围普及，地球居民之间的距离被极大缩短，有力促进了经济、社会、文化的交往。除此之外，在国际金融、国际贸易乃至外交等领域，航空所发挥的独特功能也日益凸显，逐渐成为全球最活跃、最具影响力的舞台之一。特别是 21 世纪以来，航空领域的全球竞争力被视为一个国家综合国力的重要体现，这一领域所取得的技术成果也代表了人类文明的发展水平。

（一）航空活动

就学科属性而言，现代意义上的"航空（Aviation）"拥有其特定的内涵，专指飞行器在地球大气层（空气空间）中的飞行（航行）活动，并涵盖与此相关的科研教育、工业制造、公共运输、专业作业、航空运动、国防军事、政府管理等众多领域。时至今日，航空学科已呈现出知识纷繁复杂、产业枝繁叶茂、技术日新月异等特点，并已被深入应用于社会生产和大众生活。基于此，在航空法上，我国《民用航空法》将上述不同领域的各种行为高度概括为"（民用）航空活动"，由此作为统领航空法上各种航空行为的纲领性概念。一般而言，航空活动具有如下特征：

第一，兼具科技性与安全性。航空活动是一种典型的高科技含量、高安全标准的行为，安全是航空的底线。作为人类从事航空活动的理论基础，航空的学科内容包括航空器研究、设计、制造、试验、飞行、维护使用和管理等所涉及的各种科学知识，主要由空气动力学、飞行力学、飞机结构力学、航空发动机原理、航空材料学、航空器制造与工艺学、自动飞行控制理论、导航原理和空中领航学、航空电子学、航空系统工程、空中交通管制理论等学科构成，奠定了航空器高速物理位移的基础知识结构体系，进而成为经济生产、社会生活的实践必需。在此基础之上，安全性成为最基本的保障，而这又取决于多种基础性因素，包括航空器的适航性能、空中交通管理、机组飞行技术水平等，构成了一个相对封闭但成熟有效的运转体系。

第二，兼具行政性与经济性。航空活动兼具行政性与经济性的特征，是依照法系划分标准对于航空活动所作的一种阐释和解读，具体是指对于航空活动应科学、合理界定政府与市场的边界，既需遵循行业监管的要求，打造符合行业发展规律和监管效率的行政管理体制，又需根据市场经济基础之上经济法、民商法所确立的各项规则，明确航空市场结构中各方主体在各类交易行为中的权利、义务关系。政府与市场的关系是现代经济社会发展中最基本、最核心的问题之一，古老而常新，而资源配置的方式则是两者关系永恒的落脚点。对于市场经济体制下政府职能的基本认知，从"守夜人"〔1〕到"裁判员"〔2〕、从"经济管理者"〔3〕到"市场干预者"〔4〕、从"公共管理者"〔5〕到"产权保护者"〔6〕，理论的演进和实践的探索无不彰显着政府与市场的博弈，以及人类对这一问题认识的深化。对此，航空产业、航空市场、航空活动亦不例外。

第三，兼具本土性与国际性。航空活动兼具本土性与国际性，是根据航空器这一交通运输工具较之铁路与公路的不同特征所得出的一般性结论。人类航空活动基于空气空间这一介质而运行，由于地球空气空间的立体存在，人类航空活动便具有了船舶、汽车、火车等交通工具所不具有的，不为自然地理区域所阻隔的可能性。航空的特殊属性，也决定了航空活动法律适用的国际性，亦即"如果不适用国际统一的法律规则，而适用各国千差万别的国

---

〔1〕 参见 [英] 亚当·斯密：《国富论》（下卷），杨敬年译，陕西人民出版社 2001 年版，第 502~503 页。

〔2〕 参见 [美] 米尔顿·弗里德曼：《资本主义与自由》，张瑞玉译，商务印书馆 2004 年版，第 30 页。

〔3〕 参见 [英] 约翰·梅纳德·凯恩斯：《就业、利息和货币通论》（重译本），高鸿业译，商务印书馆 1999 年版，第 327~345 页。

〔4〕 参见 [美] 保罗·A. 萨缪尔森、威廉·D. 诺德豪斯：《经济学》（上），高鸿业等译，中国发展出版社 1992 年版，第 76 页。

〔5〕 参见 [澳] 欧文·E·休斯：《公共管理导论》，张成福等译，中国人民大学出版社 2007 年版，第 7 页。

〔6〕 参见 [美] 罗纳德·H. 科斯："社会成本问题"，载 [美] 罗纳德·H. 科斯：《企业、市场与法律》，盛洪、陈郁译，格致出版社、上海三联书店、上海人民出版社 2014 年版，第 92 页。

内法，航空活动势必寸步难行，进而干扰、阻碍航空活动的发展"〔1〕。基于此，使得一国的航空法成为兼具国际法和国内法色彩的典型代表。

第四，兼具军用性与民用性。在现代社会，空域是国家主权的重要体现，从学说起源角度，以意大利人朱利奥·杜黑、英国人休·蒙塔古·特伦查德、美国人威廉·米切尔为代表的"制空权"理论，在推动各国空中力量加快发展的同时，逐渐奠定了各国现代空军建设的指南。正常而言，一国的航空活动均可区分为军事航空活动和民用航空活动，与之相匹配的是，一国的航空法也必需妥善地规范这两种不同性质的航空活动，以增加两者在共用一套空中交管系统时的协调性、匹配性。

（二）航空器

在现代社会中，航空法领域（主要为私法领域）所规范的航空器交易（包括买卖、租赁、担保等）和航空运输（包括旅客/行李运输、货物运输等）这两类核心行为均围绕航空器而展开，以此为前提，航空产业链条上所发生的相关辅助商业活动或商事行为及其所蕴含的法律关系，也几乎与航空器具有千丝万缕的关系，由此，上述领域的航空争议及其解决方式，同样必需考虑到实体法及冲突法关于这一基本概念的法律界定问题。一方面，在各国国内法范围内，航空器作为不同航空法律关系的重要载体之一，在其分属领域的范畴界定并非完全一致，甚至在不同时期、不同法系国家物权法/财产法体系中呈现出的法律形态亦不尽然相同；另一方面，在国际法特别是国际航空法范围内，随着时代的发展及各国际公约规制、调整的范围不一，其对于航空器法律范畴内的界定也构成了该类公约法律效力的适用边界。基于此，在探讨作为航空争议解决方式的航空仲裁之前，进一步厘定航空器在法律层面的意涵，实属必要。

1. 航空器的定义。就航空器的定义而言，存在于国际法和国内法两个层面，在国际法领域，以相关国际公约中的规定为主要代表，并对我国国内法上航空器的界定也发挥了重要影响。

（1）国际公法的定义。纵观人类历史，航空器为重要发明之一，作为一种交通运输工具，航空器的诞生和应用极大缩短了远距离人群互为交往的物

---

〔1〕　参见赵维田：《国际航空法》，社会科学文献出版社 2000 年版，第 2~3 页。

理距离。在法制史上，将航空器这一特定标的物纳入大陆法系物权法和英美法系财产法的范畴予以规范，是晚近以来的事；相较而言，人类最早以法律形式对航空器及围绕航空器而生的相关活动进行规范，肇始于航空法。1783年6月和11月，法国人蒙哥尔费兄弟的热空气气球升空试验和热空气气球载人飞行试验先后取得成功。在此后不久的1784年4月，法国警方即颁布指令，规定除非事先获得批准，否则航空活动不允许进行，以直接和排他性地针对蒙哥尔费兄弟的气球试验，此举被视为航空法之滥觞。可见，伴随着航空技术的发展，作为人类探索"管理空气空间的使用并使航空、公众和世界各国从中受益的一套规则"[1]的努力很早就已经开始。[2]第一次世界大战以后，随着商业性航空运输活动与各国航空立法活动的蓬勃发展，航空法无论作为国际法或国内法，均具有了自己的独特个性，并逐渐成长为一门新的部门法。

与此同时，国际航空法的统一化运动[3]也得到持续推进，统一航空运输规则的成果体现在两个方面，一是以1944年《国际民用航空公约》（以下简称为《芝加哥公约》）为代表的航空公法，解决了诸如空域主权、航空器国籍、统一规则便利空中航行、航空事故调查、遇难救助等方面的问题，形成了"芝加哥公约体系"；[4]二是以1929年《华沙公约》[5]和以1948年《日

---

〔1〕 See I. H. Ph. Diederiks-Verschoor, *An Introduction to Air Law*, Kluwer Law International, 2001, p. 2.

〔2〕 回顾航空法的历史不难发现，航空法律规则与航空技术相伴而生，除了早在1784年即发布的巴黎"热气球法令"之外，1889年，欧洲19个国家就在法国巴黎召开了第一次讨论航空法的国际会议。此外，法国法学家福希（Fauchille）于1900年就建议国际法研究院（Institute de Droit International）制定一部国际航空法典，成为"为数不多的法律进程走在技术（指1903年莱特兄弟首飞成功）之前的例子之一"。参见［荷］I. H. Ph·迪德里克斯-范思赫：《国际航空法》，黄韬等译，上海交通大学出版社2014年版，第2页。

〔3〕 关于国际航空法的统一化运动，常为航空法学界所热议。就其表象来看，一方面源自航空器这一特殊动产的物理特征（作为交通运输载体的位移属性）和财务特征（作为特定资产的高价值属性）引致的国际范围内航空活动法律规则的日渐冲突；另一方面源自天空开放、航空运输自由化等由国家等公法主体主导或推动的国际航空界的变革。但究其本源，这一变革的基础在于全球经济一体化，而国际范围内航空活动、航空产业的快速发展，无疑既是其动因，又是其结果。由此，在较长历史时期内引发了国际范围内各国法律（包括航空公法与私法）规则的趋同化。

〔4〕 此外，还有针对航空器上犯罪、非法劫持航空器及其他危害民航安全等行为的数个国际公约。

〔5〕 以及附属于《华沙公约》名下的一系列议定书，包括1955年《海牙议定书》、1971年《危地马拉城议定书》、1975年《蒙特利尔第四号议定书》等。此外，一般认为还应包括1961年《瓜达拉哈拉公约》、1966年《蒙特利尔协议》等。

内瓦公约》为代表的航空私法，分别在航空运输领域（诸如运输凭证、航空损害赔偿责任制度、航空运输纠纷的管辖法院和诉讼时效等）和航空器权利领域（诸如航空器权利的构成、航空器权利登记等）极大解决了法律冲突的历史困境，《华沙公约》及其现代化成果 1999 年《蒙特利尔公约》共同构成了国际航空承运人责任领域"华沙–蒙特利尔公约体系"的主干内容，《日内瓦公约》与 2001 年《开普敦公约》及其附件一《关于航空器设备特定问题议定书》（以下简称为《航空器议定书》）也奠定了国际范围内航空器权利/国际利益相关法律规则的基本架构。

在前述国际公约中，对于航空器定义的规范，主要源自"芝加哥公约体系"中，这也构成了国际航空私法适用的基础或参照。尽管并非所有国际航空私法属性的公约均完全适用"芝加哥公约体系"关于航空器的定义，[1]但毫无疑问，其给出的定义仍最具权威性。

第一，1919 年《关于管理空中航行的公约》（以下简称为《巴黎公约》）中"航空器"的定义。在航空器的法律定义方面，早在人类历史上第一个涉及国际民用航空活动的国际航空公约——1919 年《巴黎公约》[2]制定之时，如何定义航空器的议题便已被与会国代表广泛讨论并接纳。1919 年《巴黎公约》因缔结于巴黎而得名，成为人类历史上第一个涉及国际民用航空活动的国际航空公约，也是航空法领域第一个生效的法律文件。公约第一次系统地以法律形式确定了国际民用航空的一些基本原则，主要包括飞行权利[3]和航空器两大领域。

在航空器的法律定义方面，公约第一次确立航空器必须具有国籍的原则，初步设想了航空法适用的范围，提出了国家航空器和私有航空器区分的构思，

---

〔1〕 譬如，1948 年《日内瓦公约》将其规范的"航空器权利"中"航空器"的范围限定在仅从事国际航空运输的"飞机"领域，对于气球、滑翔机等非飞机类航空器则并不适用，而后者则同样属于国际航空公法中"航空器"的规范对象。

〔2〕 1919 年，由英、美、法、意、日五国各派两名代表，和比利时、巴西、古巴、希腊、葡萄牙、罗马尼亚、南斯拉夫（3 个邦）七国各派一名代表组成巴黎和会航空委员会，讨论战后国际空中航行的管理问题，制定了《巴黎公约》（Convention Relating to the Regulation of Aerial Navigation）。经巴黎和会最高理事会批准后，于 1919 年 10 月 13 日正式签字，并于 1922 年 7 月 11 日起生效，共 43 条。参见余先予主编：《国际法律大辞典》，湖南出版社 1995 年版，第 809 页。

〔3〕 在飞行权利方面，公约规定缔约各国承认每个国家对其领土上空具有完全的、排他的主权，并规定本公约所指一国领土应认为包括该国家的本土及其殖民地以及其邻接的领水。

并对航空器做了具体分类。《巴黎公约》对航空器（Aircraft）所下的定义为："航空器是大气层中靠空气反作用力做支撑的任何器械"。[1]在这一相对广泛的定义中，一个应当优先给予考虑的标准在于某种器械是否具有升力（Lift），据此，公约所定义的航空器理论上包含了飞机、飞船、滑翔机、自由气球、防空气球以及直升机等。

第二，1944年《芝加哥公约》中"航空器"的定义。第二次世界大战以来，由于航空器制造技术的发展对航空业的巨大推动作用，使得世界上形成了一个包括客货运输在内的航线网络，但随之也引起了一系列亟需国际社会协商解决的政治和技术等问题。在此背景下，1944年11月1日，以确立二战以后世界民用航空新秩序为目的的国际民用航空会议在美国芝加哥召开，本次会议由美国发起，与会各方于12月7日达成了《芝加哥公约》。除序言外，《芝加哥公约》共分为4个部分、22章、96条，主要规定了缔约国对领土之上的空气空间拥有完全的、排他的主权，主张民用航空应当安全、有秩序地发展；国际飞行分为航班飞行和非航班飞行，航班飞行非经许可不得在他国领土上空飞行，非航班飞行有权飞过而不降停或作非运输业务性降停等内容。

1944年《芝加哥公约》的签署是国际民用航空发展史上的一个重大事件。作为战后国际民用航空的宪章性文件，《芝加哥公约》也是包括国际航空运输法在内的现行国际航空法的基础，是目前国际上被广泛接受的公约之一。《芝加哥公约》系对1919年《巴黎公约》及1928年《泛美航空公约》[2]的替代，但后两项公约所确立的重要规定并没有被原则性更改，而是得到了进一步发展和补充。在《芝加哥公约》中，航空器被定义为"能从空气的反作用而不是从空气对地面的反作用，在大气中获得支持的任何机器"[3]。鉴于这一定义与1919年《巴黎公约》基本保持了一致，且此后其他的国际公约并

---

〔1〕 参见《巴黎公约》附件A。

〔2〕 1928年《泛美航空公约》全称为《泛美（或美洲国家间）商业航空国际公约》，因1928年3月制定于古巴哈瓦那，又称《哈瓦那商业航空公约》，以下均简称为《泛美航空公约》。1919年《巴黎公约》签订后，美国和一些南美国家拒绝参加该公约。美国认为，《巴黎公约》是欧洲的航空公约，美洲必需有自己的航空公约。因此，1927年，美国发起了《泛美航空公约》的谈判，在该公约上签字的有泛美联盟的20个国家，但最后批准该公约的只有8个国家。就其内容而言，《泛美航空公约》在很大程度上与《巴黎公约》保持了相同，但也存在不同之处。

〔3〕 参见《芝加哥公约》附件2《空中规则》。

没有试图再给航空器下一个定义，所以尽管在不同的场合，一些权威性的观点也曾经被纳入考虑，但这一源自《巴黎公约》的表述在其后的几十年里继续作为航空法的基石而存在。[1]此外，作为《芝加哥公约》的重要成果之一，国际民航组织（International Civil Aviation Organization，以下简称为"ICAO"）正式成立，并在国际航空界发挥着重要的作用。[2]

（2）我国《民用航空法》的定义。我国的《民用航空法》是新中国历史上第一部规范民用航空活动的法律，是我国航空运输发展历史上的重要里程碑，也是规范我国各类民用航空活动的基本法。现行的《民用航空法》于1995年10月30日由中华人民共和国第八届全国人民代表大会常务委员会第十六次会议通过，并于1996年3月1日正式施行。

我国《民用航空法》并未对航空器作出具体定义，仅对"民用航空器"的范围作出了规定。《民用航空法》第5条规定："本法所称民用航空器，是指除用于执行军事、海关、警察飞行任务外的航空器。"本条系根据1944年《芝加哥公约》并参照相关国家和地区航空法的规定而制定。由于我国是国际民航组织的正式成员国，也是《芝加哥公约》的加入国，[3]因此，从学理角度分析，我国《民用航空法》对航空器的界定与《芝加哥公约》保持一致，并且其定义边界包含有如下两点特殊性：

第一，内涵方面，"飞机"隶属于"航空器"。在航空法领域，"飞机"和"航空器"并非同一概念。《芝加哥公约》除明确了"航空器"的概念之外，还规定了"飞机"的定义，即"飞机是指有动力装置的重于空气的航空

---

〔1〕　参见［荷］I·H·Ph·迪德里克斯-范思赫：《国际航空法》，黄韬等译，上海交通大学出版社2014年版，第4页。

〔2〕　国际民航组织前身为根据1919年《巴黎公约》成立的空中航行国际委员会（ICAN）。随着1947年4月4日《芝加哥公约》的正式生效，国际民航组织也正式成立。在1947年5月6日召开第一次大会后不久，国际民航组织正式成为联合国的一个专门机构。由此可见，国际民航组织的诞生和权限范围与《芝加哥公约》密切相关。国际民航组织总部设在加拿大的蒙特利尔，是193个缔约国（截止到2019年10月1日）在民航领域中开展合作的媒介。参见"关于国际民航组织——成员国"，载国际民航组织官网，https://www.icao.int/about-icao/Pages/member-states.aspx，最后访问日期：2021年2月1日。

〔3〕　新中国成立后，随着1971年10月25日联合国大会通过恢复我国在联合国合法地位的决议，国际民航组织在1971年11月19日召开的第74届理事会第16次会议上也作出相应决议，恢复我国的合法地位。我国于1974年2月15日正式承认《芝加哥公约》。

器，它的升力主要来自空气动力在翼面上的反作用，其翼面在特定条件下固定不变"。[1] 两相比较可知，航空法中"航空器"的概念与一般意义上的"飞机"不同，"航空器"主要指重于空气的飞艇、滑翔机、直升机、飞机等，[2] 而"飞机"仅为"航空器"的类型之一。但是，尽管如此，在近代航空法中，航空器主要是指飞机。

第二，外延方面，"火箭""气垫船（器）"等不属于"航空器"。根据《芝加哥公约》对航空器的定义，在大气中不是靠空气的反作用力获得支撑的"火箭"被排除在"航空器"之外。火箭在大气中是靠气态发射物产生冲力的装置获得支撑的，这种冲力是来自该装置本身所携带的燃料，而不是靠空气的反作用力在大气中获得支撑而飞行的，因此，航空法中的"航空器"不包含"火箭"。同理，根据《芝加哥公约》对航空器的定义，把靠空气对地（水）面的反作用力获得支撑的"气垫船（器）"也排除在了"航空器"之外。这一界定的自然科学依据在于空气动力学，其法律后果在于将"火箭""气垫船（器）"等与"航空器"具有不同飞行原理的高价值移动设备排除在法定范围之外，以避免产生航空法层面的相关国内、国际权利义务适用冲突。

2. 航空器的分类。航空器的分类为航空法上的一个重要问题，不仅涉及航空器的法律地位问题，更是规范航空器运输活动的基础性法律要素。本书仅就国家航空器和民用航空器的区分做介绍，以为后文进一步论述若干国际航空公约的适用问题奠定基础。

在航空法上，对民用航空器和国家航空器进行划分"是一个复杂的问题"。[3] 20 世纪初，法国航空法学家福希（Fauchille）从法学角度提出将航空器区分为公有航空器和私有航空器的观点，后为 1919 年《巴黎公约》所采纳；1944 年《芝加哥公约》也延续了这一划分标准，但在表述用语方面分别称之为"民用航空器"和"国家航空器"，后者主要包括军事、海事、警察部门的航空器，并明确规定"本公约仅适用于民用航空器，不适用于国家航空器。"[4] 上述规定中，"本公约"即为《芝加哥公约》。可见，民用航空器

---

[1] 参见《芝加哥公约》附件 2《空中规则》。

[2] 但根据公约，轻于空气的氢气球也包括于"航空器"法律范畴中。

[3] 参见董杜骄、顾琳华主编：《航空法教程》，对外经济贸易大学出版社 2016 年版，第 16 页。

[4] 参见《芝加哥公约》第 3 条。

相对于国家航空器而言，两者区分的标准在于航空器的用途，而非航空器的所有权归属者为国家或者公民个人。[1]然而，就国家航空器而言，尚无一个能够被普遍接受的定义，仅能根据一般通则，也即当航空器在国家控制之下、并由国家为其欲达到的目的而专门使用时，就被承认为国家航空器。一般而言，国家航空器可以分为海关航空器、警察航空器、军事航空器、专门运送国家元首和政府高级官员的航空器、其他负有特殊使命的航空器等。

我国《民用航空法》第 5 条与《芝加哥公约》的规定保持了一致，并以"排除法"来界定民用航空器的范围，即排除了用于执行军事、海关、警察飞行任务的航空器。总体而言，我国《民用航空法》的这一界定，虽承认了国家航空器的实质存在，但并未正式以法律形式赋予"国家航空器"之名，且所列举的国家航空器种类相对较少，有待进一步完善。[2]

3. 航空器的法律特征。无论是大陆法系或是英美法系，航空器在法律层面大都是一种特殊的标的物，其作为法律关系的客体具有许多独特的法律特征，这也奠定了围绕航空器而形成的相关法律关系的特殊属性。具体而言，在我国法上，航空器的法律特征包括：

（1）航空器属于特殊动产。无论是大陆法系民法制度中关于物的分类，抑或是英美法系财产法中关于财产的分类，依据位置的固定程度不同，物/财产可以区分为动产和不动产。[3]按照这一标准，航空器在绝大多数国家均被

---

〔1〕　一般而言，航空器的常见分类方法包括三种标准，一是根据航空器所有者的身份，二是根据航空器的机械构造，三是根据航空器使用的性质。

〔2〕　在 2016 年 8 月 8 日中国民用航空局发布的《关于〈中华人民共和国民用航空法〉修订征求意见稿公开征求意见的通知》附件 1 中，也即《中华人民共和国民用航空法（修订征求意见稿）》（2016 年 8 月 8 日版）第 5 条中，民用航空器的定义被界定为"国家航空器之外的航空器"，而"用于执行军事、海关、警察飞行任务的航空器，属于国家航空器"，且除前述类型之外的"其他类型的国家航空器及其管理，由国务院规定"。

〔3〕　具体而言，在大陆法系民法/物权法立法例中，有形财产与无形财产的区分常被置于物的分类的第一层级，动产与不动产的区分常被作为有形财产之下的第二层级的区分；而在英美法系财产法的立法、判例及理念中，个人财产（personal property）和不动产（real property）构成了财产（property）区分的第一层级，在个人财产之下才进一步区分有形财产（tangible personal property）和无形财产（intangible property）。尽管如此，随着物权理论的发展，动产与不动产的区分也日渐成为立法对于物的最主要分类，比如我国《民法典》也采动产与不动产的分类，但以有体物（而非仅指有形物）为主。

界定为动产无疑。[1]但是，由于航空器标的物本身的价值极高，具有典型的高成本、高科技含量、高风险等特征，生产者常需投入高额成本进行研发，运营者亦需投入巨额资金进行购置，消费者也常需投入较多资金接受相关的服务。故而，尽管航空器具有动产的可移动特征，但常与海商法领域的船舶等标的物一道被法律归入特殊动产范畴，其所有权、抵押权等权利的变动常常按照特殊动产物权变动模式和标准进行设置。

（2）航空器属于合成物。在大陆法系物权理论中，以物与物之间是否有从属关系为标准，可将物分为主物与从物，基于此，主物的处分及于从物。[2]作为高科技的集成，航空器在法律上是一种合成物。以飞机为例，大多数飞机由机翼、机身、尾翼、起落装置和动力装置五大部分和其他相关设备构成，这也决定了无论是安装于其上或者是暂时拆离的物品，每一部分均是航空器所不可或缺的，在法理上不能脱离航空器而单独存在，并且与航空器之间构成从物与主物的关系，这意味着航空器所有权转移、抵押权设立以及优先权的存续等均涉及整个航空器。[3]

但是，在航空器系统中，航空器发动机是否可以作为一种独立的标的物存在，曾随着航空产业的发展而融于航空法的演化进程。航空器发动机是航空器的主要部件之一，本身也具有极高的经济价值和科技含量，但在《日内瓦公约》中，由于航空工业技术和航空金融业发展的时代局限，航空器权利的范围虽及于航空器机体、发动机、螺旋桨、无线电装置以及所有用于航空器的部件（不论与航空器组装在一起或暂时拆卸），[4]但航空器权利的指向重点仍在于航空器整体，发动机等更多作为航空器的"从物"而为公约所调整。根据公约第10条之规定，尽管《日内瓦公约》承认包含发动机在内的零备件上的权利，并允许设置登记该权利的登记簿，但航空器发动机本身尚未作为一种独立的权利客体而为法律所单独调整。二战以后，包括飞机机体和

---

[1] 如中国、法国、日本、德国、美国等均将航空器归入有形动产的范畴，但也有俄罗斯、秘鲁等少数国家将航空器列入不动产，并以不动产的物权规则调整其物权关系。参见梁冰：《动产担保与登记》，群言出版社2007年版，第16~17页；《秘鲁民法典》（1936年）第812条；《俄罗斯联邦民法典》第130条，转引自于丹：《飞机租赁交易的私法问题研究》，法律出版社2019年版，第188页。
[2] 参见胡长清：《中国民法总论》，中国政法大学出版社1997年版，第165页。
[3] 参见董杜骄、顾琳华主编：《航空法教程》，对外经济贸易大学出版社2016年版，第17页。
[4] 参见《日内瓦公约》第16条。

航空器制造、维修等在内的航空工业技术的飞速发展，加之航材交易市场的日渐活跃，航空器发动机制造类企业积极涌入了航空器租赁市场，为租赁市场提供各种规格的发动机，在扩大各自市场份额的同时，也极大推动了航空器发动机在市场交易中的流通性。特别是在航空器租赁、维修市场中，发动机常常被单独作为标的物进行交易，从而使这一特殊标的物在不同的交易结构和法律关系中，出现了可以作为独立权利客体的空间。2001 年《开普敦公约》及《航空器议定书》赋予了航空器发动机作为法律意义上独立权利客体的法律定位，规定公约范围内的国际利益及从属利益可以分别适用于航空器机身、发动机和直升机，[1]且在国际利益登记中，机身与发动机可作为单独的标的物办理国际利益登记。如在办理一架飞机（含两台随发）登记时，只需填写一个机身和两台发动机，复选后办理一次登记。如果仅办理发动机登记，则仅需填写一台发动机信息，办理一次登记，以保证登记的灵活性和可组合性。基于此，在无民航法规特殊监管、具体商事交易无特殊限定的前提下，航空器发动机在法理层面可以被认定为一种独立的标的物而存在。

（三）航空法

同法学其他学科的研究范式类似，对于航空法的准确定义常常是研究这一学科的出发点。然而，给航空法下一个通行的定义是非常困难且不太现实的选择。尽管如此，不同的学者基于各自的学术背景、研究视角、分析方法等因素，提出过多种学说。荷兰航空法学家 I·H·Ph·迪德里克斯-范思赫认为，存在着一种通用的、可以代表学术界或多或少共识的表述，即"航空法是规制空气空间（Airspace）的使用，并使得航空业、普通公众、世界各国从中获取利益的一套规则"[2]；我国著名法学家赵维田先生亦指出，"作为一种常识性理解而不作为严格科学性定义而言，可以将航空法定义为：一套调整人类航空活动中各种法律关系的规则体系"[3]。就其具体表现方式而言，在一国法律体系内，航空法是重要的部门法之一，且兼具国内法与国际法、实体法与程序法、公法与私法等多重特征于一身。本书在此仅以国际法与国

---

[1] 参见《航空器议定书》第 1 条第 2 款。
[2] [荷] I·H·Ph·迪德里克斯-范思赫：《国际航空法》，黄韬等译，上海交通大学出版社 2014 年版，第 1 页。
[3] 赵维田：《国际航空法》，社会科学文献出版社 2000 年版，第 2 页。

内法的区分维度，阐述其若干具体呈现方式：

1. 国际法领域。回顾航空法发展的历史轨迹不难发现，现代意义上的航空法发端于航空承运活动中商业惯例的规则化，继而随着航空器交易制度的不断发展而持续完善。正如《元照英美法词典》对"航空法"这一术语所作出的描述，航空法是"关于民航的一系列法律总称，用以调整空中航行和空间使用等问题"，并且"航空法基本上是国际性的，通常是各国间缔结协议来确定，因此航空法在大多数国家都是统一的"。[1]其中，在国际法特别是国际航空私法领域，尤其以国际航空运输中的"华沙–蒙特利尔公约体系"、国际航空器融资及租赁交易中的《开普敦公约》最具代表性。

（1）国际航空运输领域。在国际航空运输领域，"华沙–蒙特利尔公约体系"毫无疑问发挥着基础性规范的功能，其核心规范主要由1929年《华沙公约》及其迭代后的1999年《蒙特利尔公约》构成。《华沙公约》共分5章41条，主要规定了发生飞行事故之后的赔偿责任，对国际运输的定义、运输凭证和承运人责任等诸多国际航空私法领域的基础性问题作了明确的规定。《华沙公约》旨在"建立与诠释一种主要原则，来处理关于航空承运人对造成旅客/行李和货物损失以及航班延误损失所进行赔偿的问题，以便使旅客、货主进行航空旅行（即航空客货运输）时可以知晓存在着某种程度上的统一规则来规制承运人的责任，与此对应的是承运人在知晓其自身责任承担的前提下，可以对可能造成的损失作好事先安排"，[2]由此，公约规定，在运输中由于承运人的过失使旅客、托运人或收货人遭受损失，承运人应承担赔偿责任。然而，《华沙公约》仅涉及航空运输规则的一部分，并不能覆盖旅客、货主与航空承运人在航空承运活动各个环节的所有规则，因此，由国际航空运输协会主导的"运输条件"对华沙公约体系提供了大量且重要的补充，以此作为弥补承运人与旅客、货主之间的合同安排规则。由于国际航空运输协会从组织形式上是一个全球航空企业的行业联盟，属于非官方性质组织（但实际上已具有半官方属性），其发布的运输条件虽然并不必然具有强制性的法律适用力，但因国际航空运输协会在全球航空业具有的广泛影响力，其运输条件也

〔1〕 参见薛波主编：《元照英美法词典》（缩印版），北京大学出版社2013年版，第56页。
〔2〕 参见［荷〕I·H·Ph·迪德里克斯-范思赫：《国际航空法》，黄韬等译，上海交通大学出版社2014年版，第109页。

为全球范围内的航空承运人所广泛借鉴。

1999 年 5 月 30 日，作为长期努力及各方利益妥协后的重要成果，国际民航组织于其总部所在地加拿大蒙特利尔通过了《蒙特利尔公约》。随着全球民用航空业的发展，《蒙特利尔公约》在积极吸纳华沙公约体系有利成果与国际共识的基础上，旨在以其"现代化"后的责任规则"取代"支离破碎的华沙公约体系，在协调承运人与旅客利益的同时为当前国际空运实践的发展提供法律保障。[1]《蒙特利尔公约》目前已在包括中国在内的缔约国之间取代了已适用 70 余年的《华沙公约》及其议定书，进一步规范、统一了国际航空运输私法领域的各项制度规则。

（2）航空器权利/国际利益领域。二战以后，航空器交易特别是以租赁方式进行的航空器交易日益增多，航空业对于融资引进飞机的需求也日渐强烈。虽然当时融资活动的形式还主要局限在以飞机为担保财产来获得贷款的简单融资担保形式，但是其中面临的对担保权跨国承认与执行的法律障碍已经凸显出来。[2]为了解决这一难题，1948 年 6 月 19 日在日内瓦召开的国际民航组织大会上，《日内瓦公约》获得通过。《日内瓦公约》旨在为航空器权利人提供尽量多的担保权益和利益的保护，进而为航空运输企业争取到一种财务支持手段，使其摆脱无力购买航空器的财务困境，从而促进国际民航事业的发展。

20 世纪后半叶以来，随着全球范围内航空制造产业和航空运输产业的迅速发展，航空器融资活动更加频繁，融资规模日益扩大，融资模式不断创新，航空器的交易结构更为复杂化。随之而来的是，《日内瓦公约》已逐渐无法适应商业交易的制度需求，特别是在以航空器、卫星以及铁路运输设备为代表的相关高价值移动设备作为标的物的融资租赁活动中，商业交易的国际化因素，致使融资人、出租人等相关利益方无法确保其于标的物之上所设置的担保权益可以完全有效地得到法律保护。因此，构建一套全新的、国际统一化的、可以加强对债权人保护的关于调整标的物上担保、产权保留和租赁利益的法律制度，显得尤为必要。基于此，国际统一私法协会（International

---

〔1〕　参见董念清："1999 年《蒙特利尔公约》对中国的影响"，载《中国民用航空》2004 年第 1 期。

〔2〕　参见于丹：《飞机租赁交易的私法问题研究》，法律出版社 2019 年版，第 45 页。

Institute for the Unification of Private Law，以下简称为"UNIDROIT"）于 1992 年起即开始了起草《开普敦公约》及航空器设备、铁路车辆、空间资产等三个方面特定问题议定书的努力，并最终于 2001 年在由国际统一私法协会和国际民航组织于南非开普敦召开的外交会议上获得通过。

《开普敦公约》与其项下附件一《航空器议定书》等两个法律文件旨在促进航空器这一高价值移动设备的融资租赁交易，通过强化债权人利益，减少债权人、出租人的交易风险来降低购买、租赁航空器的国外融资利率和担保费用，同时为融资多样化创造条件。《开普敦公约》及《航空器议定书》共同创设了航空器国际利益，其中，担保协议中由担保人赋予（担保权人）的利益、所有权保留协议中附条件卖方享有的利益、租赁协议中出租人享有的利益为《开普敦公约》所确认，并通过国际登记系统登记而生效。

《开普敦公约》及《航空器议定书》分别于 2004 年 4 月 1 日和 2006 年 3 月 1 日正式生效。作为签署国之一，我国全国人民代表大会常务委员会于 2008 年 10 月 28 日审议批准加入《开普敦公约》，这不仅为其纳入国际法渊源进而解决相关权利人的纠纷奠定了法律基础，也为我国《民用航空法》在本次修订中吸纳《开普敦公约》及《航空器议定书》的相关制度提出了新的任务。

2. 国内法领域。在我国，航空法是重要的部门法之一。仅就作为调整航空市场、航空产业中各交易要素（主体、行为、责任等）的航空法律规范而言，航空法体现了极强的经济法律制度特征，无论是《民用航空法》关于航空器权利体系的系统性规范，抑或是《民法典》合同编关于客运合同、货运合同的特定性规定，再或是学术界关于航空法学科定位的学术性探讨，均反映了航空法之于航空业的基础性调整、规范功能。基于此，作为航空争议解决机制的重要方式之一，航空仲裁具有典型的跨学科特征，既属于仲裁法的规制范畴，更需遵循航空法的基本原则与各项规则体系。诚如德国法学家弗里茨·里特纳、迈因哈德·德雷埃尔所言，法律与经济之间既区分、又合作，法律特别是经济法的任务要求"对经济生活的事实关系以及经济学上的阐述努力（模式与原理）具有高度的理解"[1]。由此，伴随着航空器的发明和航

---

[1] 参见［德］弗里茨·里特纳、迈因哈德·德雷埃尔：《欧洲与德国经济法》，张学哲译，法律出版社 2017 年版，第 46 页。

空科技的进步而逐步发展，航空法作为一门新兴的学科，日益形成了一整套相对独立、严密的理论规则体系。

诚如前文所述，航空活动兼具科技性与安全性、行政性与经济性、国际性与本土性、军事性与民用性等特征。基于市场经济体制之于法律体系的需求而言，在航空产业内，作为独立法律部门的航空法在很大程度上也体现出了经济法律规范的特征。在广义范畴内，无论将一国经济类法律体系定位于"市场机制下建立的经济政策立法体系"，[1]抑或是"一个既定的经济宪法得以实现的法律规范的总和"，[2]就其本质而言，该类法律规范均无法脱离"国家对经济干预之法"的实质属性。[3]究其本质，经济法律体系乃是基于市场经济体制的政府组织经济之法，其正当性在于以法治方式助推经济增长与发展目标的实现，市场体制有序或有效是政府发挥作用的前提与目的，而在经济领域规范政府行为则是经济法律规范的合理内核。在我国，推行多年的经济体制改革已然为经济法律规范的理论养成培育了丰厚的土壤，在此基础之上，持续深化的改革开放将为其长足发展提供新的宝贵历史契机。在这一历史进程中，航空法律制度之于航空产业的发展亦是这一辩证关系的缩影。

在微观层面，我国现行的航空法律制度不仅包含作为行业基本法的《民用航空法》，也包含物权、合同、侵权等传统民商事法律体系中的相关规范，并与包括宏观调控法、市场秩序规制法、国有经济参与法、市场运行监管法等经济法范畴内的诸多法律制度密不可分。具体而言，从民商法的视角分析，在物权法上，航空器作为民法上规范的一种特殊动产，其物权的设立、变更、转让和消灭采登记对抗主义，即未经登记不得对抗善意第三人，这一基本原则也反映在航空法领域，我国现行《民用航空法》对民用航空器权利的客体、种类、权利登记以及权利转移等制度做了相应规定，并设置了一整套制度体系，其内容涉及民用航空器的权利类型（所有权、抵押权、优先权、占有

---

〔1〕　参见［日］丹宗昭信、伊从宽：《经济法总论》，［日］吉田庆子译，中国法制出版社 2010 年版，第 8 页。

〔2〕　参见［德］沃尔夫冈·费肯杰：《经济法》（第一卷），张世明、袁剑、梁君译，中国民主法制出版社 2010 年版，第 5 页。

〔3〕　参见［日］金泽良雄：《经济法概论》，满达人译，中国法制出版社 2005 年版，第 23 页。

权)、权利登记、权利实现方式、权利受偿顺序等;[1]在债法尤其是合同法上,航空器主要作为一种交通工具而存在,航空器承运人与旅客、货主之间的旅客/行李运输合同、货物运输合同关系主要受到合同法律规范的调整,《民法典》也以专章方式将运输合同作为有名合同的一种重要类型予以规范。此外,从经济法的视角分析,我国的民航业受国家的财政、税收、价格、产业政策等宏观调控政策影响较大,与宏观调控法密不可分;在市场秩序规制法和竞争法领域,与反垄断、反不正当竞争、消费者权益保护以及产品质量法等市场秩序规制法息息相关;同时,民航业中的国有经济成分和国有企业更常常是国企改革的缩影,需依照国有经济参与法予以调整;加之民航业天然具有"国际性",其全球化的航线网络和经营特征,自然而然需受到对外经济管制法的规范;此外,民航业与金融业密切相关,航空飞机、发动机的买卖与租赁、燃油套期保值等金融行为的开展,需以包括金融监管在内的市场运行监管法为行为合规与否的准则;最后,民航业对于安全运营具有天然的高需求,而包括安全生产类法律制度在内的经济法规范发挥着重要的指导功能,特别是一整套严密的民航适航法规体系,对于行业安全的保障发挥着至关重要的作用。基于上述分析视角,本书认为,就其法律属性而言,我国当代的航空法具有着经济法律规范的典型色彩和特征。

二、仲裁活动与仲裁法

(一) 仲裁的历史沿革

在法制史上,仲裁 (Arbitration) 是解决社会冲突的一种方法,并伴随着与国家法、民间法的漫长融合,最终作为"构成文明法律制度的基础"而存在,[2]可见仲裁制度发展史之源远流长。所谓仲裁,亦称"公断",系指双方当事人就某一问题或事件发生争议时,根据有关规定或当事人之间的协议,提请仲裁机

---

[1] 尽管《民法典》晚于《民用航空法》出台,但《民用航空法》关于航空器权利的相关规定系主要参考、借鉴了《日内瓦公约》,而《日内瓦公约》本身即是一部国际范围内关于航空器物权的冲突法或国际适用的公约规则,在某种程度上兼具两大法系关于航空器财产权(物权)的烙印与色彩。

[2] See William Seagle, *The Quest For Law*, Alfred A. Knopf, 1941, pp. 60-61, 转引自赵秀文:《国际商事仲裁及其法律适用研究》,北京大学出版社 2002 年版,第 1 页。

构或仲裁员按照一定的程序，作出对争议双方都具有约束力的裁决。[1]

在人类社会发展的漫长历程中，经济、文化、政治、文明的进步固然是主流，但各种矛盾、争议与冲突同样总是不可避免，大到国与国之间的对抗，小到集体或个人之间的纷争，都广泛而客观的存在。就争议生成的深层次诱因而言，"无论对争议的性质与意义持有何种观念，人们争论的显著问题肯定主要取决于相关社会中人们所持有的信念、认同的价值以及在特定社会中流行的组织形式"，[2]与之相伴的是，对于冲突解决机制的探索，始终伴随着历史的前进而逐步演化，并被视为人类文明进步的重要标志。自荒蛮时代始，威胁或武力等非和平方式始终作为解决矛盾的主流手段而存在，是为强迫解决争端的方法。随着文明的发展，和平解决争端方法日益兴盛，其中，作为"秩序与正义的综合体"，[3]法律解决方法构成了和平解决争端的重要路径之一，并体现于国内争端解决和国际争端解决之中。在法律框架之下，各种争端的解决方式日益成熟，协商性、调解性的方式开始变得更加适合社会群体的需要。

早在古希腊时期，仲裁就作为解决争议的方式而存在，有学者认为，在古希腊神话中就已经出现了特定仲裁法院任命的案例；[4]在古罗马时期，仲裁不仅被允许，[5]而且在程式诉讼时期，依照具有不同属性的对物诉讼和对人诉讼中是否附有"仲裁条款（Clausula Arbitraria）"，程式诉讼可以被区分为仲裁诉讼（Actiones Arbitrariae）和非仲裁诉讼（Actionesnon Arbitrariae）；[6]其

---

〔1〕　参见徐开墅主编：《民商法辞典》（增订版），上海人民出版社2004年版，第243页。

〔2〕　参见［英］西蒙·罗伯茨：《秩序与争议——法律人类学导论》，沈伟、张铮译，上海交通大学出版社2012年版，第45~47页。

〔3〕　参见［美］E·博登海默：《法理学：法律哲学与法律方法》，邓正来译，中国政法大学出版社2004年版，第330页。

〔4〕　参见［德］哈拉尔德·容、米尉中："仲裁的选择与实施——中国与联邦德国的法律与实践"，载《比较法研究》1989年第3-4辑（注：当年第3辑和第4辑合并为一辑）。

〔5〕　在《民法大全》"论告示"第2编中，记载了古罗马五大法学家之一保罗的著述："为解决争议，正如可以进行诉讼一样，也可以进行仲裁"。参见宋朝武主编：《仲裁法学》，北京大学出版社2013年版，第7页。

〔6〕　按照诉讼形式的不同，罗马诉讼制度的历史沿革大体上分为法定诉讼时期、程式诉讼时期、非常诉讼时期。在程式诉讼时期的仲裁诉讼中，特别在对物诉讼以及对人诉讼（仅"欺诈诉""胁迫诉""撤销诉""交出原物诉"等属之）中，"仲裁条款"授权承审员进行调处，如被告不能满足原告的正当要求（如返还原物等），则判令其支付一定的金额。参见周枏：《罗马法原论》（下册），商务印书馆2014年版，第939、970页。

后，随着商品经济的发展，早期的国际商事仲裁雏形出现在了 13、14 世纪意大利各城邦国家林立时期，[1]商人习惯法亦构成了其起源之一。仲裁作为一种法律制度正式登上历史舞台，则始于中世纪，[2]早在 1347 年，英国即已出现了关于仲裁的史料记载；其后，在 14 世纪中叶的瑞典，一部地方法典中亦承认仲裁是解决争议的一种方式；1697 年，英国议会制定了第一部仲裁法令，进而正式承认了仲裁制度，后逐渐为世界多国法律所效仿；从 18 世纪末期开始，仲裁得到越来越广泛的采用，特别是 19 世纪后期，仲裁越来越受到重视，并成功地解决了一些严重的国际争端，突出地提高了仲裁的价值和地位。

（二）国际仲裁活动的要素构成

1. 国际公约/示范法。进入 21 世纪以来，伴随着国际商贸交往活动的日益频繁和现代科技的飞速发展，各种类型的跨国商事争议也大幅增加，仲裁制度得以快速发展。1923 年，由国际联盟主持签订的《日内瓦仲裁条款议定书》被视为仲裁协议的效力第一次在国际范围内受到认可；此后，1958 年 6 月，联合国通过的关于《承认及执行外国仲裁裁决公约》（Convention on the Recognition and Enforcement of Foreign Arbitral Awards，以下简称为《纽约公约》），成为国际商事仲裁在承认和执行外国仲裁裁决领域最为重要的国际公约；此外，1976 年通过的《联合国国际贸易法委员会仲裁规则》（UNCITRAL Arbitration Rules）、1985 年通过的《联合国国际贸易法委员会国际商事仲裁示范法》（UNCITRAL Model Law on International Commercial Arbitration，以下简称为《国际商事仲裁示范法》）等，也已成为各国制定或修改本国仲裁法的范本。

（1）《纽约公约》。第二次世界大战后，随着科学技术的进步，加之国际经济贸易的发展，以仲裁方式解决国际商事争议逐渐成为国际商人们首先选择乃至最受欢迎的争议解决方法，进而得到诸多国家法律的认可。作为仲裁机制发展的重要保障，仲裁裁决一经作出，必须具有相应的法律效力，方能从根本上保障仲裁当事人的实质利益。所谓相应的法律效力，既包含仲裁裁决对于争议事项的法律既判力，又包含司法裁判机关对于仲裁裁决的执行力等。对此，世界各国立法大都对仲裁效力问题进行了规定，如《法国民事诉

---

〔1〕 参见中国社会科学院法学研究所民法研究室编：《外国仲裁法》，中国社会科学出版社 1982 年版，第 348 页。

〔2〕 参见乔欣：《仲裁权论》，法律出版社 2009 年版，第 4 页。

讼法典》规定："仲裁裁决一经作出即具有对已决事项的既判力"，[1]《德国民事诉讼法典》规定："仲裁裁决在当事人间产生的效力等同于终审的具有约束力的法院判决"，[2]但是，该等规定均属于本国仲裁裁决（内国裁决）在国内的承认与执行，对于外国仲裁裁决（外国裁决）的承认与执行（包括本国仲裁裁决在外国的承认与执行、外国仲裁裁决在本国的承认与执行），则需要通过双边或多边国际条约的方式解决。

在此背景之下，随着国际商事仲裁的发展，鉴于一国仲裁机构的裁决在另一国家申请执行时可能遇到诸多问题，如能推动各国提升司法对国际商事仲裁裁决的包容性，使外国仲裁裁决在本国得到承认和执行，对于推动国际商事仲裁活动乃至国际商事贸易活动将起到积极的促进作用。基于这一目的而生的《纽约公约》，使得国际商事仲裁因此具有了跨境执行性，成为目前国际上关于承认和执行仲裁裁决领域最为重要的公约，因而在全球范围内具有广泛的影响力。

《纽约公约》由联合国主持制定，并于1958年6月10日在纽约召开的联合国国际商事仲裁会议上通过。《纽约公约》包含16个条文，主要规范内容涉及两个方面：

第一，各缔约国应当相互承认仲裁裁决有拘束力，并按裁决所在地的程序规定，执行对方国家作出的仲裁裁决。在承认与执行对方国家的仲裁裁决时，不应在实质上要求比本国裁决的承认与执行更为麻烦的条件或征收更多的费用。

第二，公约规定了拒绝承认与执行外国仲裁裁决的条件，指出凡有下列情势之一者，被提请执行的机关可依被诉人的请求和证明，拒绝承认与执行：①仲裁协议无效；②违反正当程序，包括未给予适当通知、未能提出申辩；③仲裁员超越权限；④仲裁庭的组成或仲裁程序不当；⑤裁决对当事人尚未发生约束力[3]或已被撤销或停止执行；⑥争议事项不可用仲裁方式解决；⑦违反

---

〔1〕 参见《法国民事诉讼法典》第1476条。

〔2〕 参见《德国民事诉讼法典》第1040条。

〔3〕 在1958年《纽约公约》之前，1927年《关于执行外国仲裁裁决的公约》要求仲裁庭作出的裁决需是"终局的（final）"，该裁决方可得到执行。1958年《纽约公约》摒弃了"终局的"一词，而是采用了"有约束力的（binding）"一词，这被认为是对1927年《关于执行外国仲裁裁决的公约》作出的重大改进。

公共政策或公共秩序。除公约规定的拒绝承认与执行外国仲裁裁决的情况外，各缔约国应当承认与执行该项外国作出的仲裁裁决。

截至 2020 年 10 月，《纽约公约》的缔约国达到 166 个。目前，包括我国在内，各成员国对于承认与执行外国仲裁裁决的条件都予以了相应的规定，各国对于这些条件虽然措辞不一，但大都包括了《纽约公约》规定的内容。基于《纽约公约》的巨大贡献，其在国际商事仲裁领域具有极为重要的地位，发挥着积极、广泛的影响力。

（2）《国际商事仲裁示范法》。在国际商事仲裁领域，除了《纽约公约》之外，《联合国国际贸易法委员会仲裁规则》《国际商事仲裁示范法》也已成为各国/各地区立法机构、仲裁机构制定或修改本国/本地区仲裁法、仲裁规则的范本。由此，仲裁已发展为全球商务活动和经贸往来中一种至关重要的纠纷解决机制，并作为"一种常见的私立秩序"而存在。[1]其中，《国际商事仲裁示范法》虽然既非国际公约，也不属于主权国家的立法，但作为《纽约公约》的立法延续，[2]在《纽约公约》对外国仲裁裁决得以在缔约国之间得到承认与执行的巨大历史贡献基础之上，通过为国际商事仲裁领域制定并不断修订示范性的法律规则，以及致力于缔约国仲裁法律制度的统一性，已成为国际商事仲裁领域举足轻重的示范文本，影响了包括我国在内的诸多国家和地区的仲裁立法例。就其内容而言，《国际商事仲裁示范法》包含 36 个条文，主要涉及：

第一，规范了"国际""商事"的范畴。在关于"国际""商事"两大基础性概念的界定方面，《国际商事仲裁示范法》与《纽约公约》具有延续性。其中，在关于"国际"的界定方面，限于历史因素，《纽约公约》仅是对

---

〔1〕 参见［美］阿维纳什·迪克西特：《法律缺失与经济学：可供选择的经济治理方式》，郑江淮等译，中国人民大学出版社 2007 年版，第 12 页。

〔2〕 事实上，早在《纽约公约》诞生之初，公约的制定者便意识到国内仲裁法律制度的统一性将对国际仲裁制度的发展产生重要影响，制定一套示范法将会有助于协调各方的立法和实践。但可惜的是，该项计划并未及时付诸实践，直到 1976 年召开的"亚非国际商事仲裁法律咨询委员会会议"通过了一项决定，即面对《纽约公约》的种种不足，该决定呼吁联合国贸易法委员会评估制定一部议定书以附在《纽约公约》之后的可能性。随后，在充分论证的基础上，各方达成了制定仲裁示范法、而非以议定书修改《纽约公约》的共识，并最终形成了《国际商事仲裁示范法》。参见王徽："《国际商事仲裁示范法》的创设、影响及启示"，载《武大国际法评论》2019 年第 3 期。

"外国的"仲裁裁决承认与执行规则进行规范的国际公约，即所谓的外国仲裁。根据《纽约公约》第1条第1款之规定，该等外国仲裁包含了被申请承认及执行地所在国以外国家领土内作成的仲裁裁决、被申请承认及执行地所在国认为非内国裁决的仲裁裁决等两种类型，[1]故而兼顾了领域标准和非内国裁决标准；在此基础之上，《国际商事仲裁示范法》对国际商事仲裁中的"国际"因素采取了更为开放的复合性标准，以区别于当事人是否具有实质性连接因素或争议内容是否具有国际因素的单向度标准，根据《国际商事仲裁示范法》第1条之规定，只要主体、内容和客体中有一点具有涉外因素，那么该仲裁便符合"国际"的定义。

此外，在关于"商事"的界定方面，《纽约公约》规定"任何国家亦得声明，本国只对根据本国法律属于商事性质的法律关系所产生的争议适用本公约，不论为契约性质与否"，[2]进而允许缔约国通过"商事保留"的方式，声明各缔约国所认定的"商事"范畴；在此基础之上，《国际商事仲裁示范法》通过注释的形式，对"商事"一词进行了广义解释，使其包括了不论是契约性或非契约性的一切商事性质的关系所引起的争议事项，包含：供应或交换货物或服务的任何贸易交易；销售协议；商事代表或代理；保理；租赁；建造工厂；咨询；工程；使用许可；投资；筹资；银行；保险；开发协议或特许；合营和其他形式的工业或商业合作；空中、海上、铁路或公路的客货载运。[3]

第二，仲裁协议。一方面，《国际商事仲裁示范法》确认了仲裁协议的定义和形式，并在《纽约公约》关于仲裁协议形式界定的基础上，将包括电子数据信息等一并纳入书面形式之列；另一方面，《国际商事仲裁示范法》确立了仲裁协议独立性原则，意指仲裁协议的效力较之合同效力应当进行区分，进而，仲裁庭作出关于合同无效的决定，不应在法律上导致仲裁条款无效。

---

〔1〕 根据我国在加入《纽约公约》时所作的"只在互惠的基础上对另一缔约国领土内作出的仲裁裁决的承认和执行适用该公约"的互惠保留声明，我国所认可的外国仲裁暗含了"在外国领土内作出"这一条件。

〔2〕 参见《纽约公约》第1条第3款。

〔3〕 其后，联合国贸易法委员会又制定了旨在推动国际商事调解机制的《联合国国际贸易法委员会国际商事调解示范法》（UNCITRAL Model Law on International Commercial Conciliation，以下简称为《国际商事调解示范法》），并于其注释部分对国际商事调解中的"商事"赋予了同样的含义。参见《国际商事仲裁示范法》第1条第（1）款、《国际商事调解示范法》第1条第（1）款。

第三，仲裁庭。《国际商事仲裁示范法》不仅规定了仲裁庭人数、仲裁员指定、仲裁庭回避、仲裁员替代等仲裁庭组成的规则，更进一步确立了仲裁庭的自裁管辖权原则。

第四，仲裁程序。《国际商事仲裁示范法》不仅规定了仲裁程序进行时平等对待当事人的基础性原则，亦规定了仲裁程序准据法和规则的确认方式，此外，特别明确了仲裁地的概念，以便于与仲裁开庭地、仲裁机构所在地等概念相区分。

第五，仲裁裁决。《国际商事仲裁示范法》通过三个章节的条文设置，分别规范了仲裁裁决的作出、撤销（追诉）以及裁决的承认与执行：在裁决的作出方面，《国际商事仲裁示范法》不仅规定了适用于实体争议解决规则的确认方式，并就仲裁中的和解、裁决的形式和内容等问题进行了规定；在裁决的撤销方面，通过承继《纽约公约》关于不可仲裁事项的规定（包括基于行为人无行为能力、仲裁协议无效等程序性因素和争议事由不具有可仲裁性、违反公共政策等实质性因素），对以追诉方式撤销裁决的情形进行了规定；在裁决的承认与执行方面，《国际商事仲裁示范法》进一步界定了拒绝承认与执行裁决的适用情形。

2. 仲裁机构。在国际商事仲裁领域，根据审理国际商事争议的仲裁机构是否具有固定的名称、章程和办公地点，国际商事仲裁可以分为机构仲裁和临时仲裁。在机构仲裁中，常设仲裁机构是依据国际公约或一国的国内法设立的旨在通过仲裁方式解决国际商事争议的专门机构。在实践中，人们越来越多地将争议（特别是标的较大的争议）提交常设仲裁机构解决。依照常设仲裁机构本身的性质和影响的范围，可以将其分为三种类型：

（1）国际性常设仲裁机构。国际性常设仲裁机构是指依据某一国际组织作出的决议或某项国际条约，为处理国际商事争议而成立的常设仲裁机构，其不属于任何特定的国家，而是附设于某一国际组织或机构之下。目前，许多国际组织中都设有专门从事商事仲裁的常设机构，如国际商会（International Chamber of Commerce，以下简称为"ICC"）下设的国际商会仲裁院（International Court of Arbitration，以下简称为"ICC Court"）、世界银行下设立的国际投资争端解决中心。

（2）国家性常设仲裁机构。国家性常设仲裁机构是指基于一国的决定设立于该国的仲裁机构。此类常设仲裁机构大都附设于各国商会或其他类似的工商团体中，多属于民间组织的性质。如英国的伦敦国际仲裁院（London Court of International Arbitration，以下简称为"LCIA"）、美国仲裁协会、瑞典斯德哥尔摩商会仲裁院（Arbitration Institute of the Stockholm Chamber of Commerce，以下简称为"SCC"）等常设性仲裁机构。

（3）专业性常设仲裁机构。专业性常设仲裁机构既包含专设于某一行业组织内部用以专门受理其行业内争议案件的仲裁机构，又包含不附属于某一行业组织、具有开放性特征的仲裁机构。专业性仲裁机构发展到一定阶段，便具有了行业仲裁的典型特征。在全球范围内，英国的伦敦海事仲裁员协会、谷物及饲料贸易协会以及国际油、油籽和油脂协会等，均为此类仲裁机构的典型代表，这些机构在处理行业类商事贸易争议等方面呈现出了独特的价值，发挥着越来越突出的作用，且各具竞争优势。在我国，行业仲裁也产生或存在于不同历史阶段，包括计划经济体制时期的经济合同仲裁、技术合同仲裁、著作权仲裁等仲裁组织或仲裁活动，以及改革开放之后得到迅速发展的建筑行业仲裁、金融行业仲裁等，均属于行业仲裁的范畴，[1]就机构设置而言，中国海事仲裁委员会（China Maritime Arbitration Commission，以下简称为"CMAC"）、上海国际航空仲裁院均为其典型代表。

（三）《仲裁法》与我国现代仲裁制度的生成

在我国法制史上，仲裁孕育于民间法体系，后以法律制度的形式正式登上历史舞台则始于20世纪初期，北洋政府曾于1913年、1914年先后颁布《商事公断处章程》和《商事公断处办事细则》，即为例证。[2]然而，总体而言，在半殖民地半封建社会的旧中国，由于缺乏仲裁制度正式生成的经济、社会和法律基础，现代意义上的仲裁制度仍无法真正生根发芽。

新中国成立后，我国仲裁制度的发展历经了由行政仲裁向民间仲裁的转

---

〔1〕　参见叶峰："行业仲裁发展的实践研究"，载《仲裁研究》2015年第1期。

〔2〕　《商事公断处章程》和《商事公断处办事细则》明确了在商会内设立商事公断处，"对于商人间商事之争议，立于仲裁地位，以息诉和解为主旨"。具体而言，商事公断处处理商事争议，必需经当事人双方同意并提出申请或者在起诉后由法院委托调处；仲裁裁决必需经当事人双方同意才发生法律效力；当事人不同意仲裁裁决，可以起诉至法院。以上章程和细则后经多次修改，但基本内容未有变化。参见全国人大常委会法制工作委员会民法室、中国国际经济贸易仲裁委员会秘书局编著：《中华人民共和国仲裁法全书》，法律出版社1995年版，第7~8页。

型，以改革开放为标志，可以将其发展过程区分为两个阶段：

1. 新中国成立后至改革开放之前。这一时期，我国在经济体制领域以苏联为师，开启了较长历史时期的计划经济时代，包括法律制度在内的诸多领域都采取了苏联模式，仲裁制度亦不例外。在当时的历史条件下，由于我国实行计划经济体制，事实上并不存在构建仲裁制度的经济社会基础，企业、经济组织由于不享有经济主体在财产、经营管理方面的自主权，也就无法自主地选择通过民间途径解决争议纠纷，在此背景之下，我国借鉴了苏联和东欧国家的做法，实际建立起了行政性质的仲裁制度。譬如，1961 年 9 月的《国营工业企业工作条例（草案）》等文件均提出"企业之间、部门之间有关经济合同的纠纷，由各级经济委员会设置专门机构裁决和处理"的要求；1962 年 12 月，国务院发出《关于严格执行基本建设程序严格执行经济合同的通知》，要求"在执行合同中发生的纠纷，由各级经济委员会予以仲裁"。

对于当时历史背景下发生的涉外贸易争议纠纷，我国根据国际惯例实行当事人意思自治、协议仲裁的仲裁原则，同时，通过学习和采用苏联和东欧国家的做法，实行机构仲裁，并建立了相应的仲裁机构。譬如，1954 年 5 月，原政务院第二百一十五次会议通过了《中央人民政府政务院关于在中国国际贸易促进委员会内设立对外贸易仲裁委员会的决定》，随后的 1956 年 3 月，中国国际贸易促进委员会制定了《中国国际贸易促进委员会对外贸易仲裁委员会仲裁程序暂行规则》；此外，在海事仲裁领域，根据 1958 年 11 月国务院《关于在中国国际贸易促进委员会内设立海事仲裁委员会的决定》，中国国际贸易促进委员会于 1959 年成立了海事仲裁委员会，并制定了相应的仲裁规定，处理涉外海事争议纠纷。

2. 改革开放后至今。如果说"法律和市场经济寻求在一个动态复杂的交换体系里理解和影响法律经济联系的意义和结果"[1]，那么我国现代仲裁制度的建立便是这一对特定范畴良性互动的体现。自 1979 年开始至今，我国在经济体制领域经历了包括放权让利阶段（1979—1983 年）、税利改革和进一步扩大企业自主权阶段（1983—1985 年）、基于"两权"分离理论的承包经

---

[1] 参见 ［美］罗宾·保罗·马洛伊：《法律和市场经济——法律经济学价值的重新诠释》，钱弘道、朱素梅译，法律出版社 2005 年版，第 5 页。

营责任制推广阶段（1985—1992 年）、建立现代企业制度阶段（1992—现在）在内的四个主要阶段的改革历程。[1]改革开放的 40 多年以来，我国经济社会发展经历了翻天覆地的变化，取得了伟大的成就，社会主义市场经济体制确立并不断完善，这也为现代意义上的仲裁制度在我国生根发芽奠定了良好的基础。

　　1978 年，党的十一届三中全会拉开了改革开放的历史大幕，党和国家的工作重心逐步转移到经济建设上来，与此同时，经济秩序的法制化建设得以同步进行。就仲裁领域而言，在我国《仲裁法》颁布之前，国内民商事争议解决领域和涉外仲裁领域，均已尝试将仲裁制度纳入法制化轨道。在实体法领域，继 1979 年颁布的《中华人民共和国中外合资经营企业法》（以下简称为《中外合资经营企业法》）率先规定了通过仲裁解决中外合营各方纠纷的制度之后，1981 年全国人民代表大会常务委员会颁布的《中华人民共和国经济合同法》（以下简称为《经济合同法》）和 1983 年国务院颁布的《中华人民共和国经济合同仲裁条例》（以下简称为《经济合同仲裁条例》），分别以专章和专门性条例等方式规定了仲裁解决经济合同纠纷的相关规则；此后的 1985 年《中华人民共和国涉外经济合同法》（以下简称为《涉外经济合同法》）又规定了仲裁解决涉外经济合同的相关机制；特别是 1986 年《中华人民共和国民法通则》（以下简称为《民法通则》）的颁布，进一步确认了仲裁在民事争议解决中的功能；[2]1986 年末，全国人民代表大会常务委员会批准加入了《纽约公约》，成为我国仲裁法制史上具有里程碑意义的事件。此外，在程序法领域，1982 年《中华人民共和国民事诉讼法（试行）》（以下简称为《民事诉讼法（试行）》）率先针对涉外仲裁的管辖、裁决效力、保全和裁决执行等进行了立法，在此基础之上，1991 年《中华人民共和国民事诉讼法》（以下简称为《民事诉讼法》）就仲裁制度的管辖、财产执行、裁决以及国际司法协助等问题进行了系统性规定，反映了我国国内法对于《纽约公约》的吸收和借鉴，并对我国的仲裁立法起到了重要作用。

---

　　〔1〕　参见王几高："国有企业类型化管理中的分类标准"，载顾功耘、罗培新主编：《经济法前沿问题（2015）》，北京大学出版社 2016 年版，第 184 页。

　　〔2〕　譬如，根据《民法通则》（已失效）第 59 条之规定，仲裁机构有权依当事人的申请，就相关民事行为（重大误解或显示公平）予以变更或者撤销。

随着党的十四大和十四届三中全会确立社会主义市场经济体制，仲裁之于经济活动、市场秩序的重要作用日益凸显，在前期立法尝试的基础之上，《仲裁法》应运而生。1994 年 8 月，第八届全国人民代表大会常务委员会第九次会议审议通过了《仲裁法》，并于 1995 年 9 月 1 日起正式施行。《仲裁法》作为改革开放后第一部系统性、专门性规范我国仲裁制度的法律，在强调当事人意思自治的基础之上，从仲裁制度的民间性、专业性、一裁终局性等基本理念和原则出发，具体规范了可仲裁争议的范围、仲裁协议的内容和效力、仲裁程序的要素、仲裁机构的设立、仲裁裁决的作出和撤销、涉外仲裁等具体规则，从法律层面确立了我国现代仲裁制度，可谓意义重大。《仲裁法》的颁布与实施，一方面反映了我国改革开放以来经济体制改革的成功对于法律制度特别是市场化、民间性争议解决法律制度的呼唤，另一方面也反映我国立法对于《纽约公约》《国际商事仲裁示范法》所确立的国际通行规则的理解、接受和采纳。具体而言，我国《仲裁法》体现了如下基本原则：

第一，当事人意思自治原则。在现代社会，意思自治不仅是民商事法律规范的基本要义，同样也贯穿于仲裁这一民间争议解决方式的制度规则之中。就其本质而言，立法层面对于当事人意思自治的确认，不仅体现了当事人之间依意思自治达成的仲裁协议所具有的法律效力，也反映了法律对于当事人以合意方式排除公权力干预其解决争议的制度包容性。在这一基本原则之上，我国《仲裁法》不仅赋予了当事人决定是否仲裁（协商是否将其之间的争议提交仲裁）的权利，更在当事人有权决定由谁来仲裁（双方协商选定提交仲裁的仲裁委员会）、如何仲裁（仲裁庭的组成形式、仲裁员的选任、仲裁程序等）等多个方面较为彻底地贯彻了意思自治的原则和理念。

第二，独立仲裁原则。《仲裁法》之所以被认为确立了现代仲裁的理念，不仅体现在对于当事人意思自治理念的确立方面，也包含了对于仲裁民间属性的选择方面，这也意味着独立仲裁原则的确立。独立仲裁原则是《仲裁法》的重要原则，也是保证仲裁公正性的前提，其包含两层含义：一是仲裁机构在设置上独立；二是仲裁庭在审理案件时独立。[1]依据这一原则，我国《仲裁法》摒弃了行政仲裁的立法导向，参考了国际惯例，还仲裁机制以民间属

―――――――――

〔1〕　参见江伟、肖建国主编：《仲裁法》，中国人民大学出版社 2016 年版，第 49 页。

性，恢复了仲裁机构设置和案件审理方面的独立性，进而为仲裁的专业化、公正性奠定了良好的基础。

随着经济社会的发展，我国《仲裁法》在适用过程中也出现了许多亟待进一步厘定的问题，在此背景之下，最高院在 1997 年发布的《最高人民法院关于实施〈中华人民共和国仲裁法〉几个问题的通知》（法发〔1997〕4 号）基础上，于 2006 年发布了《最高人民法院关于适用〈中华人民共和国仲裁法〉若干问题的解释》（以下简称为《〈仲裁法〉司法解释》），并于 2008 年予以修订，对仲裁协议的效力认定（包括仲裁协议的形式、仲裁事项、仲裁机构选定、仲裁协议继受、仲裁协议独立性、仲裁协议效力等问题）、仲裁司法审查（主要包括申请撤销仲裁裁决程序和申请仲裁裁决执行程序）等诸多问题进行了解释。此外，在仲裁司法审查[1]和仲裁裁决执行[2]等方面，最高院也通过发布相关的通知、批复等形式，就上述领域的诸多规则予以了界定。

《仲裁法》实施 20 多年以来，伴随着我国市场经济体制的不断成长，在为市场争议解决多元化机制建设、提升当事人纠纷解决专业性和效率性、塑造全球通行仲裁法律制度标准等方面，毫无疑问发挥了巨大的作用。然而，受限于历史原因和时代背景，《仲裁法》在立法理念、仲裁导向、司法关系、公平与效率的平衡等诸多问题上也存在优化的空间，[3]由此，学术理论界对于《仲裁法》修改的期待始终存在。在此背景之下，《仲裁法》的修改已被

---

　　〔1〕　在仲裁司法审查方面，最高院分别于 2013 年、2017 年发布了《最高人民法院关于正确审理仲裁司法审查案件有关问题的通知》《最高人民法院关于审理仲裁司法审查案件若干问题的规定》等规范性文件，就仲裁司法审查案件的类型、管辖、当事人申请司法审查的条件、仲裁协议司法审查、仲裁程序司法审查、仲裁裁决司法审查等问题予以规范。

　　〔2〕　在仲裁裁决的执行方面，早在《仲裁法》刚刚生效之时，最高院就发布了《最高人民法院关于认真贯彻仲裁法依法执行仲裁裁决的通知》（法发〔1995〕21 号），此后的 20 余年间，通过批复、通知和其他规范性文件等方式，最高院又先后就仲裁裁决执行个案中的疑难问题进行专题答复。2018 年，最高院就仲裁裁决执行的统合性问题发布了《最高人民法院关于人民法院办理仲裁裁决执行案件若干问题的规定》，就仲裁裁决执行案件的定义、管辖、申请执行的条件、不予执行的条件、法院内部监督程序、执行措施等问题进行了规定。

　　〔3〕　关于《仲裁法》存在的具体问题，参见黄进："建立中国现代仲裁制度的三点构想"，载《中国法律评论》2017 年第 3 期；王贵国："'一带一路'争端解决制度研究"，载《中国法学》2017 年第 6 期；初北平："'一带一路'多元争端解决中心构建的当下与未来"，载《中国法学》2017 年第 6 期；刘晓红、冯硕："论国际商事仲裁中机构管理权与意思自治的冲突与协调——以快速仲裁程序中强制条款的适用为视角"，载《上海政法学院学报（法治论丛）》2018 年第 5 期等。

列入十三届全国人民代表大会常务委员会立法规划中的第二类项目，亦即"需要抓紧工作、条件成熟时提请审议的法律草案"，[1]值得期待。

令人鼓舞的是，中共中央办公厅、国务院办公厅于 2018 年 12 月 31 日发布《关于完善仲裁制度提高仲裁公信力的若干意见》，指出仲裁在尊重当事人意思自治、便捷高效解决纠纷、完善多元化解纠纷机制、公正及时解决矛盾、保障经济社会持续健康发展等方面发挥了巨大作用，但也存在着仲裁委员会内部治理结构不完善、仲裁发展秩序不规范、仲裁国际竞争力不强、监督制约机制不健全、支持保障不到位等新情况新问题，影响了仲裁公信力，制约了仲裁事业的健康快速发展。由此，该意见从认真贯彻落实仲裁法律制度、改革完善仲裁委员会内部治理结构、加快推进仲裁制度改革创新、提高仲裁服务国家全面开放和发展战略的能力、加大对仲裁工作的支持与监督力度等多个方面提出了纲领性要求，为我国仲裁制度的完善指明了方向。

第二节　航空仲裁的既有实践

一、国际航空仲裁的既有实践

在国际航空界，法律规范对于航空业的发展极为重要，无论在双边航空条约抑或多边航空公约中，作为争议解决机制的重要组成部分，航空仲裁均发挥着其特有的作用。与《纽约公约》《国际商事仲裁示范法》等国际仲裁领域诸多规范性文件中所界定的"国际""商事"仲裁相类似，国际航空界的仲裁常作为国际商事仲裁在航空争议解决领域的具体表现形式而存在。除此之外，在国际航空公法、国际航空私法所涉及的各类公约、各类国际航空组织之中，也大都存在相应的争端解决机制，用以解决该类公约或组织所规范的航空法律关系或航空事务中存在的争议。需要指出的是，在上海国际航空仲裁院正式诞生之前，尚不存在真正意义上的独立性、常设性且专司航空私法领域争议（以泛商事、经济法律争议为主）的国际航空仲裁组织。

---

[1] 参见"（受权发布）十三届全国人大常委会立法规划"，载新华网，http://www. xinhuanet. com/legal/2018-09/08/c_ 1123397570. htm，最后访问日期：2019 年 3 月 22 日。

（一）常设性国际航空组织中的航空仲裁

在国际航空界，常设性航空类国际组织可以区分为全球性国际组织和区域性国际组织。目前，全球性航空类国际组织主要指国际民航组织和国际航空运输协会，区域性航空类国际组织主要包括欧洲民航会议、欧洲航空安全组织等。

1. 国际民航组织中的航空仲裁。国际民航组织的前身为根据 1919 年《巴黎公约》成立的空中航行国际委员会。第二次世界大战结束后，在美国政府的邀请下，52 个国家于 1944 年 11 月 1 日至 12 月 7 日参加了在芝加哥召开的国际会议，签订了《芝加哥公约》，按照公约规定成立了临时国际民航组织；其后的 1947 年 4 月 4 日，国际民航组织也因《芝加哥公约》的正式生效而成立，并于 5 月 6 日召开了第一次大会；1947 年 5 月 13 日，国际民航组织成为联合国的一个专门机构。

作为当代国际民用航空领域的宪章性文件，《芝加哥公约》在其正文第二部分"国际民用航空组织"篇章中规定了国际民航组织的机构设置，明确了理事会作为国际民航组织大会的常设机构存在，并由大会选出的 36 个理事国组成。其中，一类理事国有 11 个，由在航空运输方面占主要地位的国家组成；二类理事国有 12 个，由对提供国际民用航空的空中航行设施贡献最大的国家组成；三类理事国有 13 个，由代表世界各主要地理区域的国家组成。我国作为创始成员国，于 2019 年 9 月在加拿大蒙特利尔举行的国际民航组织第 40 届大会上，高票连任一类理事国，这也是自 2004 年以来，中国第六次连任一类理事国。

在国际民航组织的争端解决方面，《芝加哥公约》于其第四部分"最后条款"篇章中，通过第 18 章"争端和违约（Disputes and Default）"中 5 个条文的设置，详细规定了缔约国之间对《芝加哥公约》及其附件在解释或适用时发生争议的解决机制，并将仲裁作为解决国际航空争议的重要途径，尽管这种争议隶属于国际公法的范畴。根据《芝加哥公约》第 84 条[1]的规定，

---

〔1〕《芝加哥公约》第 84 条规定："如两个或两个以上缔约国对本公约及其附件的解释或适用发生争议，而不能协商解决时，经任何与争议有关的一国申请，应由理事会裁决。理事会成员国如为争端的一方，在理事会审议时，不得参加表决。任何缔约国可以按照第八十五条，对理事会的裁决向争端他方同意的特设仲裁庭或向常设国际法院上诉。任何此项上诉应在接获理事会裁决通知后六十天内通知理事会。"

如果争端的客体是涉及《芝加哥公约》的解释或者适用的问题，且这个争端是无法通过协商得以解决的，这时候就由国际民航组织理事会负责作出决定；[1] 同时，《芝加哥公约》第85条进一步规定了仲裁程序受理对理事会裁决上诉的相关机制，上述程序可以在联合国国际法院（International Court of Justice, 以下简称为"ICJ"）进行，也可以在临时仲裁庭进行；[2] 此外，公约指出，如果一个国家违抗仲裁庭或者国际法院的决定，这个国家将会受到制裁，假如出现这种情况，违抗裁决国家的航空公司的航空器可能会被禁止飞越其他缔约国的领空。[3]

2. 国际航空运输协会中的航空仲裁。国际航空运输协会是一个由世界各国航空公司所组成的大型国际组织，1945年12月18日在加拿大通过特别法令被授予法人资格，总部设在蒙特利尔，执行机构位于日内瓦，其目标在于统一全球各航空公司经营中的技术、商业、监管等共同事项。与国际民航组织不同，国际航空运输协会不是一个政府间机构，而是一个民间的班机运输组织。它最初由六家航空公司于1919年8月28日发起设立，当时名为"国际航空业务协会"。在创设文件中，国际航空运输协会将其宗旨和目标规定为：为了世界人民的利益，促进安全、正常和经济的航空运输，扶植航空交通，并研究与此有关的问题；对于直接或间接从事国际航空运输工作的各空运企业提供合作的途径；与国际民航组织及其他国际组织协力合作。

---

〔1〕 参见《芝加哥公约》第84条；另请参见 ICAO Assembly Resolution, *Authorization to the Council to Act as an Arbitral Body*, ICAO Do 9848. 转引自［荷］I·H·Ph·迪德里克斯-范思赫：《国际航空法》，黄韬等译，上海交通大学出版社2014年版，第26页。

〔2〕《芝加哥公约》第85条规定："对理事会的裁决上诉时，如争端任何一方的缔约国，未接受常设国际法院的规约，而争端各方的缔约国又不能在仲裁庭的选择方面达成协议，争端各方缔约国应各指定一仲裁员，再由仲裁员指定一仲裁长。如争端任何一方的缔约国从上诉之日起三个月内未能指定一仲裁员，理事会主席应代替该国从理事会所保存的合格的并可供使用的人员名单中，指定一仲裁员。如各仲裁员在三十天内对仲裁长不能达成协议，理事会主席应从上述名单中指定一仲裁长。各仲裁员和该仲裁长应即联合组成一仲裁庭。根据本条或前条组成的任何仲裁庭，应决定其自己的议事程序，并以多数票作出裁决。但理事会如认为有任何过分延迟的情形，可以对程序问题作出决定"。

〔3〕《芝加哥公约》第86条规定："除非理事会另有决定，理事会对一国际空运企业的经营是否符合本公约规定的任何裁决，未经上诉撤销，应仍保持有效。关于任何其他事件，理事会的裁决一经上诉，在上诉裁决以前应暂停有效。常设国际法院和仲裁庭的裁决，应为最终的裁决并具有约束力。"第87条规定："缔约各国承允，如理事会认为一缔约国的空运企业未遵守根据前条所作的最终裁决时，即不准该空运企业在其领土之上的空气空间飞行。"

在航空仲裁领域，国际航空运输协会制定并颁布的《国际航协仲裁规则》发挥着至关重要的作用。[1]国际航空运输协会自成立以来，先后于 1947 年、1984 年、1999 年推出过三个版本的《国际航协仲裁规则》，现行版本于 1999 年 5 月在巴西里约热内卢第 169 次理事会上通过，共计 6 章 30 条，详细界定了仲裁的范围、程序、费用等，并在附件中列明了仲裁协议的标准格式。其主要内容包括：

（1）管辖权。在管辖权方面，根据《国际航协仲裁规则》的规定，如果争议双方之间存在着同意适用仲裁规则的仲裁条款，或者争议双方签署了国际航空运输协会制定的标准仲裁协议，那么，争议一方当事人可以向其总干事申请进行临时仲裁，总干事在收到仲裁申请书和答辩书之后会立即安排临时仲裁的流程。其中，申请书应当包含以下内容，第一，争议双方的名称、国籍、地址和基本情况；第二，根据《国际航协仲裁规则》将争议提交仲裁的要求；第三，争议双方之间存在有效的仲裁协议；第四，申请方为解决争议已采取的措施、仲裁请求、仲裁地、准据法或已选定的仲裁员等。

（2）仲裁员。在仲裁员的确定方面，由争议双方当事人通过协商方式确定，可共同指定一名或三名仲裁员。如果双方当事人就仲裁员的数量无法达成一致意见，则总干事有权根据该案件的性质和情况予以确定。

（3）仲裁地。在仲裁地的确定方面，在与双方当事人进行协商后，仲裁庭可选择任何其认为恰当的地点，且仲裁员在仲裁地的选择上应保持一致意见。

（4）仲裁规则。在仲裁规则的适用方面，当事人既可选择直接适用《国际航协仲裁规则》，也可选择适用《国际航协仲裁规则》以外的其他规则。

（5）准据法。在准据法的确认方面，双方当事人可以通过协商方式共同确定，如果当事人未选择准据法，则应当由仲裁庭予以确定。

（二）国际条约中的航空仲裁

1. "华沙-蒙特利尔公约体系"中的航空仲裁。作为致力于确保国际航空运输中消费者的利益、对国际航空运输中旅客人身伤亡以及行李、货物损失

---

〔1〕　目前，在全球航空业中，大量与航空运输有关的合同都包含着如下条款："争议应当通过仲裁的方式来加以解决，仲裁应当适用《国际航协仲裁规则》。"因此，《国际航协仲裁规则》在解决航空运输纠纷领域具有广泛的指导意义。

在恢复性赔偿原则基础上建立公平赔偿的规范体系，1999 年《蒙特利尔公约》是 1929 年《华沙公约》在体系范畴内的延续和更新。《蒙特利尔公约》共计 7 章 57 条，其主要规制目标在于：国际航空承运人应当对旅客人身伤亡、行李、货物损失以及由于延误造成的损失承担责任并予以赔偿。基于此，航空承运人责任规则继续构成《蒙特利尔公约》的核心内容之一，其内容主要包括航空承运人责任与义务范围、责任人、"事故"术语、可赔偿的损害、责任期间、责任的免除、损害赔偿限制等。

在争议解决领域，1999 年《蒙特利尔公约》第 34 条以"仲裁"为标题正式确立了航空仲裁制度，进而肯定了仲裁在公约所规范的航空争议解决领域的作用。就仲裁机制的设置而言，公约体现出了极为鲜明的特征：一是仅将仲裁机制的适用范围限定于航空货物运输合同领域，并明确指出该等争议"应当"通过仲裁机制予以解决，且仲裁协议必须以书面形式订立；二是设置了一套较为完善的管辖权体系；三是明确了公约对于仲裁的排他性适用；四是明确了仲裁协议有效性的必备要件（管辖权规则和公约的排他性适用条款）。[1]鉴于本书后文还将对公约中仲裁机制的适用范围、管辖权规则等论题展开分析，此处仅就公约排他性问题予以阐释。

作为"华沙-蒙特利尔公约体系"项下公约的共同、重要特点之一，体系项下的公约规则具备有别于其他非公约规则的重要适用特点，即"排他适用属性"，其基本含义是公约诉由、公约责任规则与公约管辖权规则在其规定的事项与范围内具有一律排除适用国内法规则与适用其他任何规则的属性与效力，从而使"华沙-蒙特利尔公约体系"下的公约规则得以独占性地支配承运人赔偿责任的认定。[2]更有学者经论证后指出：在国际航空私法条约的适用

---

〔1〕《蒙特利尔公约》第 34 条规定："一、在符合本条规定的条件下，货物运输合同的当事人可以约定，有关本公约中的承运人责任所发生的任何争议应当通过仲裁解决。此协议应当以书面形式订立。二、仲裁程序应当按照索赔人的选择，在第三十三条所指的其中一个管辖区内进行。三、仲裁员或者仲裁庭应当适用本公约的规定。四、本条第二款和第三款的规定应当视为每一仲裁条款或者仲裁协议的一部分，此种条款或者协议中与上述规定不一致的任何条款均属无效。"

〔2〕参见郑派：《国际航空旅客运输承运人责任研究》，法律出版社 2016 年版，第 69 页。同时，在该书作者看来，"公约规则"涵盖 1929 年《华沙公约》、1999 年《蒙特利尔公约》等七项公约文件项下的责任规则与管辖权规则，"非公约规则"包含通过纳入承运人运输条件而发挥作用的承运人间协议以及欧盟 261/2004 条例等国内/地区立法中规定的承运人责任规则。

上，1929 年《华沙公约》建立了公约的强制性适用原则，只要满足公约所定义的"国际运输"，公约的规定（即应被）无条件适用，且 1999 年《蒙特利尔公约》完整地继承了这一原则。[1]"华沙-蒙特利尔公约体系"项下国际公约排他适用的独特性，具体体现为 1929 年《华沙公约》第 24 条、[2] 1999 年《蒙特利尔公约》第 29 条[3]之规定，这一规则的确立，既是基于国际航空运输不断发展的实践对于国际航空运输承运人责任规则统一化、一致性的客观需求，也是"华沙-蒙特利尔公约体系"项下国际公约得以落地的必要保障，进而为国际航空运输领域内公约诉由、承运人责任规则与管辖权规则等国际私法规则统一化建构奠定了基础。

有鉴于《蒙特利尔公约》延续了《华沙公约》的排他性、强制性适用原则，在公约所界定的航空仲裁机制方面亦鲜明体现了这一特征，其中，就航空仲裁的管辖权、仲裁协议的构成内容及其效力认定等方面，《蒙特利尔公约》都给予了若干强制性的规定。具体而言，在仲裁协议有效性方面，根据公约第 34 条第 3 款关于仲裁员、仲裁庭应当适用本公约之规定的强制性要求，在属于公约规定的航空争议解决机制受案范围内的航空货运合同仲裁纠纷中，仲裁需依照《蒙特利尔公约》进行，这种"依照"既表现在仲裁员、仲裁庭等仲裁程序法领域，也体现在法律适用等实体法领域，由此，就国际航空运输领域内的仲裁活动而言，《蒙特利尔公约》所规定的排他性适用特征，使得这一领域的航空仲裁在仲裁管辖权、仲裁协议效力、合同争议准据法适用等多个方面均体现出与传统国际商事仲裁规则、《国际航协仲裁规则》的重大差别。

2. 双边协议中的航空仲裁。在产业发展史上，航空业虽然较易因战争、疫情等外部因素的冲击而更为脆弱，但总体上仍呈现出螺旋式上升的渐进过

---

〔1〕　参见董念清："论国际航空私法条约适用的强制性"，载《中国法学》2020 年第 1 期。

〔2〕　1929 年《华沙公约》第 24 条规定："（1）如果遇到第十八条、第十九条所规定的情况，不论其根据如何，一切有关责任的诉讼只能按照本公约所列条件和限额提出。（2）如果遇到第十七条所规定的情况，也适用上项规定，但不妨碍确定谁有权提出诉讼以及他们各自的权利。"

〔3〕　1999 年《蒙特利尔公约》第 29 条以"索赔的根据"为标题，规定："在旅客、行李和货物运输中，有关损害赔偿的诉讼，不论其根据如何，是根据本公约、根据合同、根据侵权，还是根据其他任何理由，只能依照本公约规定的条件和责任限额提起，但是不妨碍确定谁有权提起诉讼以及他们各自的权利。在任何此类诉讼中，均不得判给惩罚性、惩戒性或者任何其他非补偿性的损害赔偿。"

程。除了航空技术不断进步的因素外，国家和地区之间的各类双边或多边航空协议对于产业的持续繁荣也极为重要，其中，航空运输类双边协议是主要类型，并为持续推动不同经济体之间航空关系的建立和发展发挥了关键性作用。

双边航空运输协议的目的在于两个国家和地区之间对等地交换航路的商业营运权，是协议主体之间通航的重要法律依据，并呈现出如下特征：首先，协议主体方面，双边航空运输协议常以两方主体为主，由此在国际航空运输管理中体现出双边体制的典型色彩，并较之多边体制更为灵活；其次，调整内容方面，双边航空运输协议以对等交换航权为核心，由此涉及市场准入、航线航路、运力运价等核心条款以及相关指定和许可、法律的遵守与适用、技术服务与费用、航空安保、关税和税收等辅助条款，涵盖了较为具体的经济规制标准；再其次，法律位阶方面，双边航空运输协议虽为国际条约的类型之一，且作为航空法的重要渊源而存在，但较之国际公约，双边协议一般不需缔约国立法机构批准即可生效，并可根据实际情况或新的条件以议定书等方式进行修改、补充，因此对缔约主体更具灵活性。

目前，全球范围内有 3000 个以上的双边运输协议规范着国际空运服务（其中最为知名的协议莫过于《百慕大协定》[1]）。就其内容构成而言，在分歧或争端解决机制的设置上，虽然谈判协商和外交途径仍发挥着主导功能，但以仲裁方式解决争议也日益为缔约方所青睐，[2]譬如，中美之间于 1980 年 9 月 17 日签订的《中华人民共和国政府和美利坚合众国政府民用航空运输协定》将仲裁和斡旋、和解相列，共同作为谈判解决相关争议的重要补充；

---

〔1〕 1944 年召开的芝加哥会议虽然在国际航空史上具有重要意义，且通过了《国际航班过境协定》（以调整航班过境中的两大"航空自由"或权利为目的）和《国际航空运输协定》（以调整国际航空运输中的五大"航空自由"或权利为目的），但受限于当时的历史条件，会议并未采纳由美国提出的在公约缔约国之间多边交换航权的倡议，特别是涉及第三国领空的第五航权开放与否产生了较大争议。此后不久，美国和英国作为当时全球载运量最大的两个国家，于 1946 年在百慕大举行双边会谈，最终签订了《美英航空运输协定》（即《百慕大协定》，现亦称之为《百慕大 I 号协定》），就航空运力、运价等重点问题达成一致；同时，根据协定，双方承诺今后各自与第三国签订双边运输协定时，均以《百慕大协定》为模式，并以此精神修订以前立下的协定。此后，世界上很多国家也都按照《百慕大协定》的模式签订了双边航空运输协定。1977 年，美英两国又达成了《百慕大 II 号协定》。

〔2〕 根据 1944 年芝加哥会议通过的《国际航班过境协定》和《国际航空运输协定》相关条款，其争议解决适用《芝加哥公约》第十八章所确立的机制和路径，其中，仲裁发挥着重要功能。

在我国澳门特别行政区与相关国家签署的航班协定中，详细规定了仲裁庭的组成、仲裁程序、相关时限、裁决效力等，凸显了仲裁机制在争议解决中的重要功能[1]。事实上，自二战结束后，国际航空界已有多起通过仲裁裁决解决双边航空运输争端的案例，譬如 1964 年美国与法国之间就"近东"定义的解释案、[2]1992 年美国与英国之间关于伦敦希思罗机场收费案等，[3]均在一定程度上体现了仲裁机制在双边协议特别是双边航空运输协议中的特有功能。

二、国内航空仲裁的既有实践

（一）《民用航空法》与航空仲裁

作为改革开放以来我国民航法治建设的重要结晶，《民用航空法》对于维护国家领空安全、保障航空市场安全有序进行、保护航空市场中各方当事人的合法权益具有极为重要的作用。现行《民用航空法》树立了基于社会主义市场经济土壤的民用航空活动的各项基本行为准则，在以"航空器国籍"为公法基础的前提下，明确了私法范畴内"航空器权利"的构成，并围绕航空运输合同确立了航空承运人的市场主体地位，构建了承运人与其他相关方之间市场交易行为法治化原则，奠定了消费者权益保护的基础，明确了各方主体违反法律时所应当承担的责任，构筑了以"承运人责任"为核心的公共航

---

〔1〕　参见《中华人民共和国澳门特别行政区政府和巴基斯坦伊斯兰共和国政府航班协定》《中华人民共和国澳门特别行政区政府与马尔代夫共和国政府航班协定》。

〔2〕　1964 年，法美两国间就双边协定中"近东"一词的解释发生了一起仲裁争议：法国授权美国两条从美国到巴黎的航线，航线 1 经由瑞士、意大利、希腊、埃及、近东、印度、缅甸、泰国、河内（越南）到中国以及更远；航线 2 从美国飞经西班牙到法国马赛，然后经米兰和布达佩斯到土耳其以及更远。泛美航空公司希望在巴黎和伊斯坦布尔之间，以及巴黎和德黑兰之间行使第五航权。仲裁员裁定美国航空公司有权从土耳其飞到巴黎，但没有航权；同时也规定美国航空公司在巴黎和德黑兰之间可以行使第五航权。仲裁庭没有过多地解释航线 1 中"近东"这一概念，而是基于法国的意图和随后的实践作出了裁决。参见 ［荷］I·H·Ph·迪德里克斯-范思赫：《国际航空法》，黄韬等译，上海交通大学出版社 2014 年版，第 54 页。

〔3〕　1979 年 11 月，根据《百慕大Ⅱ号协定》，英国航空管理当局宣布在 1980 年和 1981 年大幅度增加对用户的收费。受此影响，在伦敦希思罗机场运营的美国运营商多支出了大约 60%-70% 的用户费，由此引发了双方的争议。最终仲裁庭裁决，英国政府没有对英国航空管理当局制定收费标准进行很好的监管，裁定英国政府需要支付给美国政府 3000 万美金的赔偿金。参见 ［荷］I·H·Ph·迪德里克斯-范思赫：《国际航空法》，黄韬等译，上海交通大学出版社 2014 年版，第 55 页。

空运输责任体系。

就航空争议解决机制的设置而言，尽管《民用航空法》并未涉及仲裁等法律机制，但这并不能否定仲裁在航空争议解决过程中的应有价值。主要原因在于，作为行业管理的龙头法，《民用航空法》除了大量的公法性规范和适航性标准之外，在广泛吸收、借鉴国际民航业界公约通行规则的基础上，也确立了我国民用航空领域私法制度的基本要素，特别是确立了关于航空器权利、航空租赁和航空运输合同的实体性规则，以及关于涉外航空法律关系适用的冲突性规范，从而为国内及涉外航空物权、合同、侵权等子领域的争议解决提供了依据，而无论是诉讼抑或是调解、仲裁等非讼方式解决争议，只需按照《民事诉讼法》《仲裁法》的相关规定提起即可，而无需再就争议解决的具体方式进行规定。基于此，在仲裁机制的适用方面，分别适用国内仲裁制度和涉外仲裁制度即可解决。

此外，《民用航空法》第213条规定："本法所称计算单位，是指国际货币基金组织规定的特别提款权；其人民币数额为法院判决之日、仲裁机构裁决之日或者当事人协议之日，按照国家外汇主管机关规定的国际货币基金组织的特别提款权对人民币的换算办法计算得出的人民币数额。"本条款作为《民用航空法》第16章"附则"中的内容而存在，尽管其核心内容在于解释国际货币基金组织所规定的特别提款权及其如何折算为我国法定货币，但间接表明《民用航空法》并非对仲裁这一争议解决方式回避或排斥，而是基于行业管理法与争议解决法的区分所作出的正常立法选择。

（二）《仲裁法》与航空仲裁

与海事仲裁的法律规制类似，在我国《仲裁法》框架内，航空仲裁并非作为一种独立的商事仲裁事项而存在，而是分别嵌套于国内商事仲裁规则和涉外商事仲裁体系之中。在现代市场经济体制之下，经济生活"丰富多彩""变幻多端"，[1]《仲裁法》作为商事争议仲裁解决机制的一般法而存在，其对于可仲裁商事争议的界定，在社会实践发展未对商事基本法关于"商"的界定产生颠覆性变化之前，仅需做抽象化的归纳和提炼，而不需要也无法将各种商事争议具体化。因此，有鉴于航空运输业所承担的链接经济、社会、

---

〔1〕 参见顾功耘主编：《商法教程》，上海人民出版社、北京大学出版社2006年版，第1页。

文化交往的功能，结合我国《仲裁法》的规定，就航空争议的仲裁解决机制而言，当事人仅需根据国内仲裁规则体系和涉外仲裁规则体系的不同规定，分别依照对应的制度体系和处理规则予以适用即可。基于此，在我国《仲裁法》框架下，可将航空仲裁区分为国内航空争议仲裁和涉外航空争议仲裁两大类型。

1. 国内航空争议仲裁。在国内仲裁规则体系之下，可争议的航空仲裁当属平等主体的公民、法人和其他组织之间发生的合同纠纷和其他财产权益纠纷。正常情况之下，在当事人根据意思自治原则订立仲裁协议之后，依照普通商事争议的仲裁程序予以仲裁即可。但是，在行业仲裁发展背景之下，仲裁的专业化属性日益为当事人所重视，加之航空运输领域经济活动的相关特性，独立性、专业化的航空仲裁机制已日渐成为行业仲裁发展的典范，其中，上海国际航空仲裁院的设立无疑最具代表性。

此外，2013 年 1 月 30 日，北京仲裁委员会航空法研究小组成立，其宗旨在于通过航空法研究小组的活动，达到双向了解的目的（即北京仲裁委加深对航空领域多元解决需求的了解，航空领域加深对商事仲裁、商事调解等多元化解决方式的了解）；2017 年 12 月 16 日，中国海事仲裁委员会航空争议仲裁中心、航空争议调解中心在北京正式成立，致力于为我国民航争端解决提供更加专业、高效的解决途径。

毫无疑问，上述仲裁实践对于加强对航空仲裁机制的探索与研究具有重要意义，特别是上海国际航空仲裁院的设立，标志着国际航空仲裁机制正式引入我国，这不仅有利于我国乃至全球航空争议解决机制的完善，更为重要的是，对于提升中国航空界在国际市场的话语权、推动中国由航空大国向航空强国转型具有重要意义。

2. 涉外航空争议仲裁。根据我国现行《仲裁法》，在涉外航空争议仲裁领域，航空争议的仲裁解决机制主要由第 7 章 "涉外仲裁的特别规定" 予以调整。现行《仲裁法》第 65 条规定："涉外经济贸易、运输和海事中发生的纠纷的仲裁，适用本章规定。本章没有规定的，适用本法其他有关规定。"根据这一条款，在涉外航空仲裁领域，航空争议的基本类型可以划分为涉外航空贸易纠纷和涉外航空运输纠纷两大类，这一区分既源于涉外航空法律关系的特殊性，更源于航空产业以运输为核心功能的基本特征。

（1）涉外航空贸易争议。涉外航空贸易争议为国际贸易法与国际航空法交叉规范的领域。国际贸易的兴盛提升了各国间经济交往的依存度，也引领诸多跨国产业的持续繁荣，航空业即是典型的案例，纵观国际航空业的发展历程，除了科学技术的引领之外，全球主要航空技术大国及主要厂商之间的技术合作对于航空制造业的发展至关重要，飞机、发动机技术品质的不断提升构成了航空运输业持续兴盛的基础，进而，与之相关的零部件、专利、商标、技术等要素的跨国流动也使航空领域的跨境贸易频繁发生，这也为国际商事仲裁等争议解决机制在涉外航空贸易争议中的适用提出了相应要求。需要指出的是，有鉴于航空业（特别是航空器采购）在国际贸易中的特殊角色，围绕相关国家或地区组织对本国或本地区航空制造类企业的贸易补贴，目前已发生过多起涉及航空领域的国际贸易仲裁案件，本书后文对此将试析之。

（2）涉外航空运输争议。根据我国《仲裁法》第65条的规定，涉外运输与涉外经济贸易、海事一起，成为可仲裁涉外商事争议主要存在的领域，这主要源于运输工具所具有的空间位移的使用价值与物理属性。据此，航空与航海、公路、铁路等交通运输方式相类似，与其相关的涉外运输争议，应当适用我国《仲裁法》关于涉外运输纠纷仲裁的规定。根据运输对象的不同，一般可将运输合同区分为旅客运输和货物运输。正常情况之下，在涉外货物运输中适用国际商事仲裁合乎法理，但是，对于旅客运输能否适用，理论界与实务界均存有争议。在国际贸易领域，有学者将国际货物运输及保险与国际货物贸易法、国际技术贸易法、国际服务贸易法、政府管理贸易法律与制度相并列，共同归入国际贸易法的范畴，[1]涉外仲裁领域能否参照国际贸易的标准，将旅客运输排除在外，存有根本性争议，对此，本书后续将做进一步探讨。

---

〔1〕 参见余劲松、吴志攀主编：《国际经济法》，北京大学出版社、高等教育出版社2000年版，第53页。

第二章
航空争议引入仲裁机制的动因与条件

第一节　航空争议引入仲裁机制的动因

随着经济社会的快速发展，航空产业的作用与功能不断凸显，与之相伴的是，航空领域的纠纷日趋增多，在争讼类型、发生频率、争议额度、法律关系等诸多方面都体现出鲜明的行业特征。作为一种制度供给，仲裁机制被引入航空领域，就其缘由而言，既存在必要性，又存有合理性。从法理角度，航空争议引入仲裁机制的根本原因，仍在于我国《仲裁法》所确立的现代仲裁制度对于航空争议固有特征与解决需求的匹配性与包容性，具体而言，既源于仲裁对航空争议多元化解决机制的供给，又包括仲裁与航空争议个性化解决需求的契合。

一、基于仲裁对航空争议多元化解决机制的供给

在人类社会的历史进程中，纠纷、争议与和平共处总是如同一枚硬币的两面，可谓相伴相生。就争议解决方式而言，除却使用暴力手段之外，以和平方式解决纷争更能代表人类发展和前进的方向，而法治范围内争议解决机制的设置则更体现了社会文明的进步程度。我国经济社会发展的历史进程亦不例外，建立在产权法定、鼓励交易基础之上的社会主义市场经济体制，通过法定方式定分止争亦是其内在要求，面对市场主体之间利益诉求复杂化、纠纷类型多样化等特点，完善矛盾纠纷多元化解决机制，已成为我国社会治理能力和治理体系现代化的重要体现之一。在此背景之下，航空仲裁机制的

建立与完善，得益于我国争议多元化解决机制近年来的快速、稳健发展，特别是仲裁、调解等机制在航空争议解决领域的作用日渐彰显，其对诉讼解决途径的补充与替代功能逐步为业界所了解、认可并接受，进而共同构成了航空争议多元化解决机制的新实践。

（一）争议多元化解决机制的新发展

1. 政策引导层面。随着我国经济建设和对外开放的巨大成功，国内和涉外经济贸易活动中的各类民商事、经济类争议不可避免地增多，并对纠纷多元化解决机制的构建与完善提出了更高的诉求。长期以来，诉讼作为争议解决方式之一，发挥着重要作用，但也面临着司法资源负担过重、诉讼效率低等问题，加之《纽约公约》等重要国际公约的影响，我国在非讼争议解决机制的建设方面也取得了长足的进展，并在民商事、经济类争议解决过程中逐步形成了以诉讼、仲裁、调解为主要类型的争议解决方式。党和国家高度重视纠纷解决多元化机制的建设与完善，在政策层面给予了极为必要的引导，早在 2008 年，中央即已开始部署建立诉讼与非诉讼相衔接的矛盾纠纷解决机制改革；2014 年，党的十八届四中全会又提出"健全社会矛盾纠纷预防化解机制，完善调解、仲裁、行政裁决、行政复议、诉讼等有机衔接、相互协调的多元化纠纷解决机制"的重要要求；2015 年 12 月，中共中央办公厅、国务院办公厅出台《关于完善矛盾纠纷多元化解机制的意见》，再次明确指出了完善矛盾纠纷多元化解决机制的重要意义，并将人民调解、行政调解、司法调解、行业调解、商事调解、仲裁、行政复议与行政裁决、协商、中立评估、第三方调处等机制纳入多元化纠纷解决的类型。通过近年来持续不断地出台相关制度、政策和改革方案，积极推动了我国争议多元化解决机制的构建与升级，进而有效促进了社会治理体系和治理能力的优化与完善。

2. 机制建设层面。在中央政策的正确引导和大力推动下，纠纷多元化解决机制建设在多个领域均有所体现，譬如，随着我国"一带一路"倡议的推广，中国与"一带一路"沿线国的经济贸易活动更加频繁，在此背景下，中央全面深化改革领导小组适时提出推动"一带一路"国际商事争端多元化解决机制的建设。2018 年 6 月，中共中央办公厅、国务院办公厅发布《关于建立"一带一路"国际商事争端解决机制和机构的意见》，将坚持纠纷解决方式多元化纳入该意见的基本原则，指出要充分考虑"一带一路"建设参与主体的多样性、纠纷类型的复杂性以及各国立法、司法、法治文化的差异性，积极培育并完善诉讼、仲裁、调解有机衔接的争端解决服务保障机制，切实满足中外当事人多元化纠纷解决需求，通过建立"一带一路"国际商事争端解决机制和机构，营造稳定、公平、透明、可预期的法治化营商环境。

在前述背景之下，最高院于 2018 年 6 月专门发布《最高人民法院关于设立国际商事法庭若干问题的规定》，设立具有常设审判机构性质的最高院国际商事法庭（China International Commercial Court，以下简称为"CICC"），以营造稳定、公平、透明、便捷的法治化国际营商环境，服务和保障"一带一路"建设。此后，最高院办公厅又专门发布了《最高人民法院办公厅关于确定首批纳入"一站式"国际商事纠纷多元化解决机制的国际商事仲裁及调解机构的通知》，将中国国际经济贸易仲裁委员会等 5 家仲裁机构和中国国际贸易促进委员会调解中心等 2 家调解中心作为首批纳入该机制的仲裁和调解机构，对纳入机制的仲裁机构所受理的国际商事纠纷案件，当事人可以依据最高院的相关规定，在申请仲裁前或者仲裁程序开始后，向国际商事法庭申请证据、财产或者行为保全；在仲裁裁决作出后，可以向国际商事法庭申请撤销或者执行仲裁裁决。

3. 国际协作层面。在国际民商事争议多元化解决机制中，执行阶段的国际协作至关重要。就可执行性国际协作法律框架的完善而言，2019 年是一个重要的年份，如同《纽约公约》的制定和生效极大推动了国际仲裁制度的应用一样，在司法判决和商事调解的国际执行领域，相关的国际公约也取得了重要的进展。

（1）司法判决的国际执行领域。司法判决的国际执行，亦可称之为国际民事诉讼中法院判决的承认与执行，这既是整个国际民事诉讼程序中的最后阶段，也是最关键阶段，如果某一法院在有关国际民事诉讼中依法作出的判决得不到承认与执行，其有关的诉讼程序也就没有实际意义。基于此，自 1869 年法国和瑞士缔结世界上第一个相互承认与执行对方法院判决的双边条约后，国际社会谋求制定统一的承认与执行外国法院判决的立法步伐就不曾停歇：1971 年，海牙国际私法会议曾主持制定《承认与执行外国民商事判决公约》，但因其加入国过少而未产生实际影响；之后，各国曾长期筹备《管辖权及承认和执行外国民商事判决公约》，但始终存在分歧；作为妥协的结果，

2005 年第 20 届海牙国际私法外交会议上通过了各方分歧较小的《选择法院协议公约》，以求就协议选择法院基础上的判决承认与执行问题单独达成共识；2012 年，海牙国际私法会议重启《承认与执行外国民商事判决公约》项目，并最终于 2019 年 7 月 2 日海牙国际私法会议第 22 届外交大会闭幕会议上，通过了旨在使一国民商事判决在其他缔约国得到执行的《承认与执行外国民商事判决公约》（Convention on the Recognition and Enforcement of Foreign Judgments in Civil or Commercial Matters），成为全球在民商事判决承认和执行领域国际司法合作的重要成果。

（2）商事调解的国际执行领域。商事调解尽管与传统社会争议解决机制中的调解机制有所不同，在机构设置、调解规则等方面呈现出了更加专业化、商业化、市场化的色彩，但尽管如此，长久以来，受困于调解协议的可执行性，商事调解仍被认为是一种非正式的争议解决机制，从而较之司法判决、仲裁裁决等正式机制的效力大打折扣。就法律层面而言，一项基于调解形成、并经双方当事人达成的协议，在其执行层面，或是作为合同执行，或是经过一定程序转化为法院判决或仲裁裁决执行，进而发生效力。由此可见，商事调解的可执行性已成为制约其进一步发展的因素。即便如此，国际范围内推动商事调解机制发展的努力并未停步，联合国贸易法委员会就曾于 2002 年推出过《国际商事调解示范法》，并于 2018 年对其进行修正；此外，2018 年 6 月 27 日，联合国贸易法委员会通过了《联合国关于调解所产生的国际和解协议公约》（United Nations Convention on International Settlement Agreements Resulting from Mediation），后经联合国大会审议通过，并于 2019 年 8 月在新加坡开放签署（故以下简称为《新加坡调解公约》），从而在国际公约层面确认了国际商事调解这一争议解决机制的效力由非正式向正式的"转化"，极大提高了国际商事调解机制的可执行性和影响力，故此，《新加坡调解公约》的诞生，是商事调解发展进程中的里程碑事件。根据公约的规定，相关和解协议如果拟通过公约获得可执行性，除需满足第 1 条所规定的与商事纠纷有关的"国际性"条件之外，还需通过调解程序达成、[1]且非经法院判决或仲裁裁

---

〔1〕 参见《新加坡调解公约》第 1 条第 1 款。

决确认并获得执行,[1]进而体现了公约的宗旨与目标, 即致力于构建一个全新的法律框架, 以寻求推动经商事调解达成的和解协议的可执行性。

由此, 在全球范围内,《承认与执行外国民商事判决公约》、《新加坡调解公约》和《纽约公约》共同构成了民商事纠纷多元化解决机制执行领域国际合作的"三驾马车"。截至目前, 我国已于 1986 年 12 月正式批准加入《纽约公约》(参见表1)。

表 1: 民商事纠纷多元化解决机制执行领域国际合作的法律框架

争议解决机制	国际公约/示范法
仲裁	《纽约公约》
	《国际商事仲裁示范法》
调解	《新加坡调解公约》
	《国际商事调解示范法》
判决	《承认与执行外国民商事判决公约》

(二) 航空争议多元化解决机制的新实践

在我国国民经济体系中, 航空业是重要的战略性产业, 对于促进经济增长、保障社会民生具有重要功能。得益于经济社会的快速发展, 特别是改革开放以来我国综合国力的持续提升, 航空产业近年来也保持了高质量的增长态势, 航空制造、航空运输等主导产业持续发展, 并在全球范围内保持领先地位, 若干关键领域取得了突破性进展, 进而又带动了航空产业链上下游市场的壮大与成熟。以民用航空运输为例, 进入到 21 世纪以来, 中国民航的客货运输量、机队规模、机场数量等各项指标均呈现爆发式增长的态势, 总体而言, 已连续多年位列全球第二大航空市场, 并在 2019 年继续创出历史新高。当然, 在产业迅速发展的同时, 航空领域的各类争议也呈大幅增长之势, 并且基于航空产业的交易结构复杂化、交易标的特殊化、交易金额巨额化等诸多特征, 航空争议也呈现出争议类型多元化、争讼诉求复杂化、裁决需求专业化等趋势, 从而为航空法领域航空争议解决机制的适用与完善提出了全

---

〔1〕 参见《新加坡调解公约》第 1 条第 3 款。

新的课题。与其他类型的商事争议相类似，航空争议的解决机制也存在着包括诉讼、仲裁、调解等机制在内的多元化选择，并且基于各自不同的正当性资源，以及由此确立的差异化的运作逻辑，进而在航空争议解决领域也发挥着不同的功能。

1. 航空诉讼领域。在航空争议的解决方面，诉讼无疑发挥着最为基础、重要的功能，也是当事人维护自身合法权益的最主要途径。特别是在除民商事、经济类争议之外，诉讼对于涉及航空活动的行政管理、打击涉航空刑事犯罪等航空公法领域相关当事人的权益保护极为重要。借助于北大法宝的统计数据，本书检索了中国裁判文书网有关航空争议类案件的诉讼情况（为免重复统计，以一审案件为统计范围），可以发现涉及航空因素的诉讼案件存在如下特征：

第一，案件总体情况。自《民用航空法》正式实施的 1996 年起至 2020 年底，全国法院共计审结 12 808 起案件，其中民商事类案件 11 530 起、占比 90.02%，知识产权与竞争纠纷 633 起、占比 4.94%，行政案件 602 起、占比 4.7%，刑事案件 24 起、占比 0.19%，国家赔偿案件 19 起、占比 0.15%；案件增长速度方面，1996 年全国法院系统共计审结 4 起涉航空争议诉讼案件，此后的 2012 年、2014 年、2019 年当年结案数量则分别突破 100 件、1000 件、2000 件，呈现出快速增长的态势。

第二，民商事、经济类案件的类型构成。在 11 530 起民商事案件中，合同类纠纷和劳动人事类纠纷是主要类型，案件数量分别达 7310 件、2248 件，占比分别为 63.4%、19.5%；其他类型的民商事纠纷中，物权纠纷 383 起、占比 3.32%，人格权纠纷 148 起、占比 1.28%，侵权责任纠纷 543 起、占比 4.7%，与公司、证券、保险、票据等有关的民商事纠纷 498 起、占比 4.32%。此外，在 633 起知识产权与竞争纠纷中，知识产权权属与侵权纠纷 522 起、占比 82.46%，知识产权合同纠纷 37 起、占比 5.85%，不正当竞争纠纷 24 起、占比 3.79%。

第三，裁判依据与法律适用。在前述民商事案件中，裁判文书援引较多的规范性文件为《中华人民共和国合同法》（以下简称为《合同法》）、《中华人民共和国侵权责任法》（以下简称为《侵权责任法》）、《中华人民共和国保险法》（以下简称为《保险法》）、《中华人民共和国物权法》（以下简称为《物权法》)、《中华人民共和国担保法》(以下简称为《担保法》)、《最高人民法院关于审理人身损害赔偿案件适用法律若干问题的解释》等,直接适用《民用航空法》作为裁判依据的案例数量总体上仍相对有限,仅为67件。特别值得注意的是,《民用航空法》被援引频次最高的条文集中于第九章"公共航空运输"部分;此外也有若干案例援引第三章"民用航空器权利"、第六章"民用机场"、第十四章"涉外关系的法律适用"中的相关条款作为裁判依据,印证了航空旅客/行李、货物运输合同纠纷在航空争议中的高占比情形。

此外,航空争议与海事争议、铁路运输争议等其他类型的交通争议也具有高度的相似性。在海事纠纷的审理领域,我国自1984年起即确立了海事法院专属管辖的相关制度,在铁路运输领域也曾于1954年起即设立铁路运输法院,但在航空争议特别是航空运输争议方面,并无专门性的航空法院。基于此,有学者也提出过设立航空运输法院的建议,可兹借鉴。[1]

2. 航空调解领域。在航空争议多元化解决领域,调解是重要的争议解决途径之一。近年来,航空争议的调解机制建设也取得了长足进步,并日益得到航空法理论界、实务界的关注与重视。2020年10月,我国首个航空争议调解中心在上海成立,该中心由中国航空运输协会和上海市长宁区人民法院共同合作成立,中心成立后的调解范围将由飞行员有序流动案件向适宜调处的涉航空纠纷进一步扩大。根据上海市长宁区人民法院发布的《关于设立"航空争议调解中心"的实施意见》,调解中心将以打造共建共治共享的社会治理新格局为目标,通过组织机构完善、调解员队伍建设、调处案件范围优化等举措,以及健全诉调对接、在线解决、绿色通道、会商研讨等机制,为航空争议多元化解决机制的建设构建新平台、探索新模式。

3. 航空仲裁领域。相较于绝大多数航空争议通过传统诉讼途径解决而言,专业性的航空仲裁机制、机构与航空调解相类似,同属航空争议解决领域的新生力量,但这并不意味着关于航空争议的仲裁是完全意义上的新生事物。一方面,从仲裁领域的规范性文件来看,无论是《国际商事仲裁示范法》和我国《仲裁法》,抑或是最高院对于我国加入《纽约公约》时由全国人民代

---

[1] 参见张超汉:"设立航空运输法院、助推民航强国建设",载《中国民航报》2019年1月24日,第7版。

表大会常务委员会所作的"商事保留"声明中有关"契约性和非契约性商事法律关系"的解释,都体现了仲裁领域通行国际规则和我国国内法对于航空运输方式的特殊性及由此引发相关争议的可仲裁性所给予的高度关注;另一方面,从航空领域的规范性文件来看,无论是《华沙公约》和《蒙特利尔公约》等航空运输领域的私法公约,抑或是《开普敦公约》及《航空器议定书》等航空器权利/国际利益领域的私法公约,再或是我国的《民用航空法》,也都呈现出对于以仲裁方式解决相关航空争议的积极认可。特别是在社会化分工、产业化协作高度发达的今天,伴随着航空制造、金融、运输等产业的飞速发展,航空对于全球经济、社会、人文交往的独特功能愈发凸显,在行业仲裁理念兴起的背景下,专业化的航空仲裁机制和机构的发展,必将是对航空争议多元化解决机制的有益补充、完善。

与仲裁较之诉讼在其他民商事争议解决领域的各自法律功能相类似,在航空争议解决机制领域,仲裁与诉讼同样存在自治性、灵活性、专业性、民间性、高效性、私密性等方面的对比维度。作为共存的争议解决方式,一方面,航空仲裁较之航空诉讼具有独立且独特的法律价值,其法律功能无法完全为诉讼所代替;另一方面,航空诉讼作为传统争议解决方式的主要途径,仍在诸多领域占据主导地位,此外,与市场经济土壤之上发生的其他纠纷相类似,航空争议也是航空产业发展过程中正常出现的"副产品",并作为航空法律制度规制的重要内容之一而存在。根据制度经济学者的观点,在可供自由选择、自由交易的市场中,应赋予当事人对不同种类的争议解决机制以自由选择权,以实现争议解决领域机制供给与需求之间的市场化配置,在此基础之上,对于争议解决机制多元化的完善便成为制度供给者的基础性任务,航空争议领域纠纷解决机制的完善亦同。

二、基于仲裁与航空争议个性化解决需求的契合

在现代经济体系中,航空产业具有极强的个性化特征,基于各种航空活动而生的航空争议也天然具有了航空产业的鲜明色彩,因此,在航空争议解决领域,如果说多元化的构建需求为引入仲裁机制提供了契机,仲裁机制与航空争议解决的个性化需求在若干领域的高度匹配和契合,则成为航空仲裁

机制有效适用的实质性基础。本书认为，与诉讼等其他传统类型的纠纷解决方式相比，仲裁至少在保密性、专业性、国际性等方面具有鲜明的特点，并对航空争议的解决具有典型的比较优势。

（一）保密性

所谓仲裁制度的保密性优势，源于仲裁以不公开审理为原则的制度优势，在此基础之上，仲裁制度对于仲裁庭、仲裁员乃至仲裁秘书人员的保密义务均有硬性要求，因此，如果基于仲裁机制处理纠纷，当事人不用担心商业交易活动乃至商业秘密的保密性问题。相较而言，诉讼一般以公开审理为原则，且正式裁决作出之后，裁判文书亦会被公开，在保密性方面与仲裁制度相差较远。保密性对于航空争议的解决较为契合，原因在于航空产业及因之而生的航空争议的行业特征。

1. 交易主体的稳定性。就航空产业链条中商事交易环节的核心参与者而言，各方交易主体相对固化，基于此，各种航空商事交易行为所呈现出的交易结构也相对稳定。在经济学中，交易主体的稳定性所构成的"长期关系"作为一种最常见的私立秩序而存在，在普林斯顿大学著名经济学教授迪克西特看来，"长期关系"能够自我执行，原因好比重复博弈理论所揭示的那样："由于机会主义行为导致了长期关系的瓦解，从而降低了未来支付，所以，机会主义一次性得益被未来损失所抵消"。[1]本书认为，这一商业形态中长期存在的私立秩序，对于包括我国在内的航空业之间商事主体合作的稳定性颇具解释力。譬如，在干线飞机的制造环节，目前全球范围内较为成熟的飞机制造商极为有限，产品主要被波音、空中客车这两家公司垄断，中国商用飞机公司主推的 C919 型号客机也历经多年研制，即将在全球干线飞机市场占据重要位置；在航空发动机制造环节，目前全球范围内较为成熟的发动机制造商也极为有限，主要包括罗罗、GE、普惠等少数几家欧美公司，中国航空发动机公司相关型号的发动机也历经多年筹备，正在研制过程中，未来亦将在全球民用航空发动机市场占据重要地位。全球范围内飞机、发动机制造商的布局情况，决定了全球航空器运营者就飞机、发动机等核心生产工具的采购范

---

〔1〕 参见［美］阿维纳什·迪克西特：《法律缺失与经济学：可供选择的经济治理方式》，郑江淮等译，中国人民大学出版社 2007 年版，第 12 页。

围极为有限，这也在相当程度上决定了航空商事交易主体的相对稳定性，甚至涵盖了航空商事交易过程中附带的人合性色彩。[1]

2. 交易周期的长期性。与市场交易结构相对固定相类似，基于航空产业的高投入周期和高运营成本，决定了航空产业链条之上的各方市场主体互为依附、相互匹配的程度极高，进而为各方开展较长周期的持续合作奠定了基础。譬如，飞机采购作为一种重要的航空商事行为，因对各方利益至关重要，便具有典型的较长合作周期特征：对于航空承运人而言，由于飞机这一核心生产工具的特殊属性和财务价值，机队结构的管理和优化构成了其战略规划的重要内容，可谓是一项"牛鼻子工程"，牵一发而动全身，某种机型的引进常常意味着飞行、机务、乘务、安全、培训等各个环节的系统性变革，因此，纵观各大航空公司，无不将机队规划作为公司的核心战略来对待，这也决定了其对于引入机型必须慎之又慎；对于飞机制造商而言，其研发一种机型需要耗费大量的人力、物力、财力，并需要考量飞机能否顺利研制成功、是否会为市场所认可以及投入市场后的长期后续支持服务等因素，故而也极为慎重。因此，总体上，制造商与采购商之间从达成订单到最终交易并非一蹴而就，一项正常交易的飞机采购订单也往往耗时多年，如遇各种变更因素，各方更需付出额外的时间成本进行磋商、谈判，进而达成全新的交易。正是基于产业固有的商业模式，使得合作方之间必须建立较长的合作周期，并在此过程中形成较为牢固的信任关系，而这种商业合作特点恰恰不适合诉讼等极端争议解决方式的介入。

3. 交易信息的商密性。航空产业中的航空活动大多围绕航空器而生，航空器所具有的多种产业特征也赋予了航空交易特别是航空商事交易对于保密性的强烈需求。一方面，航空产业具有高科技含量的特征，所谓高科技含量，意味着这一产业链条之上的核心产业环节都具有相对较高的技术壁垒，个别领域的研发、运营技术在全球范围的科技竞争领域也处于领先地位，这也成为航空产业市场相对稳定性的基本因素，进而对于合同交易条款的拟定提出了极强的保密需求；另一方面，航空产业具有高交易金额的特征，意味着这

---

[1] 亦有学者结合航空器跨境交易市场的特点，将以航空器交易为代表的航空产业领域内商事交易的特征概括为具有一定的垄断性。参见李亚凝："《开普敦公约》对高价值移动设备交易适用性研究：基于航空器跨境交易的实践"，载《经贸法律评论》2019 年第 2 期。

一产业链条特别是航空器制造、维修、买卖、租赁等领域的交易大都涉及极高的标的额，而这又是基于航空器这一特殊资产的高价值决定的。基于此，在实际交易特别是交易合同拟定中，各方当事人常会对这些核心商业机密设置非常严格的保密措施，这也为在保密性方面具有显著优势的仲裁机制的适用奠定了良好的基础。

（二）专业性

专业性是仲裁制度的重要优势之一。所谓仲裁制度的专业性优势，并不意味着法院诉讼等其他争议解决方式不具有专业性，而是特指仲裁制度的专家裁判优势。[1]具体而言，在仲裁中，根据《仲裁法》的规定，当事人可以在仲裁机构常备的仲裁员名册中自由遴选仲裁员，由具有特定行业背景、特定专业知识结构的专家担任仲裁员，以更为专业地裁决当事人之间的纠纷。故此，专家仲裁是仲裁制度专业性的重要保证。专业性对于航空争议的解决较为契合，原因在于航空产业及因之而生的航空争议的行业特征。

1. 法律关系的相对复杂性。与一般商业交易相比，航空产业的交易常常远较前者复杂，进而形成了更为复杂的交易结构和法律关系。譬如，以融资租赁为例，作为一种成本相对低廉、手续简便、方式灵活以及安全度高的现代金融方式，融资租赁已经与商业贷款、证券融资共同构成目前国际上最主要的三大融资方式。[2]在一般类型标的物的融资租赁中，市场参加者由供方和需方两方（或加上中间商三方）构成，二者（或三者）之间的关系也比较简单。而航空器融资租赁市场的参加者结构往往更为复杂，并至少体现在如下三个方面：第一，市场参加者结构多样化，这一市场的参加者常由航空器制造商、航空器承运人、租赁公司、金融机构、经纪人等多个主体构成，每一种类的参加者又具有多样性，如租赁公司就可区分为综合性租赁公司和专业性租赁公司，金融机构包含有财团、银行、投资机构、基金组织等；第二，参加者在市场交易中所处地位具有多样性，亦即市场参加者在航空器融资租赁交易中，成为交易主体或交易当事人，有些参加者处于一个当事人的地位（如航空器承运人一般仅处于承租人的地位），而有些参加者同时处于多个当

---

〔1〕　参见江伟、肖建国主编：《仲裁法》，中国人民大学出版社 2016 年版，第 12 页。

〔2〕　参见吴弘、陈岱松、贾希凌编著：《金融法》，格致出版社、上海人民出版社 2011 年版，第471 页。

事人的地位（如租赁公司在一次交易中可同时处于出租人、投资人、经纪人、保理业务债务人等多种地位）；第三，市场交易者之间的法律关系较为复杂，亦即因市场参加者在航空器租赁交易中所处的地位不同，拥有的权利和责任也不同，相互之间的交易法律关系较为复杂，如在常见的航空器经营性租赁交易结构中，既有保税区飞机售后经营性回租结构，又有保税区飞机经营性直租赁结构，还有保税区飞机租金租出（LILO）结构等，在不同结构下，制造商、出租人、承租人之间的主体地位以及相关权利义务关系都具有较大的差异性。

2. 法律适用的相对特殊性。无论是在法理学中或是在部门法学中，法律适用均是一个重大的基础性问题，航空法亦不例外。法律适用本质上是将一般性法律规范应用于特定涉案事实的三段论过程。作为法学理论与法律实践这两大要素间互通有无的重要桥梁，无论是国内法还是国际法领域，无论是公法抑或是私法领域，在法律适用的学术内涵方面[1]存在着共通性，均以将有效的法律（规范）适用于所面临的问题或者纠纷为其基本目标，[2]以运用法律规范调整社会关系为其基本逻辑。

就航空仲裁的法律适用而言，不仅需要遵循法理学的基本逻辑，还需考量其较为复杂的适用规则，特别是航空法领域法律规范的特殊性问题。在航空法领域，诸多规则体现出了与传统部门法的显著差异。譬如，在航空运输合同中，就规范承运人与旅客、货主之间法律关系的运输总条件而言，学术理论界和司法实务界至今仍存有诸多争议，对于其是否具有合同属性长期存

---

〔1〕 就法律适用的外延而言，学术界存有不同的争议，可区分为"狭义说"和"广义说"。"狭义说"认为，法律适用的主体包括立法机关、行政机关、司法机关以及国家机关授权的社会组织，但不能包括私法主体，换言之，"法律适用"不能等同于"法律遵守"；"广义说"认为，除公法上的主体之外，公民个人和法人自觉按照法律规定从事的活动（如缔结合同、履行义务等）亦可称为法律适用，原因在于，私法主体的私法行为是个人由法律秩序授权在法律上调整某些关系的行为，本质上是创造法律的行为，因为它产生了参与行为的当事人的法律义务和权利，但同时，它也是一个适用法律的行为，因而它既创造又适用法律。"狭义说"参见胡建淼主编：《法律适用学》，浙江大学出版社2010年版，第10~12页；"广义说"参见梁慧星：《民法总论》，法律出版社2001年版，第279页；〔奥〕凯尔森：《法与国家的一般理论》，沈宗灵译，商务印书馆2013年版，第210页。

〔2〕 参见〔德〕伯恩·魏德士：《法理学》，丁晓春、吴越译，法律出版社2013年版，第284页。

有争议，甚至在若干司法裁判案例中出现过回避运输总条件适用的情形；[1]此外，就全球航空业内长期存在的超售、拒载等规则的合理性问题，依照一般法的解释原理也会产生极大争议。究其原因，无外乎航空法领域的诸多法律规则系围绕产业的特殊性而生，在本应依照"特殊法优于一般法"的适用过程中，许多在国际航空界长期存在的规则常与我国国内法的裁判文化和制度体系相冲突，进而产生"水土不服"的情形。总体而言，航空法的特殊性也奠定了仲裁机制在法律适用方面的相对特殊性，这亦有赖于更加契合产业特征和行业发展规律的专业性争议解决机制的不断成熟与完善。

（三）国际性

所谓仲裁制度的国际性优势，是指随着经济全球化的快速推进，当事人在全球范围内选择仲裁已屡见不鲜，此外，在执行方面，我国的仲裁裁决不仅可在境内强制执行，并可根据《纽约公约》的规定在全球多个国家和地区跨境执行。本质上，仲裁的国际性对于航空争议的解决较为契合，主要基于航空产业的涉外性、跨国性特征。

具体而言，航空产业具有跨国性，不仅指航空这种交通运输方式为经济全球化、生活方式全球化提供了强有力的动力，更重要的是，航空产业链条上的各种具有跨国属性的商事交易行为极为频繁，究其原因，既是因为航空产业技术在全球范围内的配置力量不均衡，更源于航空产业资本全球配置的市场驱动性。譬如，在航空法范畴中，航空器融资租赁法律制度作为航空器权利体系的特定组成部分而存在，因此，对航空器融资租赁进行规制，不仅需探究融资租赁之于高价值动产标的物的特殊效应，同时需考量航空法尤其是航空器融资租赁合同准据法的特殊规定。尤其是近年来，作为一项交易结构高度复杂、金融资本高度介入的行业，航空器融资租赁在全球各地的发展呈现出突出的市场驱动态势。其中，爱尔兰地区因作为全球公司税率最低的地区之一，飞机租赁业务近年来发展迅猛，并成为各大飞机出租人青睐的SPV（特殊目的载体，全称为"Special Purpose Vehicle"）设置地，进而，对

---

〔1〕 参见潘毅诉四川航空股份有限公司航空旅客运输合同纠纷案，四川省高级人民法院民事裁定书（2014）川民申字第1955号。本案系因航班延误原因引起，历经一审、二审和再审程序。在审判程序中，四川航空公司作为承运人向法院举证其运输总条件的相关内容，但法院在裁判中并未对其采纳，而是直接援引（彼时的）《合同法》的规定进行裁判。

于由中国航空承运人承租的爱尔兰 SPV 公司的飞机融资租赁交易行为，必须要适用英国法（或美国纽约州法）。正如有学者所言："以境外法律为准据法的合同纠纷，如果选择在中国法院或仲裁机构来解决，不仅需要经历'外国法查明'等必经程序，争议解决的时间与经济成本高，而且境内法院或仲裁庭对于外国法的理解可能存在偏差；如果争议选择在外国解决，不仅时间与经济成本同样高，中国企业不熟悉国外相应法律制度可能带来的不利后果更是难以估计。"[1] 在此两难背景之下，唯有及时推动我国独立性、专业化航空仲裁机制的发展，方能未雨绸缪，应对未来全球航空市场竞争中持续出现的争讼挑战。

此外，就争议解决的方式设置上，包括临时仲裁在内的跨国交易所常用的争议解决方式都需为我国航空承运人所接受，这也在客观上促进了我国航空产业链条的参与者必须正视上述趋势，特别是在争议解决机制领域积极采纳国际通行做法，进而反哺航空产业的发展。

总体而言，无论是保密性、专业性特征，抑或是国际性特征，都是航空交易独特个性的具体体现，这也构成了航空争议引入仲裁机制的缘由。在航空产业链条中，由于各方之间互相支撑、互相依赖的紧密型合作关系，彼此之间的合作兼具商业化和人合化色彩，一旦合作各方发生纠纷，通过诉讼方式解决争议的可能性将会大大降低，而仲裁则为各方提供了一个更为高效且降低冲突对抗程度的折中方式。

第二节　航空争议引入仲裁机制的条件

仲裁机制虽然具有明显的制度优势，且在若干领域与航空争议的行业特征高度契合，为其在航空争议中的应用奠定了良好的基础，但这并不意味着仲裁制度可以适用于航空争议的所有领域，而是存在着一定的适用条件。就航空仲裁机制的构建角度而言，从学理层面清晰厘定航空仲裁机制的适用前提，不仅是实践中航空仲裁规则制定、航空仲裁活动开展的科学基础，更是

---

〔1〕　于丹："飞机租赁合同的准据法选择及中国实践探讨"，载《北京理工大学学报（社会科学版）》2017 年第 2 期。

未来条件具备之时航空仲裁立法的逻辑前提。因此，在承认仲裁对于航空争议解决所具有的特殊价值之外，客观评估仲裁制度的作用范围与边界，摒弃不适于仲裁制度的作用领域，进而就实践领域的"泛仲裁化"倾向给出理论解答，是更为科学地发挥仲裁机制作用与功能的基本前提，而这一目标的实现，均有赖于清晰厘定在航空争议解决中引入仲裁机制的条件。在本书看来，如果说航空争议事项的可仲裁性、航空仲裁机制的可契约性共同构成了航空争议事项引入仲裁机制的必要条件，独立航空仲裁机制的建设则构成了航空争议事项引入仲裁机制的充分条件，由此共同促进了航空仲裁制度的构建与完善。

一、航空争议引入仲裁机制的必要条件

仲裁是关于争议解决的机制，探讨航空争议引入仲裁机制的必要条件，进而厘清仲裁机制作用于航空争议的领域与范围，不仅是将仲裁法具体规则适用于航空争议的逻辑使然，同样也是对航空仲裁实践予以实证分析的内在要求。在仲裁法上，一项争议如果拟适用仲裁机制予以解决，必须符合仲裁法的基准要求。就仲裁制度的启动而言，仲裁法将仲裁的适用范围和当事人的仲裁合意规定为仲裁程序启动的两大前提性要素，由此，一项争议如拟提交仲裁机制予以解决，不仅需要评估争议本身是否符合仲裁机制的适用范围，更需要当事人之间存在关于仲裁的合意，二者缺一不可。

仲裁法理论和制度关于争议事项可仲裁性、仲裁机制可契约性的刚性要素，对于航空仲裁领域同样适用，因此，本书认为，在航空仲裁领域，航空争议事项的可仲裁性、航空仲裁机制的可契约性共同构成了航空争议引入仲裁机制的必要条件。

（一）航空争议事项的可仲裁性

所谓争议事项的可仲裁性（Arbitrability），是指依据法律可以通过仲裁解决的争议范围。[1]与其他类型争议事项的可仲裁性相似，在航空仲裁中，航空争议事项的可仲裁与否，同样至关重要，换言之，争议事项的可仲裁性也构成了航空争议能否提交仲裁的基本准则。在航空争议领域引入仲裁机制，

---

〔1〕　参见江伟、肖建国主编：《仲裁法》，中国人民大学出版社 2016 年版，第 137 页。

其首要基础在于考量该等航空争议是否符合仲裁法关于仲裁机制适用基本范畴的刚性规定，这恰恰决定了航空仲裁机制在可仲裁性领域的适用限度。具体体现在：

第一，可仲裁航空争议是评判航空仲裁适用限度的刚性要素。航空仲裁尽管在诸多维度与航空争议的特性相契合，但这并不意味着仲裁机制可以适用于航空争议的所有领域。在仲裁法上，可仲裁性问题极为重要：一方面，可仲裁性与仲裁的实体性问题息息相关，对于争议可仲裁性的认识关系着对仲裁的法律属性、仲裁协议的法律效力等多个基础理论问题的解答；另一方面，可仲裁性与仲裁的程序性问题紧密相连，合理论证其适用范围有利于更加清晰地界定当事人对自身利益处分的权利边界，以及后续仲裁程序的展开。因此，可仲裁性问题是"涉及实体自治与程序自治于一身的综合性问题"。[1]基于此，科学厘定航空仲裁的适用限度，区分出何为可仲裁的航空争议，构成了仲裁机制有效适用的前提条件。

第二，可仲裁航空争议是衡量仲裁庭管辖权有效性的刚性要素。在仲裁法上，仲裁庭的管辖权源自当事人的仲裁协议和法律规定这两大主要途径，但就争议事项可仲裁与否对于仲裁庭管辖权的影响而言，无论是因不可仲裁事项导致当事人仲裁协议无效进而影响到仲裁庭管辖权，抑或是因法定的强制性要素导致仲裁庭丧失管辖权，这两种途径在本质上其实具有同一性。需要指出的是，争议事项的可仲裁性与管辖权问题尽管具有相似性，甚至常常被混淆，但其实两者的联系只在于：若一项争议不可仲裁，仲裁庭自然失去管辖权。[2]在航空仲裁领域中，仲裁庭的管辖权亦需符合这一刚性要素，仲裁庭需就提交其裁决的航空争议是否具有可仲裁性予以审查，进而判断仲裁协议的效力及自身对航空争议事项的仲裁管辖权。

第三，可仲裁航空争议是航空仲裁裁决可执行性的刚性要素。仲裁裁决的可执行性源自仲裁裁决的有效性，这既体现于国内仲裁裁决的执行程序中，也存在于涉外仲裁裁决的承认与执行程序中，进而构成了仲裁司法审查的要素之一。在国内仲裁裁决的执行中，争议事项如果不具有可仲裁性，将成为

---

〔1〕 参见欧明生："民商事纠纷可仲裁性问题研究"，西南政法大学 2011 年博士学位论文。

〔2〕 参见杨良宜、莫世杰、杨大明：《仲裁法：从 1996 年英国仲裁法到国际商务仲裁》，法律出版社 2006 年版，第 513 页。

当事人申请法院撤销仲裁裁决的法定事由之一；在涉外仲裁裁决的承认与执行程序中，如果说仲裁协议无效、仲裁违反正当程序、仲裁员超越权限仲裁、仲裁庭的组成或仲裁程序不当、裁决对当事人尚未发生约束力或已被撤销或停止执行等因素构成了涉外仲裁裁决无法得到承认与执行的程序性因素，则争议事项不具有可仲裁性与仲裁违反公共政策或公共秩序便构成了其实质性因素。对此，航空仲裁亦然，且加之涉外航空仲裁在管辖权、实体法律适用等多个层面更具复杂性，因此，极有可能成为涉外航空仲裁裁决申请承认与执行过程中需要重点考量的因素之一。

特别是，随着经济社会的不断发展，以及当事人对意思自治的持续追求，不同国家和地区、不同行业和领域对于某一特定范畴内的争议可仲裁性问题的认识也在持续发生变化，甚至出现了许多传统的不可仲裁事项向可仲裁事项转化的趋势。基于此，探讨航空争议事项的可仲裁性既具有学理意义，更具有现实意义。

（二）航空仲裁机制的可契约性

在现代社会，仲裁是基于市场经济土壤所孕育的宝贵制度结晶，其本质是市场主体在尽量避免国家权力干预的前提下，利用市场资源，自主了结争议的一种民间性纠纷解决机制，正因仲裁制度所具有的高度自治性优势，在仲裁法上，仲裁合意的达成至关重要。换言之，仲裁系当事人意思自治的产物，而非依据国家强制约束力衍生的争议解决途径，可谓是"嵌入特定法律秩序的自由"。[1]就仲裁程序的运行而言，该等意思自治贯穿于仲裁的任一环节，从仲裁的启动、运行、结束到仲裁裁决的强制执行，无不体现着其自治性特征。除了当事人在纠纷解决方式选择层面所拥有的完全自主权之外，在仲裁机构的确定、仲裁员的指定、仲裁规则的适用、仲裁程序的选择等方面，当事人均可通过自由合意予以约定，并且该等意思自治也受到国家司法权的保障与支持。在仲裁法领域，仲裁协议是当事人之间最高意思自治的具体体现，是当事方就争议事项通过仲裁方式解决的意思表示，换言之，仲裁制度的自治性优势集中体现于仲裁协议之中。通过仲裁协议，当事人之间不仅可

---

〔1〕　参见林一：《国际商事仲裁中的意思自治原则——基于现代商业社会的考察》，法律出版社2018年版，第18~19页。

以以合意方式启动仲裁程序，而且可以排除《仲裁法》中任意性规范的适用，进而在充分体现仲裁协议所蕴含的契约自由理念的同时，彰显当事人在仲裁制度适用中的主体性。本质上，仲裁协议决定了仲裁权的来源，故而成为仲裁制度中最核心、最根本的制度。

作为航空争议解决的重要机制之一，体现当事人之间意思自治的仲裁协议/仲裁条款对于航空仲裁同样至关重要，且由于航空争议所呈现出的复杂性、多元化等色彩，不同领域中仲裁协议/仲裁条款也呈现出迥异的表现形式和法律特征。在不同类型的仲裁协议/仲裁条款之中，关于争议解决方式的约定不仅需体现当事人之间所达成的合意，更需符合仲裁法、航空法领域关于航空仲裁类协议效力评估的强制性规范，该等强制性规范除涉及仲裁协议本身的形式要件之外，也常包含航空仲裁领域特有的效力评价要素，如果当事人之间所约定拟通过仲裁机制解决的航空争议事项并不具有可契约性，必然会影响到该等仲裁协议的效力，进而从根本上影响航空仲裁机制的功能。譬如，在航空电商领域，随着科学技术的快速发展，航空交易特别是航空运输交易合同的达成越来越多地通过电子化的方式完成，在极大提升交易效率的同时，也为法律制度的场景化适用提出了挑战。就产业特征而言，电子商务交易者和其他主体的身份、交易场所、交易权限均呈现数字化、虚拟化状态，使得电子商务具有不同于传统交易的技术性、无纸化、全球化等典型特征，从而致使许多传统规则或许无法适用于电子商务活动中的诸多法律关系，因此，为解决这些特殊问题应运而生的《中华人民共和国电子商务法》（以下简称为《电子商务法》），对于交易和监管领域相关规则的破旧立新非常及时、必要，并且已然为飞速发展的电子商务产业提供了升级版的法律依据和支持。然而，在航空产业的电商交易领域，除前述因素外，当事人之间的交易还因航空产业的全球化特征而更具无国界、跨地区、跨行业属性，电子交易的行为可以产生于全球任一可以登录服务器的角落，因此，一旦纠纷发生，如完全依照国际私法领域法律选择与适用的原则，将会出现不同法院对于交易完成地、商户登记注册地、商户实际经营地、消费者所在地、货物运送地等"连结点"的争议，如果选择仲裁作为争议解决的途径或方式，如何认定当事人在航空服务跨境电子交易过程中所达成的仲裁协议的效力，将是一个极为复杂的问题。由此可知，尽管仲裁协议奠定了当事人之间将争议事项提交仲裁的现实基础，但在航空争议解决领域，为达成仲裁协议而衍生之可契约性问题也至关重要。

本书认为，仲裁法上的可契约性（Contractuality）是一个特定的概念。我国《仲裁法》第4条规定："当事人采用仲裁方式解决纠纷，应当双方自愿，达成仲裁协议。没有仲裁协议，一方申请仲裁的，仲裁委员会不予受理。"由此可见，在我国仲裁法上，仲裁合意的达成构成了当事人共同选择仲裁方式解决争议的必要条件。基于此，本书所指的可契约性，广义而言，可以泛指当事人之间就争议解决涉及的一切事项是否具有可契约性所作出的判断，但就狭义而言，应当特指当事人之间就争议解决方式的选择是否具有可契约性，亦即当事人之间就仲裁适用所达成的合意能否具有排除法院等国家公权力机关介入纷争解决的效力，如果当事人之间的仲裁协议在法律层面具有了此种效力，则意味着这一争议解决方式具有可契约性。正是基于上述原因，仲裁协议也被视为代表了当事人之间的最高意思自治而存在，甚至构成了"仲裁制度的基石"。[1]

二、航空争议引入仲裁机制的充分条件

如果说航空争议事项的可仲裁性、航空仲裁机制的可契约性共同构成了航空争议引入仲裁机制的必要条件，独立性、专业化航空仲裁机构的建设则成为航空争议引入仲裁机制的充分条件。有鉴于已然运行多年的航空仲裁实践对于学理探讨和制度规范的引领性作用，对其实际绩效的评估亦可反证仲裁法理对于航空仲裁实践的适用性，因此，在航空争议领域合理界定仲裁机制的作用条件，寻找出航空仲裁的制度边界，不仅应遵循仲裁法上仲裁制度发挥功能的刚性要素，更需考察以上海国际航空仲裁院为代表的航空仲裁之已有实践。假如前者构成了航空仲裁制度适用边界的逻辑前提，后者则提供了航空仲裁制度实际运作的实践样本。毫无疑问，在这一领域，以上海国际航空仲裁院为代表的独立航空仲裁实践，在航空仲裁领域走出了一条极为有

---

〔1〕　在现代仲裁体系中，仲裁协议的效力是仲裁程序能否有效启动的前置性要件，进而被认为构成了仲裁制度的基石。譬如，在美国仲裁法上，大多数州均依据《美国统一仲裁法》（Uniform Arbitration Act）制定了本州的仲裁法，其首要目的即在于确认仲裁协议的效力。参见薛波主编：《元照英美法词典》（缩印版），北京大学出版社2013年版，第89页。

益的探索之路。

做为营商环境的要素之一，国际航运中心需要匹配高质量的争议解决法律服务。近年来，上海国际航运中心正从"基本建成"向"全面建成"迈进，特别是已经具备了国际航空制造中心和国际航空运输中心城市的基本要素，依托航空产业的发展，不仅带动了客货运输量的指数级增长，也形成了飞机零部件制造、融资金融服务、航空产业技术研发等资金和技术高度密集、产业和商业高度协同的业态，而这也亟需高水平、专业化、全方位的法治要素体系保障。在此背景之下，以上海国际航空仲裁院为代表的独立航空仲裁实践，也持续受到业界瞩目。作为全球首个专门服务于航空业的国际仲裁机构，上海国际航空仲裁院的成立，为我国、亚太地区乃至全球航空界在争议解决领域的规则构建发挥了重要的引领和示范作用，更为重要的是，上海国际航空仲裁院的成立，结束了世界上只有海事仲裁机构、没有航空仲裁机构的历史，具有重要的里程碑意义。

作为行业仲裁的又一全新领域，上海国际航空仲裁院代表了独立航空仲裁制度的前进方向。然而，上海国际航空仲裁院虽已成立，但毕竟仍属初创阶段，如果将这一改革实践放置于仲裁法、航空法的分析框架内，会发现仍有若干学术问题亟待进一步探讨。譬如，上海国际航空仲裁院成立后，如何适用具有临时仲裁属性的《国际航协仲裁规则》？上海国际航空仲裁院与上海国际仲裁中心在机构定位、仲裁规则、仲裁员等领域的法律边界如何进一步厘定？上海国际航空仲裁院较之上海国际航运仲裁院等海内外类似航空业仲裁机构的竞争优势如何进一步挖掘？上海国际航空仲裁院的受案范围如何进一步规范？这些问题均有待学术界和实务界的同步跟进。未来如能就航空仲裁领域中此类"成长的烦恼"提供分析思路或解决方案，将对于改革创新、实践发展颇有裨益。

总体而言，目前我国的航空仲裁实践，在一定程度上已远远领先于对航空仲裁的学理探索，这在为航空法、仲裁法学术理论研究开拓出一片崭新天地的同时，也提出了更多的挑战。无论是基于航空仲裁规则协同化的考量，抑或是基于航空仲裁实践规范化的目标，从学理层面更为清晰地厘定航空仲裁的适用条件，更加充分地发挥上海国际航空仲裁院的实践优势，不仅是实践中航空仲裁规则制定、航空仲裁活动开展的科学基础，更是未来条件具备之时制定、完善航空仲裁法律法规的逻辑前提。基于此，如能以上海国际航空仲裁院所代表的独立航空仲裁机制为切入点，积极探寻其实践价值，更好地"发现"航空仲裁可以真正发挥功能的领域，将会对我国航空仲裁的理念推广、实践发展乃至立法完善都产生积极意义。

第三章

可仲裁性视角下航空争议的类型化区分

第一节 可仲裁性航空争议的区分缘由与路径

一、可仲裁性航空争议的区分缘由

作为特定性概念，广义上的"航空仲裁"不仅存在于以上海国际航空仲裁院为代表的独立航空仲裁实践之中，亦存在于航空业已有的若干国际组织和公约中，并已成为一种客观存在的仲裁现象、特定存在的仲裁方式。因此，无论是对其基于学理层面的论证研究，或是基于实践层面的绩效考察，均具有特定的意义，而清晰厘定可仲裁性航空争议的规范类型，则成为解读前述仲裁现象、研究航空仲裁个案、分析航空仲裁法律适用、探索独立航空仲裁机制进一步完善的必然前提，特别是在航空产业现有的资源禀赋下，如能通过积极推动独立航空仲裁实践的发展来反哺航空产业的成长，将更具意义。具体而言，对可仲裁性航空争议从学理角度[1]进行整理与区分，存在如下意义：

（一）有助于厘定航空仲裁的规范类型

自人类航空活动出现之后，有关航空争议解决的机制便已开始生根发芽，航空仲裁则是航空争议解决机制发展到一定阶段的产物。就仲裁法而言，在独立航空仲裁机制诞生之前，传统意义上的国内民商事仲裁和国际商事仲裁

---

〔1〕 需要说明的是，本书对于可仲裁性航空争议的区分与整理，尽管会涉及已有的立法和航空仲裁实践，但主要是基于学理层面的探索，故归纳为"学理区分"。

中，便已大量存在航空争议案件；就航空法而言，无论是作为战后国际航空业宪章性文件的《芝加哥公约》，抑或是规范国际航空运输活动的《蒙特利尔公约》，均对以仲裁机制解决相关领域航空争议的方式设置了相应的制度规范。就广义而言，前述与航空有关的仲裁活动均可称之为"航空仲裁"。然而，除《芝加哥公约》所规定的具有公法属性的航空仲裁之外，是否前述广义范围内的"航空仲裁"，均属于我国《仲裁法》及国际商事仲裁领域的相关公约所界定的仲裁？是否所有航空争议均可通过仲裁途径得以定分止争？除传统意义上可仲裁航空争议之外，对于诸如知识产权、反垄断等若干新型航空争议是否存在可仲裁性的问题应如何界定？我国上海国际航空仲裁院究竟属于机构仲裁抑或是临时仲裁？对于诸如此类问题，唯有通过科学界定航空仲裁的基本类型，方能予以进一步解答，而实现这一目标的基础性工作之一，则是对可仲裁性航空争议从学理角度按照既有标准和规范进行整理与区分。

（二）有助于推动航空仲裁的实践发展

就航空仲裁适用性的机制实践而言，目前，无论是上海国际航空仲裁院对于其受案范围主要涉及"航空运输、飞机制造、飞机销售、飞机融资租赁、航空保险、油料供应、通用航空托管、地面服务及票务代理等航空产业领域各类型航空争议案件"[1]的表述，抑或是相关学术研究的区分，在梳理航空领域的各类争议时，大都采取了列举模式，依照细分产业和细分行业分别介绍各子领域的争议，或可称之为"大类列举"的方式涵盖航空仲裁的适用范围。上述方式虽然有利于当事人更为清晰地理解、判断某种争议是否适合仲裁机制的应用，提升当事人对仲裁适用场景的感知度，但对于作为专业性、规范性争议解决机制的应然目标而言，难免会存在逻辑周密性的缺陷，也极有可能导致航空争议"泛仲裁化"的倾向，这也对进一步加强论证进而给予规范性解答提出了全新的要求。由此，无论是基于航空仲裁规则协同化的考量，抑或是基于航空仲裁实践规范化的目标，从学理层面清晰厘定可仲裁性航空争议的规范类型，构成了实践中航空仲裁规

---

〔1〕 参见李含："揭秘首家国际航空仲裁院"，载和讯网，http://news.hexun.com/2016-11-02/186696734.html，最后访问日期：2018年12月27日。

则制定、航空仲裁活动开展的逻辑前提。因此，通过界定可仲裁性航空争议，有助于进一步明晰航空仲裁在实践中的适用限度，进而在承认仲裁对于航空争议解决所具有的特殊价值之外，对于客观评估仲裁制度的作用范围与边界也具有积极作用。概言之，尽管目前我国航空仲裁的实践已走在理论前列，但是仅就航空仲裁的适用性而言，有鉴于航空领域诸多争议在可仲裁与不可仲裁的界定方面所存在的独特特征，也对学理层面加强论证提出了要求。

（三）有助于界定航空仲裁的法律适用

诚如前文所述，有关航空争议通过仲裁方式解决的相关规范性文件，不仅存在于我国《仲裁法》和相关规范仲裁活动的国际公约之中，也存在于航空法领域的若干规范性文件中，加之航空活动常具有跨国界、跨法域、跨产业等特征，将已有的法律条文适用于具体的仲裁个案存在着诸多复杂的考量因素。譬如，我国在加入《纽约公约》之后，最高院对于我国加入《纽约公约》时全国人民代表大会常务委员会所作的"商事保留"声明中的"契约性和非契约性商事法律关系"予以了具体化解释，如将这一规定适用于航空领域之时，除航空货物买卖、航空财产租赁等非特指的航空争议之外，民用航空的客货运输也被归入"契约性和非契约性商事法律关系"，是可以适用仲裁的争议类型，且此条与《国际商事仲裁示范法》关于"商事"的解释中涉及航空运输的内容具有一致性；但如果根据《蒙特利尔公约》的规定，航空仲裁的范围则被严格限制于航空货物运输领域，明确排除了仲裁之于航空旅客运输争议的适用性，加之《蒙特利尔公约》在对航空领域"国际运输"争议解决时适用的强制性，必将导致仲裁个案在因适用不同但相关的国际公约时产生冲突。由此，从提升相关国内法和国际公约适用性的角度出发，科学界定何种类型的航空争议具有可仲裁性，当属必要。

二、可仲裁性航空争议的区分路径

（一）可仲裁属性：航空仲裁适用范围的论证基础

诚如前文所述，所谓争议事项的可仲裁性，是指依据法律可以通过仲裁解决的争议范围。具体而言，一项争议事项（Event）[1]属于可仲裁（Arbitrable）的争议或是不可仲裁（Non-Arbitrable）的争议，构成了仲裁程序启动的前置性要件，并贯穿于仲裁的全过程（包括仲裁裁决的执行阶段）。

在航空仲裁领域，仲裁的提起虽基于当事人之间对争议解决方式的合意，但该种合意的达成同样需以当事人对拟通过仲裁方式处置的实体性权利义务具有处置权利和处置能力为基本前提，且该种权利和能力是基于法律层面的授权或认可，既包括主观方面双方当事人需具有平等的法律地位，也包括客观方面双方当事人拟处置的争议需符合《仲裁法》及其他相关规范性文件的规定。因此，如果说航空仲裁机制的可契约性体现了法律对于当事人就达成仲裁的意思自治给予的最充分的尊重，则航空争议事项的可仲裁性便是对当事人意思自治在法理层面的实现可能性所作出的基本限定，基于此，以可仲裁属性作为论证基础，将会对学理和实践层面存有争议的问题提供方法论。

本质上，争议事项的可仲裁性是对纠纷能否通过仲裁机制解决的前提性规定，就法理层面而言，当事人拟将纠纷提交仲裁机制解决，该等纠纷则必须在法律对于仲裁事项认可的范围之内，符合法理对于可仲裁事项相关要素的规定，否则，即便该等事项系基于当事人对于仲裁的合意而生，也会因无法得到法律的认可而被排除在仲裁适用范围之外。争议事项可仲裁性常涉及一国的社会公共利益，因而属于一国国内法所需要明确的问题，这也为《纽约公约》第5条所承认。在我国，现行《仲裁法》第2条、第3条是对仲裁适用范围的纲领性规定，并分别从概括式肯定（正面界定）和列举式否定（反面排除）的角度明确了可仲裁争议、不可仲裁争议的基本范畴，这也为包括航空仲裁在内的民商事争议仲裁确立了基本标准。就可仲裁性的具体标准而言，学术界常以主体和客体、主观和客观等维度进行区分，尽管称谓有所不同（包括主体标准与客体标准[2]、主观上的可仲裁性与客观上的可仲

---

[1] 杨良宜先生认为，"争议事项"（Event）不同于有关"争议/争端"（Issue 或 Sub-Issue），譬如，在船东向承租人追讨运费的案例中，承租人可能会以其不是订约方、运费还没有欠下、实际货量有争议、索赔时效已过等各种理由进行抗辩，但这种抗辩属于几个不同的有关"争议/争端"（Issues），这种争端会有胜有负，承租人只要有一个成功（如索赔时效已过），就有可能取得"争议事项"（Event）的胜利而变为胜诉方。参见杨良宜、莫世杰、杨大明：《仲裁法：从开庭审理到裁决书的作出与执行》，法律出版社2010年版，第42页。

[2] 参见江伟、肖建国主编：《仲裁法》，中国人民大学出版社2016年版，第138~139页。

裁性〔1〕等），但为仲裁法理论关于可仲裁性标准的确立指明了具体方向。就航空仲裁而言，本书认为，航空争议事项可仲裁性的区分标准包括主体标准和客体标准。

第一，主体标准。航空争议事项可仲裁性的主体标准源自民商事争议可仲裁性在主体维度的认定标准，具体是对将航空争议提交仲裁的双方当事人法律地位的要求。我国《仲裁法》第2条规定："平等主体的公民、法人和其他组织之间发生的合同纠纷和其他财产权益纠纷，可以仲裁。"该条规定了仲裁制度适用范围的基本边界，其中，在主体方面，拟提交仲裁的争议主体方需为民事主体，包括国内外自然人、法人以及其他具有合法资格的独立民事主体。在航空仲裁中，争议事项的当事方同样需具有平等的民商事法律地位，由此排除了航空行政类争议适用民商事仲裁方式解决纠纷的可能性。此外，除仲裁当事方主体法律地位之外，当事人的行为能力亦受到关注，主要包括当事人在订立仲裁协议时是否具有民商事私法意义上的行为能力，对此，本书认为这一问题虽与仲裁协议的效力密切相关，但不应被归入争议事项可仲裁性的主体标准之中。

第二，客体标准。航空争议事项可仲裁性的客体标准同样源自民商事争议可仲裁性在客体维度的认定标准，具体是指对提交仲裁的航空争议法律关系的要求。我国现行《仲裁法》第2条、第3条除对主体维度进行规定之外，也确定了可仲裁法律关系的客体标准。具体而言，第2条将仲裁范围界定为需以合同纠纷和其他财产权益纠纷为限，且该等纠纷的当事人应当具有法律规定的各种处分权能，这一规定奠定了财产权纠纷为仲裁制度的主要作用领域。在此基础上，第3条对不能适用仲裁机制的争议范围也做了强制性规范，其中，就婚姻、收养、监护、扶养、继承纠纷而言，该类争议虽在本质上也属于民事争议，且不同程度地涉及财产法律关系，但由于争议的指向为当事人在意思自治层面所无法处分的身份关系，必须由具有国家强制力的法院或政府有权机关予以裁决，因此无法适用仲裁；此外，对依法应当由行政机关处理的行政争议，亦应被排除在仲裁机制适用范围之外。上述标准也为可仲

〔1〕 参见赵秀文：《国际商事仲裁及其适用法律研究》，北京大学出版社2002年版，第61~64页。

裁航空争议事项的客体标准确立了基本遵循。

需要特别指出的是，本书将"航空争议的可仲裁性"具体化为"航空争议事项的可仲裁性"，并非否认航空争议主体间平等的法律地位对于航空争议事项可仲裁性的重要意义，更多是基于仲裁与诉讼区分的角度作出的概括，这也符合"可仲裁性"与"可诉性"之间的逻辑关系。本质上，一国仲裁法上争议事项的可仲裁性应当限定于该国法院的主管范围之内，以保证法院作为公权力机关对仲裁予以适当的司法审查和必需的司法救济，这一标准亦为我国立法所确认。譬如，通过比较我国《民事诉讼法》第3条和《仲裁法》第2条，不难发现，《仲裁法》关于争议事项可仲裁性的规定较之《民事诉讼法》关于民商事纠纷可诉性的规定，其差别主要体现在客体方面而非主体方面，这也在一定程度上反映了争议事项可仲裁性的根本性判断要素在于仲裁的法律属性，特别是仲裁与诉讼这两种争议解决方式的区分层面。

（二）类型化标准：航空仲裁适用范围的具体路径

如果说可仲裁属性奠定了航空争议学理区分的论证基础，类型化标准则构成了航空争议学理区分的具体路径。目前，我国航空仲裁实践对于争议事项适用仲裁机制的界定，不仅在可仲裁性构成要素的论证方面相对欠缺，且在仲裁机制的具体适用范围方面也较为凌乱，相对欠缺规范性，而类型化区分则是提升可仲裁标准规范化和逻辑周延性的有效手段。除航空仲裁实践之外，就国内外立法而言，有鉴于航空仲裁属于仲裁法与航空法的交叉学科领域，因此，以何种法律作为基准来确定可仲裁性航空争议的基础分析框架、进而勾勒出航空领域相关争议的主要类型至关重要。基于此，在现阶段，国内外已有的立法规范和实践中已然存在的航空仲裁活动，不仅构成了对航空仲裁法律制度和机制实践予以类型化区分的基本前提，也成为对可仲裁性航空争议类型化的意义所在。本书以为，对于可仲裁性航空争议而言，从学理角度对其进行类型化区分，不仅需根据我国《仲裁法》和相关仲裁类国际公约所确立的基本原则进行解读，亦需根据我国航空领域的相关规范性文件予以整理。具体而言，可以区分为部门法、产业法、仲裁法等三条路径：

第一，部门法维度。就航空活动的复杂性及其所涉法律关系的多重性而言，民商法、经济法、国际法、知识产权法等多个部门法维度中均存在着形态各异的航空争议，由此，从部门法划分的维度可得出相应的结论。鉴于航空争议可仲裁性与否的问题散落于不同部门法中，以部门法维度作为区分航空争议的标准之一在某种程度上具有合理性。需说明的是，航空产业的跨国性在一定程度上决定了航空法律制度的国际化色彩，这也决定了我国航空法律制度的建立在依托大陆法系立法体例和立法元素的基础上，必须做好与国际航空法领域各项公约的对接。因此，本书将国内法与国际法作为第一层级的区分，在此基础上，分别按照我国大陆法系的区分传统和国际航空法领域的研究惯例，对第二、第三层级做了相应区分，初步勾勒了部门法维度下我国航空争议的基本类型（参见表2）。

表 2：部门法维度下航空争议（广义）的基本类型[1]

部门法维度			具体形态或案例	备注
国内法	公法	刑法	劫机等	
		行政法	霸机等	
	私法	民法	物权法上的航空器权利登记等	
			合同法上的航空客货运输等	与消法存在竞合
			人身权法上的人体器官航空运输等	
			侵权法上的损害航空器等	
			知识产权法上的航空专利侵权等	
		商法	航油套期保值等	
	经济法	竞争法	航空反垄断等	
		金融法	航空器融资租赁等	
		消法	消费者购票、乘机等	
		社会法	劳动法上的飞行员辞职等	不属于商事仲裁范畴

---

[1] 需说明的是：第一，本书研究的航空仲裁法律制度仅指民商法、经济法领域的航空仲裁，不涉及劳动仲裁制度，因此，劳动法领域的航空争议不属于本书研究的范畴；第二，为行文方便，本章节所述航空争议中的"争议"，采广义的范畴，既涵盖了私法、经济法、社会法领域中的争议，也将公法领域尤其是刑法领域涉嫌航空犯罪的相关纠纷一体纳入，但这绝不意味着笔者对涉嫌犯罪行为或犯罪行为所导致的社会危害性的认识不足；第三，在国际法领域，鉴于国际经济法与国际商法在许多领域存在研究的重叠，因此，本书统采国际经济法的表述。

部门法维度		具体形态或案例	备注
国际法	国际公法	不同国家国民之间的航空争议	
		国家与国民间的航空争议	与国际商法存在竞合
		国家与国家间的航空争议	
	国际经济法	不同国家国民之间的航空争议	
		国家与国民间的航空争议	
		国家与国家间的航空争议	

　　第二，产业法维度。就航空产业的特殊性及对其进行法律调整的航空类法律的专业性而言，将航空法作为广义范围内的产业法，并以此为维度，亦可对不同类型的航空活动及其争议作出区分。就航空类规范性文件而言，我国《民用航空法》在航空争议的诉讼解决领域，重点就航空运输领域的承运人责任以及航空器对地面第三人的赔偿责任进行了详细规范，并就法院管辖权、诉讼时效等问题予以了具体规范；[1]此外，包括航空器运输、航空器权利/国际利益在内的若干私法性国际航空公约，也就相应领域所规范的具体问题的争议解决给予了系统性规定。在根据不同类型的规范性文件将相应类型的航空争议提交仲裁时，除应适用航空实体法所规定的基本规则之外，还需结合相应的冲突法规则，分门别类地就形态各异的航空争议辅之以对应的规范性文件。换言之，对于航空类规范性文件的适用，不仅对于明确航空争议适用仲裁的条件、航空仲裁协议的效力、航空争议的实体裁判规则等问题具有重要意义，对于规范可仲裁性航空争议的具体类型也至关重要。

　　第三，仲裁法维度。将航空仲裁作为仲裁法所规范的一种仲裁类型，无论是属于传统仲裁法中的一种具体仲裁类型，抑或是现代仲裁法理念下行业仲裁的一种代表类型，均可依照仲裁法关于可仲裁性争议的评判标准予以具体区分，进而完成对可仲裁性航空争议类型化界定的目标。就仲裁类规范性文件而言，我国《仲裁法》对于可仲裁争议的规定采用了"正面界定+反面

---

　　[1]　尽管我国《民用航空法》在争议解决领域的条文以规范诉讼活动为主，在仲裁领域涉猎相对较少，但这并不应妨碍当事人在以仲裁方式处置实体权利义务时的比照适用。

排除"的模式。所谓"正面界定",是指《仲裁法》第 2 条明确规定了可仲裁事项在平等主体、争议性质等维度的基本要求;所谓"反面排除",是指《仲裁法》第 3 条规定了不可仲裁纠纷的最低限度标准,包括不可仲裁的人身纠纷和不可仲裁的行政纠纷等。上述规定可谓是从制度层面对于争议事项可仲裁与否这一判断标准的高度逻辑性、规范化提炼,奠定了具体民商事、经济类纠纷能否适用仲裁机制的基准要求,进而构成了可仲裁性航空争议基本类型的区分规范。除此之外,在仲裁类规范性文件领域,除需以《仲裁法》为基础之外,《纽约公约》《国际商事仲裁示范法》中的相关规定亦具有重要意义,不同规范性文件对于《仲裁法》所归纳的争议类型具有进一步解释、阐释的功能。

根据前文所述,基于不同的维度,可以对航空争议作出不同种类的区分。如依照大陆法系部门法的划分标准,航空争议可在各部门法基本原则指导之下呈现出多种部门法类型的争议形态;如依照航空法的特有调整方式和作用领域的划分标准,航空争议亦会产生更倾向于航空产业特色的类型化结果,但可能会在仲裁法层面缺失体系化、结构化特征。对此,本书认为,上述划分标准各有其理论依据,亦各有其适用范围,并因之而具有自身独特的学术价值和意义,但是,从仲裁制度学术研究的角度出发,如能依照仲裁法的既有区分标准,依托仲裁法的逻辑框架,进一步提炼各种类型航空争议中所蕴含的共性基因,进而将其类型化,并构成"可仲裁性航空争议"的子形态,不失为一种最具探索价值的学术尝试。

综上所述,本书认为,仲裁法关于争议可仲裁性的基本理论构成了可仲裁性航空争议的区分基础,而部门法、产业法上关于具体形态及特殊类型航空争议的区分规范,亦非常具有现实意义。此外,在航空仲裁领域,航空争议引入仲裁机制,不仅要遵循《仲裁法》及相关规范性文件关于争议可仲裁与否的一般性标准,以及和航空法领域若干规范性文件关于具体类型的航空争议提交仲裁的条件,也需符合争议解决所适用的仲裁规则等个体性规范。在此前提之下,依照仲裁法关于国内仲裁、国际仲裁(包含外国仲裁、涉外仲裁等)的区分标准,结合相关国际航空公约对于若干类涉"国际"因素的航空争议所赋予的特定性规定,本书将可仲裁性航空争议区分为:基于合同的航空财产权益争议、基于侵权的航空财产权益争议、基于法定事由的航空财产权益争议。

第二节　基于合同的航空财产权益争议

一、"基于合同的航空财产权益争议"的概念证成

在本书看来，"基于合同的航空财产权益争议"构成了可仲裁性航空争议的主要类型之一，亦即因合同纠纷引发的航空财产权益争议。将其概括为前述类型，主要是基于《仲裁法》关于可仲裁争议的相关规定，以及《民法典》《民用航空法》等法律法规对于航空器这一特殊动产的相关特定性规范。

（一）源自《仲裁法》对"合同纠纷"的界定

就国内航空争议而言，在可仲裁性的标准方面，需符合我国《仲裁法》关于争议事项可仲裁性的标准设置。具体而言，除当事人法律地位的平等性（主体的平等性）等主体标准之外，我国《仲裁法》将所涉争议限定于合同纠纷和其他财产权益纠纷（纠纷的经济性）领域，且该等纠纷的当事人应当具有法律规定的各种处分权能（权利的可处分性），这些规定构成了可仲裁性争议的基本要件，并反映在我国现行《仲裁法》第2条、第3条之中。与海事仲裁的法律规制类似，在我国的《仲裁法》框架内，航空仲裁并非作为一种独立仲裁事项而存在，其可仲裁性需同样遵循《仲裁法》的前述基本原则。然而，有疑问的是，对于《仲裁法》第2条所规定的平等主体的公民、法人和其他组织之间发生的"合同纠纷"和"其他财产权益纠纷"的内涵应当如何理解，从字面意义来看似乎存在疑义，并可作两种理解：第一种理解可将"合同纠纷"解读为和"其他财产权益纠纷"并存的一种纠纷类型，"合同"这一概念在此处更加接近于被定位为一种与"其他财产权益"相类似的权益类型或法律关系的客体，而非一种引起法律关系变更的法律行为；第二种理解可将"财产权益纠纷"区分为"合同型"和"非合同型"财产权益纠纷，而合同型纠纷则为可适用仲裁机制的主要类型的财产权益纠纷。就可仲裁性航空争议而言，本书更倾向于第二种理解，并将其定位为"基于合同"而引起的航空财产权益争议，主要原因有两个方面。

1. 国际法角度。《仲裁法》是改革开放后第一部与国际仲裁标准相接轨

的专门法，被视为我国现代仲裁制度确立的标志。在此之前，我国《经济合同法》《涉外经济合同法》《中华人民共和国技术合同法》（以下简称为《技术合同法》）等法律法规虽然也分别就其所调整的经济合同、涉外经济合同和技术合同争议的仲裁解决机制予以了规定，但对我国仲裁制度与国际接轨产生重大影响的事件，无疑是我国加入《纽约公约》以及对《国际商事仲裁示范法》的吸收借鉴，而其关于争议可仲裁性的相关规定也对《仲裁法》产生了深远的影响。

《纽约公约》对于所调整的外国仲裁裁决中可仲裁性争议的范围并未予以直接界定，而是通过允许缔约国根据各自国内法判断外国仲裁裁决所涉争议是否具有可仲裁性的方式进行评判，且该种方式具体体现在两个方面：其一，允许缔约国进行"商事保留"声明，即缔约国可以声明"本国只对根据本国法律属于商事的法律关系，不论是否是合同关系，所引起的争执适用本公约"；其二，将争议事项不可用仲裁方式解决作为拒绝承认和执行外国仲裁裁决的实体性理由之一，即如果按照被申请承认和执行裁决地国的法律，裁决中的争议事项属于不可用仲裁方式解决的争议事项，被申请承认和执行裁决地国的法院可以拒绝承认和执行该裁决。由此，尽管未直接就何为"可仲裁争议"进行规定，但《纽约公约》关于"不论是否是合同关系"的"商事法律关系"之划分方法，实质上初步确立了争议可仲裁性的基本标准。我国于1986年12月2日正式加入《纽约公约》的同时，明确提出了"互惠保留"和"商事保留"等两项声明。其中，第六届全国人民代表大会常务委员会在关于我国"商事保留"的声明指出，我国"只对根据中华人民共和国法律认定为属于契约性和非契约性商事法律关系所引起的争议适用该公约"，从而确立了我国在承认和执行外国仲裁裁决领域关于可仲裁事项区分为"契约性和非契约性商事法律关系所引起的争议"的基本原则。此后不久的1987年4月，最高院发布《最高人民法院关于执行我国加入的〈承认及执行外国仲裁裁决公约〉的通知》，进一步界定了"契约性和非契约性商事法律关系"，并明确将因合同而产生的经济上的权利义务关系作为其类型之一。

此外，1985年6月21日通过于联合国贸易法委员会的《国际商事仲裁示范法》在《纽约公约》的基础上，开宗明义地对其所规范的"商事仲裁"进行了界定，在其第1章第1条第（1）项的注释中，《国际商事仲裁示范法》

延续了《纽约公约》的区分标准，将"商事"争议界定为"不论是契约性或非契约性的一切商事性质的关系所引起的事项"，并指出应对其作广义解释。具体而言，商事性质的关系包括但不限于下列交易：供应或交换货物或服务的任何贸易交易；销售协议；商事代表或代理；保理；租赁；建造工厂；咨询；工程；使用许可；投资；筹资；银行；保险；开发协议或特许；合营和其他形式的工业或商业合作；空中、海上、铁路或公路的客货载运。由此，在《纽约公约》基础之上，《国际商事仲裁示范法》通过列举的方式，界定了可仲裁性商事争议的基本范畴。

综上可知，我国《仲裁法》在对可仲裁性争议事项的区分方面，并未与制定时间更为接近的《国际商事仲裁示范法》完全保持一致，其关于"合同纠纷"和"其他财产权益纠纷"的表述与《纽约公约》关于"不论是否是合同关系"的表述更为相似。相比之下，我国在加入《纽约公约》时的"商事保留"声明，则与《国际商事仲裁示范法》关于"商事"的界定结构和列举内容更为接近。尽管如此，无论是在《纽约公约》及我国"商事保留"声明层面，抑或是在《国际商事仲裁示范法》层面，其所规定的"契约性商事法律关系所引起的争议"中，合同均作为产生相应法律关系的要素而存在。

2. 国内法角度。在大陆法系民法理论中，合同之债为债权的主要类型。就其表现形式而言，合同虽多体现为协议的方式，但其本质是平等主体的自然人、法人及其他组织之间基于一致的意思表示，进而发生法律上效果的民事法律行为。由此，就法律概念而言，合同本身与合同关系并不等同，基于合同而产生的债权作为合同关系的内容而存在，体现为一种权利人请求特定义务人为或不为一定行为的权利。据此，相比于作为民事法律行为的合同，基于合同而生的债权更多体现了权利的色彩和属性。我国《仲裁法》通过于1994年，彼时《合同法》等相关法律法规尚未出台，就国内法而言，《仲裁法》的重要立法基础之一是《民法通则》。在《民法通则》中，合同本身被界定为"当事人之间设立、变更、终止民事关系的协议"，并区别于因合同而生的债权债务法律关系。

仅就理论周延性角度的分析而言，需要指出的是，此处是否需要围绕"合同争议"的规定再进行负担行为与处分行为的区分，对于界定"合同纠纷"在学理层面的范畴具有影响，并与仲裁协议/仲裁条款在约定财产权变动争议时因未涉及处分行为而产生效力瑕疵也存在密切关联，故而存有探讨的必要。在大陆法系民法理论中，关于负担行为、处分行为的相关理论学说存在重大争议，包括但不限于处分行为是否可以为债权合同所涵盖且无分离于负担行为的必要；负担行为与处分行为的分离对我国法上物权变动模式及债权形式主义变动模式的相冲突性；我国 1999 年《合同法》、2007 年《物权法》及 2012 年《最高人民法院关于审理买卖合同纠纷案件适用法律问题的解释》等相关规范性文件是否实质承认了负担行为与处分行为的分离；是否存在真正意义上的物权行为；以及由此衍生的物权行为无因性等诸多问题。就仲裁法理上的"合同争议"而言，在涉及标的物财产权变动的合同中，如果依照负担行为与处分行为分离理论，合同争议除涉及当事人之间就标的物财产权变动所达成的协议外，是否包含当事人为实现合同的目的而对财产权所作出的使其权利发生变动（特别是在不动产或特殊动产物权变动情况之下）的处分行为等。

本书认为，在大陆法系中，法律行为是一个极其重要但却较为抽象的范畴。仅就私法体系而言，法律行为的"目的在于使个体能够以意思自治的方式通过制定规则来形成、变更或者消灭法律关系，也即旨在实现私法自治原则"。[1]就其类型而言，依照效力之不同，德国和我国台湾地区将法律行为区分为负担行为和处分行为，负担行为主要由债权行为构成，处分行为主要由物权行为和准物权行为构成。[2]但是，我国大陆地区的民法思想因不采物权行为独立性、无因性理论，而将德国民法上的处分行为纳入债权合同，进而将物权变动作为债权合同直接发生的效力或后果。虽然最高院于 2012 年发布的《最高人民法院关于审理买卖合同纠纷案件适用法律问题的解释》在一定程度上承认了负担行为与处分行为的分离，并就《物权法》第 15 条和《合同法》第 51 条等相关条文进行了解释，但在我国立法层面未正式确立这一制度之前，暂不宜对早在《合同法》《物权法》出台之前就依国际仲裁通行规则制定的《仲裁法》中关于"合同纠纷"的规定作出"负担行为与处分行为分离"的解释，这不仅有利于避免仲裁协议/仲裁条款在未约定关于财产权变动

---

[1] 参见［德］维尔纳·弗卢梅：《法律行为论》，迟颖译，法律出版社 2013 年版，第 27 页。
[2] 参见王泽鉴：《民法总则》（增订版），中国政法大学出版社 2001 年版，第 262 页。

的处分行为时产生效力争议，且对于最大限度地保护仲裁当事人的合法权益也具有积极意义。

就《仲裁法》所规定的"合同纠纷"而言，《〈仲裁法〉司法解释》中也予以了确认，并于第2条细化了"合同纠纷"的具体表现形式，规定："当事人概括约定仲裁事项为合同争议的，基于合同成立、效力、变更、转让、履行、违约责任、解释、解除等产生的纠纷都可以认定为仲裁事项。"由此，可将我国《仲裁法》关于"合同纠纷"的规定理解为"合同型财产权益纠纷"或"基于合同的财产权益纠纷"。相应地，就可仲裁性航空争议而言，将航空领域可仲裁的"合同纠纷"具体化为"基于合同"的航空财产权益争议，具有合理性。

（二）源自民事权益的类型区分

航空仲裁虽以航空领域的争议解决为目标，但本质上仍属于《仲裁法》规制范围内的争议解决方式，其对于航空争议特别是可仲裁航空争议的界定仍需遵循《仲裁法》的基本规定。在可仲裁性争议方面，我国仲裁法理论和立法根据大陆法系民事权利的区分标准，将其客体标准严格限定为"财产权益争议"，然而，对于财产权益的具体构成，两大法系却存在着一定差异。有恒产者有恒心，是现代法律体系追求的重要价值之一，尽管"具体财产概念的形成、范围及其保障方式是各个思维方式之事，并且它受到不同的法律文化和法律传统的影响"。[1]在大陆法系民法理论中，以权利的标的是否具有财产价值为标准，可以将私权分为非财产权与财产权两大类，非财产权是指与权利主体的人格、身份不可分离的权利；财产权是指可以与权利人的人格、身份相分离而具有财产价值的权利，如物权、债权、知识产权等。[2]进而，就规范财产关系的财产法而言，可以区分为财产归属法和财产流转法，前者以保护财产的归属秩序为目的，商品所有为其典型；后者以保护财产流转秩序为目的，商品交换为其典型。[3]需指出的是，在以保护物的归属为首要任务的物权法中，物的客体主要被限定于有体物，在此基础之上，有形财产与无形财产的区分常被置于物的分类的第一层级，动产与不动产的区分则被作

---

〔1〕　参见［德］沃尔夫冈·费肯杰：《经济法》（第一卷），张世明、袁剑、梁君译，中国民主法制出版社2010年版，第254页。

〔2〕　参见王泽鉴：《民法总则》（增订版），中国政法大学出版社2001年版，第85页。

〔3〕　参见梁慧星、陈华彬编著：《物权法》，法律出版社2003年版，第1页。

为有形财产之下的第二层级加以区分，而基于给付行为的债权、基于智力成果的知识产权、基于有价证券（如股票等股权性有价证券、提单等物权性有价证券、债券等债权性有价证券）和其他客体（如质权等特定财产权利、数据和网络虚拟财产等新型财产权利和利益）的特殊类型的权利，则构成了与物权平行的权利类型。此外，在我国立法上，"财产"一词虽较为常见，但常在不同意义上加以使用，譬如，《民法通则》第5章第1节关于"财产所有权和与财产所有权有关的财产权"指的是有体物，原《中华人民共和国继承法》（以下简称为《继承法》）第3条以及现行《民法典》第1122条中的"财产"则应被解释为既包括有体物，也包括权利。

相比之下，英美法系中"财产"的范畴则较大陆法系立法例复杂得多。有学者认为，"什么是财产"是一个英美法律人"根本无法回答的问题"[1]。一般而言，在具体的财产类型领域，英美法系财产法的立法、判例及理念中，个人财产（Personal Property）和不动产（Real Property）构成了财产（Property）区分的第一层级，在个人财产之下才进一步区分有形财产（Tangible Personal Property）和无形财产（Intangible Property）；在合同与财产的关系领域，财产法和合同法作为并存的法律部门，其划分标准并非基于民事权利的理论分类，更多的是基于功能主义的司法实践，财产与合同的关系分别对应特定人与物的关系、特定人与相对人的法律关系，两者存在鲜明的边界，只有当特定关系涉及取得物，且为合同主体之外的其他人的时候，其相应部分才成为财产法的内容。[2]

在可仲裁性争议的界定方面，我国《仲裁法》的条文设计延续了《民法通则》所确立并延续至后续民事立法的"民事权益/财产权益"的思路，将可仲裁性争议不仅仅局限于权利范畴，更扩大至虽不构成权利但为法律所承认的财产利益领域。所谓财产利益，通常是具有交换价值或使用价值的、可以用货币计算其价值且可以依法转让的利益。[3]对此，《仲裁法》生效之后先

---

〔1〕 参见赵萃萃："英美财产法之 Estate 研究——以财产和财产权的分割为视角"，山东大学2010年博士学位论文。

〔2〕 参见〔英〕F. H. 劳森、B. 拉登：《财产法》，施天涛、梅慎实、孔祥俊译，中国大百科全书出版社1998年版，第9页。

〔3〕 参见魏振瀛主编：《民法》，北京大学出版社、高等教育出版社2010年版，第38页。

后出台的《合同法》、《物权法》、《侵权责任法》以及《民法典》等均延续了
"民事权利+财产利益"的立法思路。本书认为，依照私法领域法无禁止皆可
为的原则，在仲裁制度的适用领域，除了民事财产权之外，对于其他类型的
财产权益纠纷，除非法有明确禁止性的规定，均应采取鼓励性、支持性的态
度进行探讨。相应地，具体到航空仲裁领域，基于仲裁法的这一刚性规定，
航空财产权益争议的概念也具有了合理性。

二、"基于合同的航空财产权益争议"的类型构成

本书认为，所谓航空财产权益争议，是航空领域的权利主体基于对特定
财产享有的权益而衍生的争议。在航空财产权益中，合同既是其法律关系产
生、变更、消灭的重要原因之一，也是航空财产权益争议产生的重要因素。
依照民法理论中绝对权与相对权的区分标准，"基于合同的航空财产权益争
议"也可以区分为绝对权争议和相对权争议，其中，绝对权争议主要包括
航空领域的物权争议、知识产权争议、基于有价证券和其他特定客体的权
利争议，相对权争议主要为航空领域的债权争议。在此部分，本书将按照
大陆法系民法理论关于财产权惯常的排列顺序，对航空领域的物权争议、
债权争议、知识产权争议、基于有价证券和其他特定客体的权利争议试作
分析。

（一）航空领域的物权争议

由于法律适用的特殊性，在航空物权领域的相关法律纠纷中，围绕航空
器而产生的相关权利义务关系常为国内外立法所特别规范，除此之外，航空
物权领域其他标的物的纠纷依现行民商事、经济类法律规范处理即可。据此，
严格意义上讲，航空领域的物权争议可以再进一步区分为航空器权利类争议
和非航空器权利类争议。鉴于"航空器权利"这一特定范畴在法律规则层面
的特殊性，本处仅探讨航空器权利争议的相关法律问题。

航空器权利是航空法上的重要内容。作为一种特殊的标的物，航空器的
投资与运营需要大量资金，特别是在航空器投入商业运营的早期，在实践中
可供筹集购买航空器的资金匮乏，这就使航空运输企业在财务需求方面产生
了一系列新问题，加之航空活动兼具本土性与跨国性的特征，如何在国际范

围内为对航空器享有某些权利的人（如所有权人、抵押权人、租赁占有权人等）提供最大限度的利益保护，使得以航空器为核心的各种融资活动顺利进行，从而将有限的资金充分、有效地吸引到航空产业上来，成为摆在全球航空业界的一个亟需解决的课题。在此背景之下，在1944年12月召开的国际民航会议上，与会国建议及早召开有关国际航空私法的国际会议，以便通过处理航空器所有权转移的公约。据此，经过航空法专家国际技术委员会的反复研究，最终，在1948年6月19日于日内瓦召开的国际民航组织大会上，通过了以规范航空器权利体系为核心内容的《日内瓦公约》，美国、法国、德国、意大利、荷兰、瑞典、巴西、阿根廷等国家都加入了该公约。《日内瓦公约》旨在通过为航空器权利人提供尽量多的担保权益的方式，以进一步加强对权利人利益的保护，并为常作为航空器承租人的航空运输企业提供更多财务支持，以减轻其购买航空器的巨大财务压力，从而在根本上促进国际航空业的发展。该公约共23条，其核心内容是解决各国法律设计层面关于航空器权利的制度冲突，以在各地区原有法律基础之上统一并发展关于航空器权利的具体规则。《日内瓦公约》于1953年9月17日起生效，从生效至今60多年的历史来看，它在实践中显示出了广泛的适用性和普遍的影响力，与航空领域的其他国际公约相比，它自成体系、独成一类。我国全国人民代表大会常务委员会已于1999年10月31日批准加入《日内瓦公约》，这为其作为国际法渊源解决相关权利人的纠纷奠定了法律基础。

我国现行《民用航空法》在起草之际，《物权法》尚未制定，由此，就航空器权利而言，我国主要参考、借鉴了《日内瓦公约》的主要原则、制度，进而确立了航空器权利制度在我国民航法中的地位和作用。就概念设置角度而言，《民用航空法》将"航空器权利"界定为"对民用航空器的权利，包括对民用航空器构架、发动机、螺旋桨、无线电设备和其他一切为了在民用航空器上使用的，无论安装于其上或者暂时拆离的物品的权利"，基于这一规定可知，我国法上的航空器权利为权利人对航空器这一特殊标的物的权利，本质上为物权性权利。较之2007年实施的《物权法》中关于物权类型的法定区分标准而言，航空器权利更多体现出了特殊物权的色彩。

就权利构成而言，我国《民用航空法》规定的需登记的航空器权利主要包括航空器所有权、航空器抵押权、航空器优先权、航空器占有权。所谓需登记，是指权利人应就前述类型的航空器权利分别向国务院民用航空主管部门办理权利登记，登记的目的在于公示航空器这一特殊标的物之上所存续的物权，进而产生对抗善意第三人的法律效力。需说明的是，根据《日内瓦公约》和《民用航空法》的规定，航空器所有权、抵押权、占有权产生的原因多基于合同，而航空器优先权则为法定权利。因此，在航空器权利争议仲裁领域，基于合同而生的航空财产权益争议主要为航空器所有权（Ownership in Civil Aircraft）争议、航空器抵押权（Mortgage Right in Civil Aircraft）争议、航空器占有权（Possession Right in Civil Aircraft）争议。

1. 航空器所有权争议。根据民法原理，航空器所有权是指航空器所有人在法律规定的范围内享有的对航空器全面支配的权利。在权能方面，航空器所有权同样包含了权利人对于航空器这一特定标的物所享有的占有、使用、收益、处分等积极权能，且其强调的是航空器所有权人基于前述权能而产生的绝对法律关系。在此基础上，基于权利人对航空器标的物所有权的绝对性，进而衍生出义务主体的不特定性问题，即所有权的义务人包括所有人以外的其他任何人，[1]体现出所有权作为绝对权主要形态的权利特征。[2]

航空器所有权法律关系作为民事法律关系在航空器权利领域具体体现的形式之一，与其他类型的民事法律关系一样，也因一定的法律事实产生或消灭，而作为航空器所有人所享有的权利，航空器所有权也因法律事实取得或丧失。就其类型而言，可以引起航空器所有权产生、变更、消灭的法律事实同样包括民事法律行为和法律行为之外的其他法律事实（如事实行为或事件），而合同则构成了民事法律行为的主要类型，同时，基于合同的航空器所有权争议，主要体现为航空器所有权变动争议。在实践中，承运人与制造商之间的航空器采购合同、出让方与受让方之间的航空器资产包转让等，是导致航空器所有权变动的常见因素。此外，随着航空产业的发展，影响合同履约的各种不确定性因素也日趋复杂，由此，因购机协议履行导致的航空器所有权争议近年来也有所增加，包括制造商原因迟延交付、疫情原因迟延接收

---

〔1〕 物权关系尽管本质上是基于人与物之间的关系，并存在所有权的义务主体不特定问题，但基于保护交易秩序的角度，也应仅及于所有权登记公示范围内的主体。

〔2〕 参见［德］罗伯特·霍恩、海因·科茨、汉斯·G·莱塞:《德国民商法导论》，楚建译，中国大百科全书出版社1996年版，第72页。

等，均是基于合同而生的航空器所有权争议的具体体现。

需要指出的是，在学理上，因生产而取得所有权，属于非基于法律行为的物权变动类型之一。[1]譬如，在航空器制造产业中，虽然航空器零部件源自制造商向各供应商的采购，但制造商通过制造行为取得所生产出的航空器的相关权利，可谓航空器权利的原始取得，且该等原始取得系基于《民法典》《民用航空法》的相关规定。对于在此种情况之下航空器物权取得的登记公示问题，本书认为应当根据《民法典》第231条、第232条规定的本意，并依照第225条的规定予以认定。具体而言，在航空器制造产业中，如果不考虑意向订单、适航认证等因素，航空器制造商因生产制造行为取得航空器的所有权，如依物权法法理，属于基于法律行为以外的事实行为而发生物权变动的情形，该等行为自其完成之日起，可以当然取得航空器的所有权。在权利人对航空器进行物权法上的处分之前，权利登记除在物权法层面对航空器所有权人具有特殊意义之外，在航空法特别是适航管理法律制度领域也具有极为重要的作用和功能。此外，当权利人进入到处分阶段时，更应按照《民法典》第225条所规定的登记对抗主义对航空器权利进行认定。

2. 航空器抵押权争议。所谓航空器抵押权，是指债务人在将航空器作为抵押物之后，抵押权人可以根据《民用航空法》《民法典》的相关规定，在债务人不履行债务时，就抵押物卖得价金优先受偿的权利。作为资金密集型行业，航空业内的融资交易和租赁交易广泛存在，无论是承运人直接以航空器抵押担保的方式向债权人申请贷款，抑或是出租人通过贷款向承租人租赁（包括经营性租赁和融资性租赁）航空器，航空器常会被抵押至债权人名下，并办理抵押权登记。作为典型担保的核心模式，航空器抵押权亦为《民用航空法》《民法典》所规范，根据《民用航空法》的规定，设定航空器抵押权，需由抵押权人和抵押人共同向航空器权利登记机关办理抵押权登记，且该等登记采登记对抗主义，在航空器抵押权设定后，未经抵押权人同意，抵押人不得将被抵押航空器转让他人。基于此，航空器抵押权的产生和变更主要基于抵押权人与债务人或第三人之间的合同约定，并通过办理航空器抵押权申请登记和变更登记获取权利证书，进而发生权利变动。需要注意的是，《民法

---

〔1〕 参见王利明等：《民法学》，法律出版社2017年版，第256页。

典》对于航空器这一特殊动产抵押权的生效方式延续了《民用航空法》《物权法》之规定，仍采登记对抗主义，但是对包括航空器在内的抵押财产转让的规则予以了重大变更，于第406条第1款规定："抵押期间，抵押人可以转让抵押财产。当事人另有约定的，按照其约定。抵押财产转让的，抵押权不受影响。"据此，除非当事人之间另以合同等方式约定，抵押人在抵押期间转让抵押财产，毋须再以取得抵押权人的同意为前置要件。

就航空器抵押权争议的具体表现形式而言，既存在一般动产抵押在担保法层面相似的纠纷种类，也存在航空器这一特殊动产在航空法层面的特有问题，前者如抵押权的取得方式、效力范围、受偿次序等，后者如抵押财产的范围、实现条件、与非典型担保的关系等。本书仅就后一种类型的争议举例做相关论述。譬如，在航空器抵押权登记所涉抵押标的物的范围方面，根据《民用航空法》《中华人民共和国民用航空器权利登记条例》（以下简称为《民用航空器权利登记条例》）和相关法律法规，中国民用航空局目前设立的航空器权利登记簿[1]可就航空器权利进行登记，登记时可选择权利延展至航空器的发动机数量，但是在公众查询时，只可显示航空器的注册号和生产序列号，不显示航空器发动机的任何权利状态和任何信息。此外，《民法典》生效后，国务院公布了《国务院关于实施动产和权利担保统一登记的决定》，将原本属于国家市场监督管理总局、中国人民银行等机构的动产抵押登记和应收账款质押登记统合至中国人民银行征信中心动产融资统一登记公示系统，尽管航空器发动机的融资租赁交易亦可办理登记，但此种登记为仅具有债权属性的登记，而非物权登记。综上，由于包括航空器发动机抵押权在内的物权性权利不可单独登记，极易造成备用发动机重复抵押融资、随机发动机被伪造成备用发动机重复融资、未经权利人同意擅自处分发动机等情况的发生，进而导致航空器及航空器发动机权利人对航空器（含发动机）的抵押权和发动机的抵押权产生争议和冲突。

---

〔1〕　根据2017年9月22日公布的《国务院关于取消一批行政许可事项的决定》（国发〔2017〕46号），作为行业主管机关的中国民用航空局对航空器权利登记事项进行了改革与下放，使得原来具有审批属性的航空器权利登记彻底转变为由政府提供的公共服务，明确为民事权利登记，没有准入门槛，仅是对既有交易情况的登记，明确了业界各方的疑问和争论，进而有利于航空器权利登记领域的争议解决。

此外，在现阶段，依照物权法定的规则，结合我国《民用航空法》《民法典》的具体规定，航空器抵押权作为典型担保方式而存在，在规范航空器国际利益的《开普敦公约》及《航空器议定书》中，基于功能主义的立法例，航空器所有权保留协议、航空器租赁协议这两种交易模式均被赋予了与航空器担保协议相类似的担保属性，从而进一步确认了其非典型担保的属性。根据《开普敦公约》，在航空器融资及租赁跨境交易结构下，所有权保留协议中的附条件卖方（Conditional Seller）、租赁协议中的航空器出租人（Lessor）等主体，可就公约第7条所认可的"国际利益"在国际利益电子登记系统进行登记后，即被视为与航空器担保协议中的担保权人（Charger）具有类似的担保权益，公约缔约国有义务按照公约和自身声明，为国际利益持有人提供违约救济和破产救济，以在债务人违约或破产时赋予国际利益持有人明确、高效、充分的救济。

3. 航空器占有权争议。占有，是指对物在事实上的控制。[1]在大陆法系民法史中，占有制度可谓历史悠久，其发端于罗马法中与所有权的分离，历经日耳曼法时期的发展，最终形成现代民法上的一项制度。就立法例而言，大陆法系不同国家对于占有究竟为独立权利类型或仅为事实管领仍存争议，我国在制定《民法通则》之际，仅将占有作为所有权的权能之一予以规定，并未承认其为独立的法律制度；2007年出台的《物权法》规定了占有制度，但并未将其上升至与所有权和他物权并列的权利类型，而是将其作为一种事实状态进行规范；《民法典》在占有制度的设置方面，延续了《物权法》的立法思路，于第458条规定："基于合同关系等产生的占有，有关不动产或者动产的使用、收益、违约责任等，按照合同约定；合同没有约定或者约定不明确的，依照有关法律规定。"

相比之下，在《民法通则》生效后、《物权法》出台之前的《民用航空法》对于占有的立法表达则有所不同。《民用航空法》沿袭了《日内瓦公约》关于航空器权利的立法体例，将"根据租赁期限为六个月以上的租赁合同占有民用航空器的权利"和"通过购买行为取得并占有民用航空器的权利"作为我国法上航空器权利的重要类型之一予以规范。就权利主体而言，相对于

---

〔1〕 参见徐开墅主编：《民商法辞典》（增订版），上海人民出版社2004年版，第151页。

航空器的所有权或抵押权由制造商、租赁公司或银行等融资债权人持有，航空器占有权人则常为航空器采购商或承租人。在航空器买卖及租赁交易中，一方面，对于债权人而言，由于其并不能实际占有航空器来宣示所享有的物权，因此就需要以登记方式来公示所有权或抵押权等权利，进而才能保障其担保利益；另一方面，对于债务人而言，航空器为核心生产工具之一，其以购买、租赁等方式引入航空器的目的在于投入实际客货运输，并需在运营航空器期间确保安全性、提升经济性，在此期间，作为采购商或承租人的航空承运人需排除来自包括债权人在内的各方干扰，故而，继受于《日内瓦公约》的我国《民用航空法》也关注到了这一问题，将由债务人享有的航空器占有权作为航空器权利的重要类型之一予以规制。具体而言，在我国航空法上，航空器占有权可进一步区分为如下两种类型：

（1）根据租赁期限为六个月以上的租赁合同占有民用航空器的权利。此类占有在航空器租赁中多体现为承租人使用、占有和运营飞机的安享权，一般而言，在租赁期内，如果没有承租人违约事件发生并持续等情形，出租人将不会干扰并不会允许任何第三方通过其干扰承租人正常使用、占有和运营飞机。此外，在租赁期内，出租人为飞机融资之目的而在飞机上设立出租人担保权益的，出租人应促使融资方或其指定的代理商向承租人出具安享函，内容也需与出租人关于承租人安享权的承诺一致。但需说明的是，出租人根据租赁合同和其他交易文件的规定正常行使出租人权利的行为不应被视为干扰承租人的安享权。如依大陆法系关于物权界定的标准，此类占有非基于物权而生，其本权属于债权性本权，依债的关系而生，且体现出较强的对抗性。换言之，租赁并不导致航空器物权变动，但依照《日内瓦公约》和我国现行《民用航空法》，在现阶段，基于航空器占有权登记而产生的占有权则在立法层面具有了物权属性。

（2）通过购买行为取得并占有民用航空器的权利。在此类航空器占有权中，航空器买卖合同的具体类型虽未在《民用航空法》中做进一步阐释，但其继受于《日内瓦公约》关于航空器权利中"rights to acquire aircraft by purchase coupled with possession of the aircraft"的表述。[1]有学者认为"通过购买

---

〔1〕 参见《日内瓦公约》第1条。

结合占有获得飞机的权利"主要对应盛行于美国设备融资交易中的租售和附条件买卖交易,其核心在于规范此类交易中买方对飞机所持有的财产权。[1]在我国,无论是航空器所有权保留交易中买受人的占有,抑或是融资租赁(包括售后回租)交易中承租人的占有,[2]均是"通过购买行为取得并占有民用航空器的权利"的具体体现,且无论是前一交易结构中买受人要求条件成就之时获得航空器的权利,或是后一交易结构中承租人的购机选择权,均包含了期待获得航空器所有权的请求主张,是为物权性本权。

总体而言,我国《民用航空法》已然赋予了航空器占有权的制度空间,围绕航空器占有权而衍生的各种争议也同样具有了存在的土壤,并至少在占有权的生成、登记、对抗效力等多方面均有所体现。

4. 航空器融资租赁争议。在航空交易活动的早期,买卖、担保、租赁构成了航空器物权变动的主要方式。此后,作为金融创新的成果,融资租赁以其成本相对低廉、手续简便、方式灵活以及安全度高等比较优势而为国际贸易业所青睐,且历经数十年的发展和变迁,逐渐发展成为与商业贷款、证券融资等并驾齐驱的主要融资方式,在世界范围的经济活动中被广泛运用。进而,在航空器融资租赁交易中,由于航空器标的物的特殊性,结合融资租赁集融资、融物于一体的重要优势,航空器融资租赁成为航空产业资金融通的一种极为重要的方式。

就学理角度而言,对于航空器融资租赁争议究竟应划归至绝对权领域抑或是相对权领域,其分析基础仍无法脱离对融资租赁法律属性的界定。数年来,学术理论界以"排除法"作为重要分析工具,分别排除了融资租赁与分期付款买卖、一般租赁、金钱消费借贷、动产担保交易等交易行为的区别;[3]在此基础上,有学者通过论证融资租赁作为一种新型民事法律关系所具有的独特属

---

〔1〕 参见于丹:《飞机租赁交易的私法问题研究》,法律出版社 2019 年版,第 47 页。

〔2〕 就融资租赁交易结构项下承租人所享有航空器占有权的归类而言,本书将其归入"通过购买行为取得并占有民用航空器的权利"这一类型,原因在于租赁期末航空器所有权的归属存有不同,经营性租赁中航空器常于租赁期末返还给出租人,融资租赁中航空器所有权则往往最终由航空器承租人取得,尽管此时由承租人支付的价格常为名义价格。

〔3〕 参见梁慧星:"融资性租赁契约法性质论",载《法学研究》1992 年第 4 期;高圣平、乐沸涛:《融资租赁登记与取回权》,当代中国出版社 2007 年版,第 7~10 页。

性，提出有名合同说〔1〕、信用关系说〔2〕、实质功能认定说〔3〕等观点；亦有学者从分析方法角度进行反思论证，〔4〕这均为我国的经济法律制度对融资租赁的属性作出界定在一定程度上扫除了障碍。由此不难发现，对融资租赁法律属性的不同认识，充分反映了融资租赁交易的综合性、复杂性等特质。本书认为，融资租赁的法律属性与融资租赁的法律形式是两个不同的概念，无论融资租赁在法律层面被认定为何种属性，但仅就其法律形式而言，则表现为合同，换言之，融资租赁合同作为融资租赁的法律形式而存在，而非其法律属性。此外，直接赋予融资租赁交易以"融资租赁"之法律属性较为妥当，究其原因，一方面，在大陆法系立法思维体系之下，融资租赁依托于标的物所有权与使用权的分离，立足于买卖合同与租赁合同的集合，以平衡融资与融物功能为价值最大化，以兼顾金融与贸易为制度绩效之所在，是在多重法律关系基础之上的交易创新，在法理和实践等多个层面已具有典型的特质，进而应赋予其独特的法律属性；另一方面，无论是立法抑或是司法实践，对于独立存在的"融资租赁法律关系"均持客观认定其存在的态度。

在司法实务中，虽然包括航空器这一特殊标的物在内的融资租赁争议常被归入融资租赁合同纠纷这一类型，但仅就作为具有可仲裁属性的一种重要类型的航空财产权益争议而言，航空器融资租赁交易的发生往往伴随着航空

---

〔1〕　参见魏青松："融资租赁中的侵权行为责任——兼论融资租赁的法律性质"，载《云南法学》1996 年第 3 期；黄桂琴、李慧英："融资租赁的法律性质与形式"，载《河北学刊》2010 年第 2 期；高圣平、王思源："论融资租赁交易的法律构造"，载《法律科学（西北政法大学学报）》2013 年第 1 期。

〔2〕　参见马丽娟主编：《信托与融资租赁》，首都经济贸易大学出版社 2008 年版，第 272 页；刘敬东：《国际融资租赁交易中的法律问题》，中国人民公安大学出版社 2002 年版，第 51~60 页。

〔3〕　参见金海："判定融资租赁法律性质的经济实质分析法——以承租人破产时租赁物归属为例"，载《华东政法大学学报》2013 年第 2 期。

〔4〕　近年来，许多学者对认定融资租赁的分析方法也予以了反思论证。比如，有学者以承租人破产时租赁物归属为例，提出判定融资租赁法律性质应采取经济实质分析法，参见金海："判定融资租赁法律性质的经济实质分析法——以承租人破产时租赁物归属为例"，载《华东政法大学学报》2013 年第 2 期。此外，2014 年《最高人民法院关于审理融资租赁合同纠纷案件适用法律问题的解释》生效后，在司法解释是否应当将租赁物作为认定融资租赁合同关系的依据方面，有学者认为，即使现行法律法规未对融资租赁合同的租赁物作出限定，能否将无体物、权利作为租赁的标的物，也仍有探讨的余地，而不当然构成一项符合法律规定的融资租赁合同关系，参见雷继平、原爽、李志刚："交易实践与司法回应：融资租赁合同若干法律问题——《最高人民法院关于审理融资租赁合同纠纷案件适用法律问题的解释》解读"，载《法律适用》2014 年第 4 期。

器权利的变动，特别是《民法典》进一步扩大了担保合同的范围，明确了融资租赁的担保功能，并将其与保理、所有权保留等均纳入非典型担保的体系。基于此，从争议类型化的学术视角区分，本书将其归入与航空器权利争议相关的绝对权争议的序列。

（二）航空领域的债权争议

合同作为经济社会发展中促进交易的主要工具，在社会生活中最为重要且最为普遍，在航空领域的债权争议中，合同争议亦为其主要形态。其中，根据民法学说中负担行为与处分行为相分离理论，又可将合同类型区分为仅包含负担行为的合同和既包含负担行为又包含处分行为的合同，前者以提供服务类合同为主，后者以财产转移类合同为主。根据绝对权和相对权的区分标准，财产转移类合同主要涉及航空领域的物权争议、知识产权争议、基于有价证券和其他特定客体的权利争议，而承揽合同、建设工程合同、运输合同、保管合同、仓储合同、委托合同、行纪合同、居间合同等为提供服务类合同的典型代表。[1]需说明的是，就学理角度而言，本书尽管认同民法理论中负担行为与处分行为相分离理论的重要意义，但基于仲裁协议/仲裁条款效力认定的角度考量，对于既包含负担行为又包含处分行为的合同，并不建议按照可仲裁性理论再将其涉及的"合同纠纷"拆分为仅涉及处分行为本身的纠纷和不含处分行为的负担行为纠纷，而应将此类纠纷统一视为包含处分行为的负担行为纠纷。

在仲裁法上，商事合同争议是商事仲裁机制的重要乃至核心适用领域，是商行为这一抽象化概念在争议解决阶段的具体表现。在航空领域的债权争议中，由于航空制造商、承运人、金融机构、代理商、油料商等商事主体的广泛存在和深度参与，从而使航空领域的合同呈现出了典型的商事合同色彩，航空领域的债权争议也主要表现为航空商事合同争议。

1. 航空商事合同争议的分类。探讨航空商事合同争议的分类，对于判断航空领域不同类型债权争议的可仲裁性具有重要意义。航空业具有为社会提供公共航空运输服务的职能，但在为实现这一目标所达成的各类交易中，不同角色的市场参与者却有着迥异的交易方式，根据商事法的基本原则和航空

---

〔1〕 参见王利明等：《民法学》，法律出版社 2017 年版，第 702 页。

法的特有属性，结合市场主体之间是否通过单独磋商达成交易的标准，航空领域的商事合同争议可区分为个别磋商型争议和定型化交易型争议。

（1）个别磋商型航空商事合同争议。在航空运输中，出于交易效率和操作便利化的考量，身处最前端的航空承运人与旅客之间较难以个别磋商的方式达成交易，在实际承运时，旅客也基本不和运输环节中其他各类保障主体直接接触，从而会产生航空运输合同相对性异化的特征。然而，对于以提供公共航空承运服务为主营业务的承运人而言，基于生产经营中各个环节的不同考量因素，其在与产业结构中包括航空器制造商、租赁商、油料商、器材商、维修商、金融服务提供商、票务代理商、航空食品提供商、信息技术服务商、机场等在内的其他商事主体寻求交易机会时，则必须以个别磋商的方式进行谈判。

商事争议是商事行为由合作博弈向非合作博弈转化之后的形态，对于个别磋商型航空商事合同争议而言尤其如此。基于不同的交易主体和交易内容，个别磋商型航空商事合同争议可具体表现为航空商事买卖、制造、维修、金融、地面服务、运价、代理、居间等多种争议类型。一方面，个别磋商型航空商事合同争议以商事主体之间达成个性化的合同为载体，故而仲裁机制的引入在双方达成仲裁合意这一基本要件方面没有法律障碍；另一方面，航空产业的市场结构较为特殊，技术（如制造和维修能力）、能源（如航空油料）、特定场所（如机场柜台）、特定行业许可（如培训）等因素常使产业链条中的商事主体具有一定的行业壁垒，进而也增加了商事主体之间的人合性，这也对极具私密性特征的仲裁机制在个别磋商型争议中发挥作用提供了天然条件。由此，个别磋商型航空商事合同争议也成为航空仲裁机制最宜发挥作用的领域。

（2）定型化交易型航空商事合同争议。与个别磋商型航空商事合同争议相比，基于航空运输业大众出行的社会化属性，格式合同在交易过程中被广泛使用，特别是随着"互联网+"对航空产业的深度嵌入，传统合同的纸面化形式几乎为电子化载体全面取代，相应地，以航空电子商务为主要表现形式的定型化交易型航空商事合同争议大量增多，进而使得该领域中仲裁机制的适用与个别磋商型航空商事合同争议有较大区别。具体而言，航空电子商务争议的特殊性在合同主体、合同效力、纠纷类型等方面均有所体现。

第一，合同主体方面。在电子商务生态模式中，除电子商务交易者之外，还存在电子商务服务者、电子商务认证机构以及电子商务监管者等不同主体和参与者，加之网络社会的虚拟特征，使各类主体的身份、交易场所、交易权限均呈现数字化、虚拟化状态，进而为建立在物化形态上的商事主体管理模式带来挑战。一方面，对于除电子商务交易的直接相对方可按商主体中的不同标准（包括行为、职业、营业、技能、注册等特征及组织形态等）进行归类区分外，对于电子商务服务者、认证机构以及监管者是否可以归入商主体范畴，值得探讨；另一方面，基于网络的虚拟性，电子商务交易中真实主体的合法性、适格性往往较难为法律和交易相对人所确认。加之跨国界、跨地区交易的情况在航空电子商务领域大量存在，这也为商法上商主体理论及其在航空领域的定型化交易实践带来了事实认定与法律适用等方面的冲击。

第二，合同效力方面。电子商务行为依赖于网络平台完成交易，电子合同是电子商务的基础和核心，并在订立方式和表现形式上有别于纸面化的合同订立方式。在交易过程中，电子商务行为并未脱离传统商法所规制的要约与承诺、给付、交互计算等行为，因此传统商法的商行为制度在基础买卖模式的规范方面仍然适用于电子商务行为，但是，电子商务行为依托于电子技术和网络交易的数字化和虚拟性，在电子合同的法律地位、EDI 电文的效力、电子签字认证、电子合同的成立与生效、电子支付以及电子合同的履约与违约等方面都显示出了新的特征，为传统商行为理论以及合同、仲裁等法律制度的适用带来了新课题。依照合同法原理，在航空运输领域，旅客基于航空电商平台与承运人达成电子形式的运输合同，即与承运人构成了合同相对人的法律关系，承运人同时具有了按照合同条款将旅客运输至目的地的义务，如有违反，应当依照双方签订的电子合同的相关内容承担违约责任。如在此类电子化格式合同中引入仲裁机制，基于当事人合意的仲裁条款不可或缺，但这却是一个技术没有障碍、法律无法解答的难题，这为航空仲裁机制在定型化契约中的适用提出了全新挑战。

第三，纠纷类型方面。航空领域的定型化交易中，电子商务虽为交易载体，但与航空旅客运输合同的范畴并不完全一致，这也就决定了纠纷类型的多元化。在实践中，此类争议不仅仅由运输合同引发，常常也会因商品销售、积分兑换等非运输类航空电子交易活动而起，进而常常涉及广告、价格、知识产权、数据合规、残疾人权益保护等方面的争议；在纠纷发生途径方面，不仅包括电脑端官网，也包含手机 APP、微信公众号、微博等多种虚拟网络传播途径。在不考虑商事合同因素的前提下，侵权也是纠纷产生的重要诱因，在此情况下，仲裁协议事前达成的空间也非常有限。

总体而言，在定型化交易型航空商事合同争议中，航空电子商务争议无疑最具代表性。对于这一领域中仲裁机制的引入，既要结合定型化契约和电子商务行为的个性化特征提出需求，更需以合同、仲裁等基础性法律规范的根本原则为分析工具，在满足法理自洽性的前提下，探索出仲裁机制规范化适用的路径。基于这一考量，专业化、独立性航空仲裁机制的出现，或许能在一定程度上缓解甚至改变目前的难题。

2. 航空商事合同争议的可仲裁性及其初步展望。学理上，以航空商事合同争议为主要表现形态的债权争议的可仲裁性似乎是不证自明的。仅就航空领域而言，本书认为，我国航空仲裁机制的主要作用域应以航空商事合同争议为基准。原因在于：

其一，航空商事行为多以商事合同形式体现。大陆法系民商分立观点认为，如果说民法是简单商品经济体系反映于私法而形成的"低级齿轮"的话，商法则作为发达商品经济之于私法体系的"高级齿轮"而存在。[1]诚如我国清代学者郑观应关于"商理极深，商务极博，商心极密，商情极幻"[2]的描述，在现代市场经济体系之下，"商"的语境更加侧重于商业"交易"和"买卖"的经济属性和法律本质，而商事合同则是其核心体现。由于合同法被视为合理界定商业风险、实现社会财富优化配置的法律手段，正常情况之下合同当事人的自由合意与依约履约因符合各方预期而被认为是有效率的，因此，只有通过合同交易的方式才能实现资源的优化配置，保障资源的最有效利用，进而实现社会效益最大化。由此，对于以航空商事合同/航空商事交易为前提性概念的航空商事争议而言，无疑应构成仲裁机制的主

---

〔1〕 根据法国历史学家费尔南·布罗代尔（Fernand Braudel）的观点，并存于同一经济形态下的高度发达的商品经济和简单商品经济可以被形象地比喻为经济的"高级齿轮"和"低级齿轮"，进而，在法律制度层次上，两者也有不同的反映和要求。转引自顾功耘主编：《商法教程》，上海人民出版社、北京大学出版社 2006 年版，第 15 页。

〔2〕 参见夏东元编：《郑观应集·盛世危言》（下），中华书局 2013 年版，第 381 页。

要作用域。

其二，航空商事争议多以商事违约形式体现。大陆法系传统债法理论认为，债权的性质为财产权，体现着一定的财产利益，并且债权人的利益往往需要通过给付效果才能实现。同时，由债的关系的特定化所决定，债权的内容也是特定的，即债权自成立之时起，其内容即已确定，债权人只能就确定的事项、确定的范围享有和行使权利。正是由于债权具有特定性的色彩，实际履行原则在合同法体系中便成为违约救济时的首选。因此，在保护交易被视为合同法基本原则之一的情况下，有悖于增进交易目标的违约行为一旦发生，违约一方即需因违反合同所规定的义务而承担相应的违约责任，这也构成了仲裁机制适用于航空商事争议的主要形态。

由此，我国独立航空仲裁机制的产生基础在于商事争议与航空商事行为的有机结合，故而基本适用范畴在于航空商事争议。但需注意的是，航空商事争议构成了航空仲裁机制适用的主要领域，且传统商事争议的理论学说已较为成熟，适用于航空商事争议的障碍较小，但这并不意味着航空商事争议领域在引入仲裁机制方面的天然合理性。基于航空产业的跨国性特征，航空法亦呈现出了规则趋同性色彩，各项规则的国际化因素与我国大陆法系立法传统在若干领域尚存有一定的冲突和抵触，在此背景下，更应对航空仲裁领域相关理论做进一步的深入挖掘、分析与求证，清晰厘定独立航空仲裁机制的逻辑体系，方能为其科学地适用于包括航空商事合同争议在内的相关争议提供学理层面的智力支持。

（三）航空领域的知识产权争议

航空领域的知识产权既具有传统知识产权法领域的特征，也具有航空法领域的独特色彩。近年来，知识产权的可仲裁性问题日益受到重视，在仲裁实践中，对不同种类权利客体的认定方式和结果也有较大差异，如关于专利权、商标权效力争议的可仲裁性就被绝大多数国家否定，但亦有瑞士、比利时等少数国家承认仲裁庭对此问题裁决的效力。就航空领域知识产权纠纷是否具有可仲裁性，学者亦有所探讨，有学者认为，航空知识产权是公民或法人等主体依据法律的规定，对其从事航空航天智力创作或创新活动所产生的知识产品所享有的专有权利，又称为"航空智力成果权"，并就航空知识产权纠纷的可仲裁性予以探讨，[1]不失为是对论证航空产业细分领域争议事项可仲裁性问题所作的有益尝试。

作为一种无形财产权，知识产权包含了创造性成果权、经营性标记权、经营性资信权，并以此区别于有形财产所有权而存在。[2]与其他产业中的知识产权相似，航空领域的知识产权亦属于航空财产权益的重要内容之一，并因是否基于航空器这一载体而可做进一步区分。特别是在互联网时代，结合航空产业高频次、大众化的消费特征，以及航空领域各种海量数据信息的存在，航空知识产权及其纠纷呈现出了有别于传统领域的显著特征，包括数据信息的易得性、侵权途径的多样性、侵权成本的廉价性、侵权应对的滞后性等，均对航空知识产权的规范与保护提出了全新的挑战。就其表现形式而言，《民法典》等民事法律与知识产权类法律体系中所规定的作品、发明、实用新型、外观设计、商标、商业秘密等权利客体，在航空领域的知识产权争议中亦不同程度地存在。除了权利的类型或内容之外，关于航空领域知识产权争议的可仲裁性，也需结合争议的产生原因，即是基于合同还是因侵权而引起，对于后者，本书后文也将试析之。

（四）航空领域基于其他特定客体的权利争议

随着经济社会的发展，以有价证券和其他特定客体为代表的新型权利形态日渐增多，前者如股票、债券等，后者如个人信息等，大都无法为传统大陆法系中物债两分的财产权体系架构所涵盖，此类权利争议在航空领域亦广泛存在。

1. 基于有价证券的权利争议。有价证券是指设定并证明持券人有权取得一定财产权利的书面凭证。依不同的分类标准，可对有价证券予以不同的区分，一般而言，依有价证券所设定财产权利的性质不同，有价证券可分为股权性有价证券（如股票）、物权性有价证券（如提单、仓单）、债权性有价证券（如债券、汇票、本票、支票）等。随着现代经济社会的发展，一方面，以民事法律关系为分析工具，有价证券可以归属于特定客体类型之一，其中《民法典》亦将投资性权利作为与股权并列的重要权利类型之一；另一方面，以商事交易结构为实践标准，有价证券作为一种重要的商事乃至金融产品而

---

〔1〕　参见李乾贵、郑圃君："航空知识产权纠纷可仲裁性探讨"，载《北京航空航天大学学报（社会科学版）》2012年第4期。

〔2〕　参见吴汉东主编：《知识产权法》，法律出版社2014年版，第11页。

存在，故此具有相通性。

在航空争议解决领域，有价证券类航空争议亦大量存在，且应被视为航空金融商事争议的类型之一。近年来，随着我国航空产业的快速发展，产业金融的规模愈发强大，其融入航空领域的态势愈发明显。与传统航空争议有所不同的是，航空金融领域的争议不仅体现出航空争议的固有特征，更呈现出了金融产业的个性化色彩，且这种个性化色彩并不被已有立法所重点规范，部分领域尚属立法空白，这也为独立性、专业化航空仲裁机制的引入与适用提出了更高的要求。

总体而言，对于以航空金融争议为代表的商事争端而言，航空仲裁机制的介入可以提供一种灵活性、便利化且更为专业的解决方案。当然，仲裁介入的前提不仅仅在于争议的可仲裁性和独特性，更在于当事人仲裁的合意、专业化航空仲裁机构之间的制度竞争、对航空仲裁争议解决法律适用的有效把握等。从理论分析和实际案例来看，如果说仲裁的私密性、专业性为航空金融商事争议的适用提供了可能性前提的话，仲裁在实际落地过程中所面临的各种问题则体现出了仲裁适用的复杂性。无论如何，理论界和实务界都在通过各种努力来进一步推动仲裁理念在行业内的普及，包括上海国际航空仲裁院适时发布的《飞机融资租赁协议示范文本（征求意见稿）》等举措，均对仲裁机制在航空金融商事争议解决中的实际落地方面起到了积极的作用。

2. 基于新型客体类型的权利争议。除物、行为、智力成果、有价证券之外，近年来，许多新型的客体类型不断涌现，其中，涉及财产性权利的客体主要包括权利、数据、网络虚拟财产等。对于权利是否可以构成民事法律关系的客体，理论界虽有争议，但在法有明文规定的情况下，应当将其纳入民商事法律关系客体的范畴。对此，《民法典》设置了兜底性条款，以保障民事主体享有法律规定的其他民事权利和利益。在航空领域中，法定的、可以转让的财产性权利，亦可构成航空财产关系的客体之一，如航空器租赁关系中，出租人对承租人享有的以租金支付为主要内容的应收账款即可作为标的质押给融资方，从而形成权利质权。

此外，数据、商业积分等作为航空领域的重要生产要素之一，日益为业界所关注。在数据领域，近年来国内外立法给予了广泛的重视，包括我国《民法典》、欧盟《通用数据保护条例》在内的相关规范性文件，对于航空等数据密集型产业的合规体系建设都提出了全新的挑战，就数据的权利属性而言，除涉及人身权之外的财产性数据信息作为新型权利客体已是常态；同时，商业积分作为航空领域常旅客计划的重要表现方式，早已成为产业链条上存在的一种商业生态，航空积分因其所蕴含的较高财产价值，已成为航空承运人、航空电商平台、平台入驻商户、积分拥有者等多个法律主体间发生关联的重要载体。对于因此类新型客体而生的财产权益争议，亦应当被视为具有可仲裁性。

同样地，对于基于有价证券和其他新型客体类型的航空争议的可仲裁性，不仅需考量各类客体的类型或内容，也需结合争议的产生原因，即是基于合同还是因侵权而引起，对于后者，本书后文也将试析之。

第三节　基于侵权/法定事由的航空财产权益争议

一、"基于侵权/法定事由的航空财产权益争议"的可仲裁性

除合同型财产权益争议之外，实践中还存在大量的非合同型财产权益争议，对于此类争议的构成究竟为何、是否属于《仲裁法》所规定的"其他财产权益纠纷"等问题，仲裁法理论和实务界多有探讨。本书认为，在航空仲裁中，就可仲裁性航空财产权益争议而言，除基于合同的航空财产权益争议之外，尚存在基于侵权的航空财产权益争议、基于法定事由的航空财产权益争议两种主要类型，亦可称之为非合同型航空财产权益争议。在可仲裁性航空争议的解决领域，基于侵权的航空财产权益争议和基于法定事由的航空财产权益争议，构成了除基于合同的航空财产权益争议之外的主要类型。就其可仲裁性而言，主要源于如下理由：

（一）源于民事法律事实的构成

在我国仲裁法理论中，财产权益争议与民事法律关系理论密切相关。所谓民事法律关系，指民法所确认的具有民事权利和民事义务内容的具体社会关系，它是一定的财产关系、人身关系在法律上的表现，由主体（当事人）、内容（权利和义务）及客体（权利义务的具体指向对象）三部分组成。[1]由

---

〔1〕　参见徐开墅主编：《民商法辞典》（增订版），上海人民出版社2004年版，第195页。

此可知，在仲裁法领域，财产权益争议实质上是关于财产性民事法律关系内容的争议，并指向物、行为、智力成果等财产权益的客体。包括财产关系在内，民事法律关系的发生、变更与消灭，均基于民事法律事实引起，换言之，所谓民事法律事实，是发生民事法律现象的原因，[1]亦即为民事法律规范所规定的能够产生民事法律后果的客观事实。就其构成而言，民事法律事实包括自然事实和行为，其中，合同等民事法律行为构成了民事法律关系变动的主要原因，但除合同之外，当事方之间还可因其他类型的民事法律事实而发生财产权益争议，这也对包括航空财产权益争议在内的可仲裁性争议的类型化具有重要的指导意义（参见表3）。

表3：民事法律事实的类型划分

民事法律事实	自然事实	事件		如人的出生/死亡、天然孳息的分离等
		状态		如时间的经过、战争的持续等
	行为	合法行为	民事法律行为	如合同、遗嘱等
			准民事法律行为	包括意思通知、观念通知、感情表示等三种类型
			事实行为	如先占、加工、添附、拾得遗失物等
		不法行为		如侵权行为等
		其他行为		如防卫过当、避险过当等

备注：关于民事法律事实的分类，学术界仍持有不同观点，包括事件与状态是否应当进行区分、是否存在违法的事实行为、不法行为是否属于事实行为等；[2]此外，有学者将准民事法律行为区分为意思通知、观念通知、感情表示等三种类型，[3]可兹借鉴。

在现代社会中，就经济领域的财产纠纷而言，除违约导致的合同纠纷之

---

〔1〕 参见胡长清：《中国民法总论》，中国政法大学出版社1997年版，第180页。
〔2〕 参见魏振瀛主编：《民法》，北京大学出版社、高等教育出版社2010年版，第36页；梁慧星：《民法总论》，法律出版社2001年版，第61~62页；王利明等：《民法学》，法律出版社2017年版，第41页。
〔3〕 参见王泽鉴：《民法总则》（增订版），中国政法大学出版社2001年版，第257页。

外，侵权构成了纠纷的主要成因。诚如学者所言："现代社会中大量的纠纷都可以归结为侵权问题，众多纠纷如潮水般涌向侵权法"〔1〕，这一现实状况也为基于侵权的财产权益争议通过仲裁途径解决提供了实际需求。我国《仲裁法》在规定争议事项的可仲裁性方面，将"其他财产权益纠纷"作为与"合同纠纷"相并列的类型予以规范，就其功能而言，一方面具有解释和限定作用，亦即将"合同纠纷"限定于合同领域的财产性纠纷，从而排除了涉人身法律关系纠纷对仲裁机制的适用；另一方面具有补充作用，即除了将基于合同引起的财产权益争议作为可仲裁性争议事项类型之一外，还对包括侵权行为在内的非因合同引起的财产权益争议的可仲裁性进行了总括性规定。这一规定既与大陆法系民法理论中关于民事法律行为、以侵权行为为主要代表的不法行为等制度在民事法律事实理论体系中的位次相契合，也与大陆法系侵权法理论和实践的发展脉络及未来趋势相呼应。

民事法律事实的构成理论和侵权行为的发展实践对于航空领域争议事项的类型化区分同样具有极为重要的意义。就航空领域的财产权益争议而言，除了合同型争议之外，侵权引起的航空财产权益争议也是一种主要的类型：一方面，在航空领域的绝对权体系中，除了因合同纠纷引发的权利争议之外，包括航空器这一特定标的物以及航空领域的其他客体在内的相关财产权益也是侵权法保护的重要对象，前者如实践中惯常存在的航空器之间因碰擦致损，以及因旅客原因（如误放滑梯、向发动机内投掷硬币等）致损等，后者如航空知识产权侵权、非民事登记型航空辅助设备设施侵权等，均应被认定为具有可仲裁性；另一方面，在航空领域的相对权体系中，虽然违约引起的财产争议天然具有可仲裁性，但也存在着侵权的可能性，特别是在航空旅客运输法律关系中，存在着侵权与违约的竞合，包括我国《民用航空法》和《蒙特利尔公约》在内的规范性文件，均规定不论基于何种诉求，有权起诉方均可（依照一定的条件和赔偿限额）主张其合法权益。

除了基于侵权的航空财产权益之外，应当承认基于法定事由的航空财产权益争议也具有可仲裁性，这主要是指航空器优先权争议和航空器留置权争议。诚如前文所述，航空器优先权为航空器权利的类型之一，但与航空器所

---

〔1〕　王利明：《侵权行为法研究》（上卷），中国人民大学出版社 2004 年版，第 152 页。

有权、抵押权、占有权等权利类型相比，航空器优先权争议并非基于合同而生，而是基于法定事由而生。此外，航空法学界对于航空器留置权是否应当归属于航空器权利体系也多有探讨，就其生成方式而言，亦具有法定性。对于这两类争议的仲裁适用问题，本书后续亦将予以论述。

（二）源于我国的"商事保留"声明

如前文所述，我国于 1986 年 12 月 2 日正式加入《纽约公约》的同时，明确作出了"互惠保留"和"商事保留"等两项声明，其中，第六届全国人民代表大会常务委员会在"商事保留"声明中率先将商事争议区分为"契约性和非契约性商事法律关系所引起的争议"，此后不久，最高院进一步对何为"契约性和非契约性商事法律关系"予以了界定，明确指出包括"侵权或者根据有关法律规定而产生的经济上的权利义务关系"在内的、诸如"产品责任、环境污染、海上事故和所有权争议"等类型争议均可归于"非契约性商事法律关系"的范畴。尽管我国加入《纽约公约》时所作的"商事保留"声明主要针对外国仲裁裁决在我国国内的承认与执行，但其对于我国《仲裁法》上可仲裁性财产权益争议的解释与适用无疑具有重要的参考意义，并同样适用于航空财产权益争议领域。

二、"基于侵权的航空财产权益争议"的类型构成

基于侵权的航空财产权益争议，系航空侵权争议中涉及财产部分的争议。在我国民法理论和制度体系中，侵权责任法的保护范围非常广泛，既包括权利（人身权利、财产权利），也包括利益（人身利益、财产利益）；就其保护对象而言，物权、人格权、知识产权等绝对权为首要保护对象，此外，对于相对权以及人身利益、财产利益也给予一定程度的保护，使之免受特定的侵害。[1]据此，如对航空争议领域的侵权案件适用仲裁机制，需满足如下条件：首先，基于侵权法的维度，该等争议主要存在于绝对权范畴内；其次，基于仲裁法的维度，该等争议主要存在于财产权益范畴内；最后，基于航空法的维度，该等争议可进一步区分为是否涉及航空器这一特定物。从实体法角度，在我国《民用航空法》中，因飞行中的民用航空器或者从飞行中的民用航空

---

〔1〕 参见程啸：《侵权责任法》，法律出版社 2021 年版，第 139 页。

器上落下的人或者物，造成地（水）面上的人身伤亡或者财产损害的，受害人有权获得赔偿，是为对地（水）面第三人损害的赔偿责任，并作为航空器侵权领域的特别法而存在；在我国《民法典》侵权责任编中，航空器损害责任被作为高度危险责任的类型之一进行规范，属于特殊侵权责任的范畴。据此，在仲裁机制适用于基于侵权的航空财产权益争议时，该等财产权益争议的类型构成亦可依照侵权责任法关于侵权行为的划分标准，区分为航空领域的一般侵权行为和特殊侵权行为，前者主要以过错责任进行归责，后者则主要适用无过错责任和过错推定责任予以归责，且需有《民法典》《民用航空法》及其他特殊法的明文规定，否则仍应归属于航空领域的一般侵权行为类型。[1]据此，本书重点围绕航空领域的特殊侵权责任的类型构成进行论证。

就航空领域的特殊侵权责任而言，理论界并无统一的称谓，不同的学者基于各自的视角进行了相应的归纳和概括，如航空侵权责任[2]、航空器致害责任[3]等。就其具体构成而言，学者也给予了不同的分类，有学者将航空侵权行为主要区分为因航空器碰撞所致的侵权行为、因航空器事故致旅客死伤或物品毁损的侵权行为、航空器对地（水）面第三人的侵权行为等三种类型；[4]有学者认为发生在航空器内部的侵权行为（如旅客之间或旅客和乘务人员之间发生的殴打、侮辱、性侵犯等行为）也应构成航空侵权的一种类型；[5]也有学者将航空侵权行为区分为航空运输乘客人身/财产损害行为、飞行中的航

---

〔1〕 需要指出的是，在航空侵权争议特别是飞行中的航空器侵权争议中，航空器常因其高速运行的物理特征而导致人身伤害乃至死亡的灾难性后果，就此类争议的可仲裁性而言，尽管也常涉及财产权益争议，但有鉴于人身伤亡的不可仲裁性，相关的财产权益争议也不具有可仲裁性。但从论证仅涉及财产权益争议的航空侵权行为角度出发，依据现有法律法规对这一争议类型的具体化表现形式进行研判，仍属必要。

〔2〕 参见林燕平："民用航空侵权的法律适用及《蒙特利尔公约》对中国的影响"，载《华东政法学院学报》2006 年第 6 期；朱子勤："论国际航空侵权行为的法律适用"，载《行政与法（吉林省行政学院学报）》2006 年第 12 期；王瀚、孙玉超："国际航空运输领域侵权行为法律适用问题研究"，载《河南省政法管理干部学院学报》2006 年第 1 期。

〔3〕 参见周友军："论侵权法上的民用航空器致害责任"，载《北京航空航天大学学报（社会科学版）》2010 年第 5 期；郝秀辉："航空器致第三人损害的侵权责任研究"，吉林大学 2009 年博士学位论文。

〔4〕 参见林燕平："民用航空侵权的法律适用及《蒙特利尔公约》对中国的影响"，载《华东政法学院学报》2006 年第 6 期。

〔5〕 参见朱子勤："国际航空运输关系法律适用问题研究"，中国政法大学 2006 年博士学位论文。

空器对地（水）面第三人的损害以及航空环境侵权行为、航空器碰撞侵权行为、航空产品侵权行为、政府部门对航空活动管理过程中的作为或不作为所致的侵权行为等；[1]此外，随着我国航空制造技术的突飞猛进，近年来，关于航空器产品责任的相关研究也日渐深入。[2]本书认为，根据《民法典》《民用航空法》等现行法律法规的规定，在现阶段，航空领域的特殊侵权责任应当主要包括如下类型：

（一）航空器对运输的旅客、货物造成损害时的侵权责任

1. 侵权责任的构成要件。在我国国内航空运输中，航空运输领域的侵权责任可以区分为航空运输领域的旅客人身伤亡以及随身携带物品和行李赔偿责任、货物灭损赔偿责任、延误赔偿责任等，并分别规定于《民用航空法》第 124 条、第 125 条、第 126 条。其中，第 124 条规定的旅客人身伤亡赔偿责任，因不属于航空仲裁的适用范围，在此不再赘述。

《民用航空法》第 125 条区分航空旅客运输和航空货物运输两种不同类型，分别规定了旅客随身携带物品/托运行李毁损、货物损毁赔偿责任的具体构成要件，主要涉及致损原因、责任对象、责任范围、责任期间、免责事由等。对于这一仅涉及旅客、货主财产权益的争议类型，应当认为其具有可仲裁性（参见表 4）。

表 4：航空运输领域的随身携带物品/托运行李、货物灭损赔偿责任

航空运输类型	客体类型	责任期间	致损原因	损害后果	承运人免责事由
航空旅客运输	随身携带物品	民用航空器上	事件	毁灭、遗失或者损坏的	由于行李本身的自然属性、质量或者缺陷造成的毁灭、遗失或者损坏
		旅客上、下民用航空器过程中			
	托运行李	航空运输期间	事件	毁灭、遗失或者损坏的	

---

〔1〕 参见叶乃锋："国际航空侵权责任研究"，西南政法大学 2007 年博士学位论文。

〔2〕 参见朱子勤、冯舸："航空产品责任诉讼初探——以美国立法与司法实践为视角"，载《北京航空航天大学学报（社会科学版）》2014 年第 5 期；张超汉："航空产品责任论要"，载《甘肃社会科学》2016 年第 4 期。

续表

航空运输类型	客体类型	责任期间	致损原因	损害后果	承运人免责事由
航空货物运输	货物	航空运输期间	事件	毁灭、遗失或者损坏的	1. 货物本身的自然属性、质量或者缺陷； 2. 承运人或者其受雇人、代理人以外的人包装货物的，货物包装不良； 3. 战争或者武装冲突； 4. 政府有关部门实施的与货物入境、出境或者过境有关的行为。

备注：（1）关于责任期间：①"民用航空器上"，是指旅客在登机后直至其下飞机的期间；②"旅客上、下航空器过程中"，包括旅客"上航空器的过程"（the Operation of Embarking）和"下航空器的过程"（the Operation of Disembarking），其中"上航空器的过程"指旅客办理登机手续后进入民用航空器之前因登机活动而处于承运人照管之下的期间，"下航空器的过程"指旅客走出民用航空器后到达民用机场建筑的安全地带前因下机活动而处于承运人照管之下的期间；③"航空运输期间"是指在机场内、民用航空器上或者机场外降落的任何地点，托运行李、货物处于承运人掌管之下的全部期间。

（2）关于"事件"（Event），是指发生于责任期间内的、与航空运输操作或者航空运输服务有关的、造成旅客人身伤亡的任何事情，既包括航空运输过程中发生的航空事故（Accident），也包括尚未构成事故的航空事件（Incident）。[1]

《民用航空法》第126条规定了旅客、行李或者货物在航空运输中因延误造成的损失及其赔偿责任，是为关于承运人迟延运输责任的规定。对于这一仅涉及旅客、货主财产权益的争议类型，同样应认为其具有可仲裁性（参见表5）。

---

〔1〕　参见曹三明等主编：《民用航空法释义》，辽宁教育出版社1996年版，第279~291页。

表 5：承运人迟延运输责任

航空运输类型	客体类型	责任期间（航空运输中）	致损原因	损害后果	承运人免责事由
航空旅客运输	随身携带物品	民用航空器上	延误	（因延误造成的）损失	承运人证明本人或者其受雇人、代理人为了避免损失的发生，已经采取一切必要措施或者不可能采取此种措施的
		旅客上、下民用航空器过程中			
	托运行李	航空运输期间			
航空货物运输	货物	航空运输期间			

备注：（1）关于责任期间：《民用航空法》第 126 条将承运人迟延运输责任的责任期间规定为"航空运输中"，但这一规定应理解为与第 124 条、第 125 条中分别规定的承运人责任期间密切相关。

（2）关于"损失"，承运人只在因延误造成损失时才承担责任，如果延误没有造成任何损失，承运人不承担责任。[1]

2. 侵权责任与违约责任的竞合。就航空运输合同领域承运人的赔偿责任，存在着侵权责任与违约责任的竞合，基于此，在关于前述航空旅客运输和货物运输中承运人的责任部分，《民用航空法》未规定受损方得以基于何种诉由来主张权利，而是根据自《华沙公约》以来所确立的原则，于第 131 条明确规定："有关航空运输中发生的损失的诉讼，不论其根据如何，只能依照本法规定的条件和赔偿责任限额提出，但是不妨碍谁有权提起诉讼以及他们各自的权利。"由此，无论"有权提起诉讼的人"是基于合同违约之诉还是基于侵权之诉主张权利，均可并且只能依照《民用航空法》规定的条件和赔偿限额提起诉讼，同样，这一原则也应适用到关于承运人赔偿责任的航空仲裁之中。

（二）航空器对地（水）面第三人的侵权责任

在航空运输中，承运人除因对旅客、货主可能产生赔偿责任之外，因航空器在飞行期间对地（水）面第三人造成的人身伤亡或财产损害也属于一种

---

〔1〕 参见曹三明等主编：《民用航空法释义》，辽宁教育出版社 1996 年版，第 292 页。

特定的侵权责任类型，其所有人或经营人也可能会产生相应的赔偿责任，此即为航空器对地（水）面第三人的侵权责任。对此，我国《民用航空法》第12章以专章的立法例进行了系统性规定。此外，《民法典》延续了《民法通则》以来我国民事立法特别是《侵权责任法》的立法思路，将航空器对他人造成损害时其经营者应当承担的责任也规定为一种特殊侵权责任，并将其作为高度危险责任的具体类型之一进行规范。《民法典》第1238条规定："民用航空器造成他人损害的，民用航空器的经营者应当承担侵权责任；但是，能够证明损害是因受害人故意造成的，不承担责任。"

《民法典》关于航空器侵权的这一规定，脱胎于原《侵权责任法》第71条，但对于其是否包含着航空运输领域承运人应当承担的赔偿责任则存在争议，有学者认为此处仅指航空器对地（水）面第三人的侵权责任，[1]亦有学者认为应当解释为包含与经营者之间存在合同关系的相对方[2]等。本书认为，关于航空运输领域承运人所应承担的赔偿责任，存在着侵权责任与违约责任的竞合，且《民法典》于此处规定的主要是航空器作为"物"对于"他人"的侵权，与航空运输领域的侵权形态存有一定差异，故建议此处仅解释为航空器对地（水）面第三人的侵权责任。

就国际立法而言，最早规范航空器对地（水）面第三人侵权责任的公约为《关于外国航空器对地（水）面上第三者造成损害的公约》，因其于1952年10月签订于罗马，故又被称为1952年《罗马公约》。《罗马公约》的初衷是作为《华沙公约》的姊妹篇而存在，《华沙公约》对国际航空运输中承运人的责任进行了较为系统的规定，但对于航空器对地（水）面第三人造成的诸如人身伤害、财产损失、环境污染等重大损害却未涉及，基于此，早在1929年《华沙公约》签订后不久，关于《统一有关航空器对地（水）面第三人造成损害的某些规则的国际公约》便于1933年于罗马签订，并被称为1933年《罗马公约》，但由于批准加入的国家较少，故影响力极为有限；在此基础之上，国际民航组织在成立后不久即开始修订1933年《罗马公约》，并最终形成了前述的1952年《罗马公约》。尽管1952年《罗马公约》遭到一些国家

---

〔1〕　参见王利明等：《民法学》，法律出版社2017年版，第937页。

〔2〕　参见周友军："论侵权法上的民用航空器致害责任"，载《北京航空航天大学学报（社会科学版）》2010年第5期。

的反对，但其所确立的航空器对地（水）面第三人的赔偿原则在许多国家的国内立法中得到广泛的认可和参照，我国《民用航空法》便主动引用了公约规定的责任原则、范围、除外和免责条款等。[1]

需要指出的是，我国《民用航空法》与《民法典》关于航空器对地（水）面第三人造成损害的规定有所不同，《民法典》相对宏观、笼统，仅规定了这一特殊侵权类型的一般性原则和免责事由，而《民用航空法》的规定则更为具体、细致，将其具体化为飞行中的航空器造成地（水）面人身伤亡或者财产损害、飞行中的航空器上落下的人或者物造成地（水）面人身伤亡或者财产损害两种具体类别。就航空仲裁而言，本书认为，飞行中的航空器造成地（水）面财产损害、飞行中的航空器上落下的物造成地（水）面财产损害等情况，应当被认为具有可仲裁性。

三、"基于法定事由的航空财产权益争议"的类型构成

在非合同型航空财产权益争议中，除了基于侵权的航空财产权益争议具有可仲裁性之外，以航空器优先权为代表的基于法定事由的航空财产权益争议，同样应当被认为具有可仲裁性。除航空器优先权争议之外，航空器留置权是否应当构成航空器权利的一种类型，近年来航空法学界多有探讨，就航空器留置权争议而言，是否能够构成基于法定事由的航空财产权益争议，亦具有讨论的必要。对这两类权利类型的航空争议，本部分将试析之。

（一）航空器优先权争议

1. 航空器优先权的起源。根据我国现行《民用航空法》的规定，除航空器所有权、航空器抵押权、航空器占有权之外，航空器优先权（Civil Aircraft Lien）也是我国法上航空器权利的重要类型之一。从权利产生的根源角度出发，如果说航空器所有权、抵押权、占有权等权利主要基于合同而生，航空器优先权则具有明显的法定性，进而在产生事由、登记要求、受偿次序等方面具有了与前述航空器物权所明显不同的特征。

对于航空器优先权的研究，学术界虽多有探讨，但常以"优先权"和"船舶优先权"等概念为论证重点，附带论证航空器优先权的相关法律问题。

---

[1] 参见吴建端：《航空法学》，中国民航出版社 2005 年版，第 229 页。

回顾相关文献不难发现，我国法学理论中关于优先权制度的相关论证，起始于海商法领域对于船舶优先权理论的研究乃至争论，且并未伴随1992年《中华人民共和国海商法》（以下简称为《海商法》）所确立的船舶优先权制度而终结，反而在该法生效后呈现出愈演愈烈的争论态势，并持续至今。就其概念而言，国内学者曾将英美法系中 Maritime Lien 制度翻译为海上或海事留置权、船舶留置权、海上或船舶优先请求权、优先受偿权、海事请求权等概念；[1]亦有学者认为船舶优先权这一用语清楚明确，指明了权利的优先特性，也强调了其对象是船舶；[2]此外，值得注意的是，尽管"船舶优先权"这一术语早已为《海商法》所吸收，但仍有学者认为这是对英美法系中 Maritime Lien 制度的简单误读，是一种"偶然"的制度引入，秉持这一概念不仅无助于区分"船舶优先权"和"海事请求权"，且必然与我国既有的担保法及其理论体系产生冲突、碰撞。[3]就其法律属性而言，有学者主张债权说，认为海事优先权应当为一种优先债权；[4]亦有学者主张物权说，认为船舶优先权应被确认为是一种实体权利，而且是一种以船舶为客体的物权，即船舶担保物权的一种。[5]

更进一步的是，围绕船舶优先权的学理争议并未局限在海商法学界和航运界，民法学界也就"（民事）优先权"这一概念及其隐藏的理论逻辑等诸多问题进行过深入的探讨，并引发了观点的交锋。譬如，在优先权概念的范畴方面，有学者主张优先权概念的类型化，即将民商法理论和制度中诸如优先受偿权、优先购买权、优先承包权、优先申请权等凡涉及"优先"二字的权利都归属于优先权，甚至可考虑在我国民事立法中建立统一的优先权制度。[6]在优先权是否为独立权利类型及其法律属性方面，学术界长期存在

---

〔1〕　参见李海：《船舶物权之研究》，法律出版社2002年版，第138页。

〔2〕　参见张辉：《船舶优先权法律制度研究》，武汉大学出版社2005年版，第5页。

〔3〕　参见孙新强、秦伟："论'优先权'的危害性——以船舶优先权为中心"，载《法学论坛》2010年第1期。

〔4〕　参见傅廷忠："也谈海事优先权的法律性质"，载《中国海商法年刊》1990年第1卷。

〔5〕　参见司玉琢主编：《海商法》，法律出版社2003年版，第57页。

〔6〕　参见蔡福华：《民事优先权新论》，人民法院出版社2002年版，第7、50~109页；田土城、王康："论民法典中统一优先权制度的构建"，载《河南师范大学学报（哲学社会科学版）》2016年第6期。

"独立权利说"和"非独立权利说"两种针锋相对的观点，认为优先权为一种独立权利类型的观点中，学者之间亦有分歧，有学者主张优先权应当是一种担保债权实现的担保物权，[1]有学者认为优先权是推行社会政策和基于社会公益的结果，并不改变其特种债权的性质，[2]有学者认为优先权既非物权亦非债权，而是一种"技术性权利"；[3]否定优先权为一种独立权利类型的学者则认为，优先权仅仅是某类民事权利的共同效力。[4]在立法制度设计方面，在我国 2007 年《物权法》出台前，王利明教授主持的物权法课题组曾将优先权纳入担保物权体系，与抵押权、质押权、留置权并列存在，[5]梁慧星教授则主张《物权法》不宜规定优先权，建议仅将《海商法》上的船舶优先权和《民用航空法》上的航空器优先权作为特别法上的物权进行规定，[6]最终，后者的观点得到立法者的采纳，《物权法》终未规定优先权，且这一立法传统延续至了 2020 年《民法典》物权编的制度设计之中。

在我国《民用航空法》制定过程中，航空器优先权这一特定术语被作为航空器权利的一种类型为立法所确立，究其原因，不仅是基于对实践中航空救援以及保管维护航空器活动的肯定性法律评价，也源自我国立法对于 1948 年《日内瓦公约》相关制度的继受和对《海商法》相关规则的借鉴。一方面，1948 年《日内瓦公约》不仅规定了航空器所有权、航空器占有权，以及为担保偿付债务而以协议方式设定的航空器抵押权、质权以及类似权利，还对特定条件下（即根据援救或者保管航空器的活动终结地的缔约国法律）由于援救航空器的报酬（Compensation Due for Salvage of the Aircraft）或保管维护航空器必须的额外费用（Extraordinary Expenses Indispensable for the Preservation of the Aircraft）而对航空器产生的求偿权赋予了优先于对该航空器的所有其他权利受偿（Take Priority Over All Other Rights in the Aircraft）的属性，是为国内法中确立航空器优先权制度的国际民航公约基础；另一方面，有鉴

---

〔1〕 参见郭明瑞：《担保法》，法律出版社 2010 年版，第 236 页。

〔2〕 参见刘保玉编著：《物权法》，上海人民出版社 2003 年版，第 423 页。

〔3〕 参见梅夏英、方春晖："优先权制度的理论和立法问题"，载《法商研究》2004 年第 3 期。

〔4〕 参见李锡鹤："论民事优先权的概念"，载《法学》2004 年第 7 期。

〔5〕 参见王利明主编：《中国物权法草案建议稿及说明》，中国法制出版社 2001 年版，第 134 页。

〔6〕 参见梁慧星："制定中国物权法的若干问题"，载《法学研究》2000 年第 4 期。

于船舶与航空器同为高价值特殊动产的法律属性，略早于《民用航空法》而生的《海商法》所确立的船舶优先权概念与制度体系尽管存在诸多争议，但仍对航空器优先权的诞生产生了重要影响。

毫无疑问，航空器优先权概念的确立，对于鼓励航空救助、避免进一步扩大损失具有极为重要的意义，但仅就法律概念而言，仍有若干亟待厘定的问题，具体体现在：

第一，关于"Civil Aircraft Lien"的概念归纳。就航空器优先权的英文表达而言，我国行业主管机构采"Civil Aircraft Lien"之表述，明显受到了海商法领域"Maritime Lien"的影响，从而与《日内瓦公约》中"The Priority of a Right"[1]的表达存在差异。如前文所述，Maritime Lien 制度在海商法领域的历史本就极为悠久，加之其发端与英美法中原有的 Lien 制度也存在差异，[2]进而导致了我国《海商法》制度在对 Maritime Lien 制度的继受问题上始终存有争议，特别是 Lien 制度究竟仅对应我国法上的留置权，[3]抑或是较大陆法上的留置权制度范围更为广泛、甚至涵盖了大陆法系中的其他担保物权制度[4]等问题，在话语体系和研究结论方面仍存在许多分歧。在《日内瓦公约》中，债权人就援救航空器的报酬及保管航空器必须的额外费用而对航空器产生的求偿权虽为公约赋予了优先受偿的属性，但并未明确为 Civil Aircraft Lien，而是以 Priority 来表述其效力，从而区别于海商法领域 1926 年《统一船舶抵押权和船舶优先权某些规定的公约》这一对船舶优先权进行统一国际立法的肇始性公约中的相关规定。

第二，关于"航空器优先权"的立法表达。就中文法律概念而言，仅从现行的制度规定角度解读可知，《民用航空法》中的航空器优先权既与《海商法》中的船舶优先权具有高度的相似性，也和《民用航空法》中规定的其他类型的航空器权利保持了表述的一致性，均采取了标的物拟人化规范的模式，即在对航空器进行管理或者处理涉及航空器的法律关系时，将航空器视同权

---

〔1〕　参见《日内瓦公约》第 5 条。

〔2〕　参见杨良宜：《船舶融资与抵押》，大连海事大学出版社 2003 年版，第 92 页。

〔3〕　参见薛波主编：《元照英美法词典》（缩印版），北京大学出版社 2013 年版，第 847~848 页。

〔4〕　参见孙新强："我国法律移植中的败笔——优先权"，载《中国法学》2011 年第 1 期。

利主体而存在，〔1〕尽管其本质上仍然是一种"对航空器的权利"。〔2〕然而，必须指出的是，学术理论界特别是民法学界在对"优先权"这一术语及其背后可能隐含的理论逻辑进行长久争论的过程中，大都将航空器优先权和船舶优先权作为特别法上已成为既有制度的特别优先权予以承认，进而来论证优先权在民事权利体系中的应有地位，这极易忽略对于航空器优先权和船舶优先权等概念、制度应然性与否、合理性与否的反思，也可能形成对优先权进行论证的误区和盲点。大陆法系立法例中，优先权制度可上溯至罗马法时期，〔3〕后为《法国民法典》《日本民法典》所先后继受，但也呈现出差异化特征，譬如，《法国民法典》将优先权与抵押权一并作为取得财产的方式之一，规定在其第三编"取得财产的各种方法"之中，并将优先权区分为对动产的优先权（包括对动产的一般优先权和对特定动产的优先权）和对不动产的优先权（包括对不动产的特别优先权和对不动产的一般优先权），其实质是法国民法典时代法定担保方式的统一化、体系化；《德国民法典》在严格区分物权和债权的基础上，将《法国民法典》中涉及特殊财产的特别优先权纳入到了物权编，而将包括诉讼费、薪金等与特定财产（包括动产和不动产）不存在关联的一般优先权归入到了破产法上的优先破产债权体系；《日本民法典》注意到了德国法与法国法在优先权制度设计方面的差异，进而以"先取特权"的概念取代了优先权的称谓，并在其物权编中进一步区分为一般先取特权、动产先取特权、不动产先取特权，从而形成了较为清晰且自成一体的制度体系。相比之下，我国法上航空器优先权的概念，更多对应的是《法国民法典》中特定动产的优先权和《日本民法典》中的动产先取特权。然而，就这一概念的严谨性而言，其究竟应为一种独立权利类型，抑或只是特种债权的优先受偿效力，是否仍应称之为"优先权"等问题，仍具有讨论的空间，这亦有赖未来立法修订时予以进一步论证。

2. 航空器优先权争议的可仲裁性。航空器优先权争议是否具有可仲裁性，

---

〔1〕 参见王保树主编：《中国商事法》（新编本），人民法院出版社 2001 年版，第 741 页。

〔2〕 我国著名国际法学家赵维田教授在论述这一问题时，并未使用"飞机（航空器）权利"的称谓，而采"对飞机（航空器）的权利"的表述。参见赵维田：《国际航空法》，社会科学文献出版社 2000 年版，第 407 页。

〔3〕 参见郭明瑞：《担保法》，法律出版社 2010 年版，第 238 页。

在学理上是一个值得探讨的问题。在本书看来,航空器优先权争议应当被认为具有可仲裁性,但仍需结合其权利属性、产生方式、实现方式等因素厘定其与仲裁制度的关系。

第一,就航空器优先权争议的权利属性而言,应当承认其具有可仲裁性。尽管目前学术理论界对于优先权属于民事权利或是民事权利的受偿效力、优先权的权利属性(如属于一种民事权利)、航空器优先权是否属于特别优先权等诸多问题仍存有争议,但是,依照大陆法系民法理论,无论是将航空器优先权定位于担保物权或债权,抑或是将其定位于《民用航空法》规定的两种特种债权的优先受偿效力,均意味着航空器优先权所彰显的民事权利(或其优先受偿效力)的财产权属性,进而亦符合仲裁法理论关于财产权益争议的基本逻辑。此外,根据《民用航空法》,航空器优先权为现行立法所认可之既定法律概念,并将该类特种债权限定于援救该民用航空器的报酬、保管维护该民用航空器的必需费用这两种类型,且其在产生之后,债权人需于援救或者保管维护工作终了之日起三个月内向行业主管机关进行权利登记,依照物权法理论和《民法典》物权编的相关立法精神,此种登记的目的在于保护航空器所有人/承租人、其他债权人的合法权益,依航空器这一特殊物权变动中登记对抗善意第三人之规则予以解释具有合理性(在现行立法框架下)。

第二,就航空器优先权争议的产生方式而言,限定了当事人适用仲裁的意思自治空间。航空器优先权的产生具有明显的法定性,即航空器特种债权的优先受偿性并非源自当事人之间的约定,乃是基于法律的直接规定而生成。从这一角度而言,航空器优先权争议解决方式的自治性将会受到航空器优先权产生方式法定性的影响,当事人在争议产生之前通过契约方式协商争议解决路径特别是通过仲裁解决争议的逻辑可能性相对较低,除非当事人于争议产生之后达成仲裁协议。由此,对于基于法定事由而生之争议,如何提升仲裁机制的适用性,仍是一个值得探讨的论题。此外,在航空器优先权争议中,由于争议当事方主要为事故援救方和航空器保管方等债权人、航空器所有方和航空器承租方等债务人,且需对所涉及的航空器采取相应执行措施,这将直接影响到既存于航空器之上的抵押权等其他在先权利,如适用仲裁机制解决航空器优先权争议,仲裁第三人制度的引入也将势在必行。

第三,就航空器优先权争议的实现方式而言,影响着航空仲裁保全权的平行分配模式。在航空器优先权的实现方面，虽然债权人就特种债权具有优先受偿的效力属性，但并不能自行扣押航空器来实现其权利，根据《民用航空法》第24条的规定，航空器优先权应当对通过人民法院扣押产生优先权的航空器行使，从而确定了通过司法途径处置航空器为前述特种债权优先受偿的唯一途径。然而，这是否意味着仲裁在航空器优先权争议方面不具有适用性？笔者认为这一观点亦存在讨论空间。虽然我国《仲裁法》和《民事诉讼法》在立法层面坚持法院独占仲裁保全决定权，但在理论上，基于完整的保全程序包括保全决定程序和保全执行程序的结构，主张仲裁庭享有仲裁保全决定权的观点，已逐渐成为学界的共识。[1]仲裁机构作为民间纠纷解决机构，虽不具有强制执行的权力，但在争议解决多元化机制构建的背景下，就保全决定权的分配模式而言，从法院独占模式向法院与仲裁机构平行分配模式的转型具有合理性。具体到航空器优先权争议解决中，如能进一步赋予仲裁机构保全决定权，将有利于增加当事人的争议解决途径、扩大航空仲裁的适用范围、节省司法资源，进而形成多赢的局面。

（二）航空器留置权争议

相较于航空器优先权而言，航空器留置权这一概念虽然未在我国《民用航空法》中所确立，但随着近年来我国民法体系中物权理论的逐渐成熟，有关航空器留置权制度的合理性并不存在太多争议，但就航空器留置权争议是否具有可仲裁性问题，学术界则相对较少涉及。作为一种基于法定事由的航空财产权益争议，本书认为仍应赋予仲裁制度的适用性。

1. 航空器留置权的制度架构。我国《民用航空法》并未规定航空器留置权，但在东星航空破产案等实践案例中，已出现过围绕航空器留置权争议的诉讼。[2]相比之下，与航空法具有高度相似性的海商法对于船舶留置权则进行了确定性规定。[3]

---

〔1〕参见江伟、肖建国主编：《仲裁法》，中国人民大学出版社2016年版，第245页。

〔2〕参见广州白云国际机场股份有限公司诉通用电气商业航空服务有限公司（GECOMMERCIA-LAVI ATIONSERVICESLIMI TED）等留置权纠纷案，广州市中级人民法院民事判决书（2009）穗中法民四初字第27号。

〔3〕我国《海商法》第25条第2款规定："前款所称船舶留置权，是指造船人、修船人在合同另一方未履行合同时，可以留置所占有的船舶，以保证造船费用或者修船费用得以偿还的权利。船舶留置权在造船人、修船人不再占有所造或者所修的船舶时消灭。"

留置权作为一种法定担保物权，虽然非依法律的明确规定不能成立，但在《民用航空法》对此留白之际，通过《民法典》的相关规定亦可作出适当解释。根据1995年《担保法》之规定，留置适用于因保管合同、运输合同、加工承揽合同发生的债权债务；其后，1999年《合同法》将其适用范围扩大至行纪合同和仓储合同；在2007年《物权法》上，虽然进一步扩大了留置权的适用范围，但同时也规定船舶、航空器和机动车等物权的设立、变更、转让和消灭，未经登记，不得对抗善意第三人；此后，随着2020年《民法典》的出台，留置权制度延续了《物权法》的立法精神，为航空器留置权的适用奠定了基础。

在航空器留置权的成立要件方面，依照《民法典》的相关规定，同样可区分为积极条件和消极条件，除了法律规定和当事人约定不得留置的消极条件之外，债权人需合法占有债务人的航空器作为积极条件之一，需予以进一步阐释。首先，航空器留置权中的占有为债权人对债务人航空器的占有，这有别于作为航空器权利类型之一的航空器占有权中的占有，后者常为负有金钱给付义务的债务人对于债权人所有的航空器的占有；其次，航空器留置权中的占有常基于航空器建造、机务维修、保管维护等行为而生，债权人对于航空器具有事实上的管领力，这有别于在对航空器无法实现民法意义上的占有情况下相关利益主体所采取的"扣留"措施；最后，航空器留置权通常为商事留置权，这有别于民事交易领域对于普通动产所产生的民事留置权。综合而言，航空器留置权的产生具有法定性。

在航空器留置权的未来制度设计方面，尽管在现行《民用航空法》未规定航空器留置权制度的情况下可适用《民法典》的相关规定，但有鉴于航空器作为一种特殊动产，其上所存在之权利及其主体具有多重性，故此，未来《民用航空法》在修订之际，如能明确规定航空器留置权制度，并将其纳入航空器权利登记体系之中，将对航空器上既存的所有权、抵押权等权利的保护更具合理性，也更有利于实现"航空器优先权——航空器留置权——航空器抵押权"的受偿顺序。

2. 航空器留置权争议的可仲裁性。与航空器优先权争议相类似，尽管航空器留置权基于法定事由而生，但作为担保物权的类型之一，留置权的财产权属性决定了航空器留置权争议的可仲裁性，同样应当承认仲裁制度的适用空间。相应地，仅就航空器留置权争议而言，尽管争议发生之前当事人或许不具有达成仲裁协议的可能空间，但这并不妨碍当事人在产生债权人合法占有航空器的合同中约定争议解决方式，并将其适用于航空器留置权争议之中，由此，较之航空器优先权争议中的仲裁适用，航空器留置权争议对于仲裁制度的适用更具空间。

　　需注意的是，有必要区分航空器留置权的消灭与航空器留置权的实现这两个概念。航空器留置权的消灭可基于占有的丧失、债务人另行提供担保等因素而发生，航空器留置权的实现则意味着对航空器的处置变价与优先受偿。尽管现行立法对于当事人拍卖、变卖留置财产未完全限定于法院的强制执行程序，但从有利于保护航空器上相关权利人的角度出发，建议留置权的行使通过向法院提出申请的方式进行，以便在先权利人在航空器被扣留之前充分主张权利，协调债务人履行债务。但如同航空器优先权争议中保全决定程序和保全执行程序的区分相似，航空器留置权的实现应当被认定为不影响仲裁制度的适用。

第四章
可契约性视角下航空仲裁协议的效力纾困

第一节　航空仲裁协议效力认定的应然方法与实然挑战

仲裁协议的效力为仲裁法上的重大命题。在宏观层面，仲裁协议构成了仲裁庭享有仲裁权的来源，可谓无协议即无仲裁；在微观层面，有效的仲裁协议不仅对当事人具有约束力，也是仲裁庭对协议约定事项行使管辖权的依据，更是排除法院对协议约定事项行使管辖权的依据，此外还是使仲裁裁决不被撤销或得到承认和执行的必要前提。[1]对此，航空仲裁制度亦然，并在若干领域因行业特性的存在，而可能对仲裁协议的效力产生独特的影响。基于此，本书将以航空仲裁协议效力认定的应然方法与实然挑战为论证前提，为后续论述奠定基础。

一、航空仲裁协议效力认定的应然方法

仲裁本质上是一种具有民间性、自治性特征的纠纷解决机制，当事人之间所达成的合意尤为重要，而仲裁协议则是当事人意思自治的主要表现形式，因而也是仲裁制度必需予以规范的内容，这种规范既体现在对于当事人关于仲裁的共同意思表示的尊重，也包含了一定程度的法律限制，且该种限制既来自立法对当事人在仲裁协议达成之时所确立的主体、形式、实质等要件层面的规范，又涵盖了法院在仲裁协议达成之后各阶段对仲裁活动所进行的必

---

〔1〕　参见朱科：《中国国际商事仲裁司法审查制度完善研究》，法律出版社 2018 年版，第 93~94 页。

要司法审查（包括当事人执行仲裁协议阶段、仲裁机构受理仲裁申请阶段、法院对仲裁裁决进行司法审查阶段以及承认和执行仲裁裁决阶段等）。由此可知，在仲裁程序启动之前，当事人除需遵循可仲裁性维度之外，亦需考量可契约性的刚性要素，并以此作为仲裁协议达成的必要条件，进而确保其效力。概言之，对在仲裁程序中发挥核心调整功能的仲裁协议的效力进行认定，可契约性既是分析视角，也构成了应然方法。

诚如前文所述，可契约性在广义层面涵盖了当事人之间就争议解决涉及的一切事项是否具有可通过契约方式进行约定之属性所作出的判断，如对其进一步分析，可以发现可契约性至少包含了将"可仲裁争议事项"提交"仲裁"等两层意义，前者涉及实体性问题，后者则为程序性问题。在实体性问题中，根据当事人所达成的仲裁协议，可仲裁性应当被理解为可契约性的组成要素之一，这也即前文所述的可仲裁性问题不仅影响着仲裁协议的效力，也涉及仲裁庭管辖权等问题的原因所在。然而，当一项争议为当事人通过仲裁协议进行约定之后，应当根据何种标准来判断当事人所约定的该种争议的可仲裁性，仍是需要进一步界定的问题。在本书看来，对于可仲裁性的判断，应当区分为实体性标准和程序性标准，前者属于"依据何种标准"来确定争议事项是否具有可仲裁性，后者属于"由谁"来确定争议事项是否具有可仲裁性。根据《纽约公约》的规定，在"依据何种标准"方面，各个国家对可仲裁性无论是持保守态度还是开放态度，该国立法毫无疑问应当成为实质性的认定标准，换言之，法定性标准为判断争议事项是否具有可仲裁性的基本标准；在"由谁"来判断方面，则有所差别，美国最高法院在 Henry Schein, Inc. et al. v. Archer and White Sales, Inc. 一案中，就曾明确争议事项的可仲裁性问题应当由仲裁庭而非法院决定。然而，无论"由谁"来判断争议事项是否具有可仲裁性，都表明当事人之间的仲裁协议并不构成争议事项实质上具有可仲裁性的必然要素，这也意味着可契约性在实体性标准层面无法真正涵摄可仲裁性的判断标准。尽管如此，这并不能阻却当事人可以将其认为符合可仲裁性标准的争议提交仲裁的权利，这也即可契约性在程序性标准层面的具体体现，亦是本书前文将"可契约性仅限定于争议解决机制或仲裁机制"层面的原因所在。由此，争议事项的可仲裁性，本质上是争议法律关系的可仲裁性，亦即争议事项所体现的法律关系在法律层面是否具备了当事人可自由处置的要素，且该可为当事人自由处分的法律关系属于实体法层面的法律关系；与之相匹配，争议解决方式的可契约性，则体现了当事人能否通过争议解决方式的自由选择来实现自治性，而这一选择偏重于当事人对程序性权利的自由处置。

如果说争议法律关系的可仲裁性体现了法律对于仲裁适用范围的初步框定，那么争议解决方式的可契约性则体现了当事人意思自治的可能空间。就学理层面而言，将可契约性作为研究航空仲裁制度特别是探讨航空仲裁适用性的重要标准，不仅仅是因为航空仲裁同样需遵循仲裁法关于仲裁合意的强制性要求，更重要的是，航空争议领域中各方当事人的合意尤其是关于争议解决机制的合意在认定方面存有独特的行业特征。譬如，在航空运输业的电子商务交易中，由于考虑到交易的便利化，交易常以一方事先拟定的格式合同或合同的格式条款为载体，对于该由一方提供而另一方在实践操作领域无太大磋商、修改空间的合同，其仲裁条款是否符合仲裁自治性的要求，是否属于仲裁合意的达成，存有重大疑问。基于此，在对航空争议仲裁机制的适用方面，理应回归本源，从仲裁法对于仲裁合意的基本构成要件层面探求，方能进一步指导航空仲裁机制的科学适用。

综上所述，自治性是仲裁制度的重要优势之一，其核心理念即在于体现当事人仲裁合意的仲裁协议蕴含着当事人对于争议解决方式和裁判途径选择的意思自治，当事人通过选择仲裁的合意构成了仲裁庭行使仲裁权的权力来源，故而代表着当事人意思自治的仲裁合意成为仲裁制度的灵魂所在。根据我国《仲裁法》第 4 条的规定，争议解决机制的可契约性与争议事项的可仲裁性被并列设置，共同构成了仲裁程序启动的前置性条件，基于此，本书更倾向于将可契约性与可仲裁性作为并列要素研究，而可契约性又与仲裁协议的效力问题密切相关，故此，本书此部分拟以可契约性理论为分析工具，以求能对影响航空仲裁协议效力的若干法律问题进行探讨。

二、航空仲裁协议效力认定的实然挑战

如果说航空仲裁机制的可契约性构成了航空仲裁协议效力认定的应然方法或理论基础，航空运输争议中仲裁协议的效力认定则构成了航空仲裁机制

适用的实然挑战或适用短板。航空争议事项的多元化特征源于航空活动的高度复杂性,从而造成了航空仲裁协议在不同航空活动、航空争议事项中具有不同的适用限度。依照《仲裁法》和《民法典》等法律规范的制度逻辑,航空争议在第一层级可以区分为合同型财产权益争议与非合同型财产权益争议,非合同型财产权益争议在第二层级又可主要区分为基于侵权的航空财产权益争议和基于法定事由的航空财产权益争议,由此,不同类型航空争议在适用仲裁机制时,其航空仲裁协议必然呈现出不同的效力形态。

首先,在非合同型航空财产权益争议中,无论是侵权还是法定事由引起的航空财产权益争议,均主要指向绝对权领域,且在侵权行为或法定事由引起的航空财产权益变动之前,均无法存在仲裁契约达成的空间,对于这一领域仲裁机制的适用,需考虑当事人事后达成仲裁协议的操作可行性等问题。根据财产法领域的基本原则,权利人对标的物所享有的权利是基于人对物的权利,其效力范围及于受(财产权登记)公示而知情的人。[1]由此推理,依照法律主体的不同,基于财产权而生的法律争议大概可分为三种类型:权利人与物之间的争议、受公示而知情者对物之间的争议、不受公示者对物之间的争议。就此三大类型的争议解决方式而言,由于基于各方当事人合意的仲裁和基于单方当事人诉权的诉讼在机制启动方面存在典型的差异性,仲裁条款的提前引入在实践中似不存在合理、充裕的操作空间,因此,对于非合同型航空财产权益争议如何适用仲裁机制,将面临不少理论与实务难点。

其次,合同型财产权益争议可区分为转移财产的合同争议和提供服务的合同争议,[2]也造成了航空仲裁协议效力的不同认定标准。前者以航空商事买卖、代理、租赁、保理等类型的合同争议为主,主要涉及航空领域的绝对权争议,其实质是航空商事合同争议;后者以航空运输合同争议为主,主要涉及航空领域的相对权争议,并呈现出航空消费合同争议的特征。在航空商事合同争议中,由于合同双方均为市场地位较为平等的主体,一般都具有为

---

〔1〕 参见 [英] F. H. 劳森、B. 拉登:《财产法》,施天涛、梅慎实、孔祥俊译,中国大百科全书出版社 1998 年版,第 3 页。

〔2〕 关于我国合同法律制度中有名合同的类型划分,转移财产的合同和提供服务的合同是区分标准之一,本书认为其同样适合于航空业中以合同为交易载体的航空活动。参见王利明等:《民法学》,法律出版社 2017 年版,第 669 页。

达成该笔交易所应当拥有的商事行为能力，以及识别不同交易风险、承担相应交易成本的能力，并具有选择争议解决方式的平等对话机制，因此，即便合同在不同阶段所呈现出的不确定性因素很多，但正因合同自由与责任自担的基本原则，双方便在特定交易状态出现时具有了作出不同选择的可能性，包括选择仲裁作为争议解决方式的能力与自由。基于此，航空商事争议领域也成为航空仲裁机制适用的主要类型。但是，如果说航空商事争议仲裁中当事人达成仲裁的合意契合仲裁法律制度本意的话，航空运输合同争议中仲裁条款的订入问题在实践中则存在较大的操作障碍。

具体而言，与前述非合同型航空财产权益争议、转移财产型航空合同争议相比，提供服务型航空合同争议（以航空运输合同争议/相对权争议为主）中仲裁机制的适用更具复杂性，从而导致了航空仲裁协议的效力认定问题也极为复杂，甚至构成了所有类型航空争议中仲裁协议效力认定的短板。目前，我国国内法的正式制度中虽尚无专门规范航空运输领域仲裁适用的体系性规则，但这并不妨碍在航空运输合同争议解决中通过法律解释的途径引入航空仲裁机制。然而，依照现行国内立法体例，结合航空产业的实然特征，便会发现国内制度规则在对航空运输领域仲裁机制适用的规范方面存在若干冲突领域。譬如，根据《消费者权益保护法》的规定，航空消费者如事前与航空承运人达成仲裁协议，亦可通过仲裁方式解决争议，然而，该等仲裁与《仲裁法》之间的法律关系究竟为何？如属于航空旅客人身伤害争议，是否还可以适用《消费者权益保护法》本身的规定？更为关键的是，根据《民法典》合同编、《消费者权益保护法》的规定，航空运输合同应为一种由承运人负有强制缔约义务的有名合同，而根据航空业商业惯例，这种合同的缔结需依赖于航空法领域承运人运输总条件方能达成，但这种为保障交易便利而由承运人单方拟定的运输总条件是否具有《民法典》合同编中有名合同或者格式合同的法律地位，以及承运人在运输总条件中事先拟定的与合同相对方进行仲裁的条款是否符合《仲裁法》关于当事人意思自治的构成要件等问题，均存有学理层面的疑问。由此，在航空运输领域仲裁机制可契约性问题层面，我国仲裁法与航空法之间、仲裁法与消法之间、合同法与航空法之间，以及其他正式法律文件之间，均存在进一步协同的空间，这均有赖于法理层面的论证与探讨。

综上所述，在航空运输领域，仲裁协议的效力受限于如下因素：一是航空运输领域所面临的运输总条件是否具有合同属性的问题，由于航空运输争议大量存在，且与几乎全部类型的航空消费争议（主要为航空旅客/行李运输争议）、部分类型的航空商事争议（主要为航空货物运输争议）密切相关，因此，看似为航空运输领域特有的个性化问题，实则与航空消费争议乃至部分航空商事争议中仲裁机制的适用无法割裂，并构成了仲裁协议效力认定的逻辑前提；二是航空运输争议中仲裁协议的效力评价问题，这不仅需以《仲裁法》上仲裁协议效力认定的要件为基准，亦需考量航空运输协议的具体类型构成，并结合仲裁条款引入航空运输合同的方式等论题，以实现效力纾困的目标。

如果将航空仲裁协议的效力认定视为一份整体"拼图"的话，在基于定型化交易的航空运输合同中，仲裁协议的效力认定则是最后一块拼图。有鉴于此，本书在航空仲裁协议效力的讨论部分，将主要围绕航空运输合同争议中仲裁协议的效力问题展开论证，以求能为适合于引入仲裁机制的其他类型航空争议中仲裁协议效力的认定问题补齐短板、提供借鉴。

第二节　航空运输总条件合同属性的证成

一、航空运输总条件法律属性之于仲裁协议效力的意义

诚如前文所述，仲裁协议作为仲裁制度的基石而存在，对于航空仲裁亦不例外。然而，在航空运输争议仲裁领域，仲裁协议的达成又具有不同于传统商事仲裁的特殊性，其核心症结便在于调整、规范航空承运人与旅客、货主之间权利义务关系的航空运输总条件的法律属性尚不明朗，这也就决定了应当包含于航空运输总条件之中的航空仲裁协议（如果存在的话）的法律效力无法得到清晰厘定，进而，航空运输领域的仲裁机制得以有效运转便成为空谈。在航空运输领域，旅客、货主与航空承运人之间达成航空运输合同之际，常常并不存在由承运人向相对方实时提交的运输合同，而需辅以航空运输总条件加以认定，对于该等代表着双方就航空运输达成合意的航空运输总条件在法律层面究竟具有何种地位，应当赋予何种属性，学术界、实务界长期存有不同的见解。

具体而言，随着我国民航业的快速发展，公共航空运输服务领域的法律

纠纷日渐增多。在司法实践层面，航空运输服务合同案件的数量在航空法律纠纷中的占比持续提升，[1]特别是航班延误、客票超售、行李破损或遗失等问题几乎成为航空承运人与消费者之间的"死结"，此类问题因涉及运输总条件对各方权利义务的事前调整而常为承运人举证，但各地法院对其法律效力的认定并不一致，亦未形成统一适用的标准。在学理层面，对于航空承运人运输总条件的若干基础性法理问题仍未完全达成共识，包括由航空承运人单方发布的运输总条件在航空法、合同法上应如何定位，其与国际民航组织主导的"华沙-蒙特利尔公约体系"项下系列国际公约以及与国际航空运输协会发布的"运输条件"之间应当界定为何种类型的适用关系，作为市场主体的承运人发布的运输总条件与作为行业主管者的中国民用航空局发布的四个运输规则[2]之间的法律关系如何认定，对于承运人运输总条件中航班时刻、航班延误及取消、客票超售、拒绝和限制运输、承运人责任限制等特殊规定与航空消费者权益保护之间的冲突应如何规制等。由于这些问题的核心均在于清晰界定航空承运人运输总条件的法律地位与属性，如果无法从法理层面就其合同属性作出论证，则航空运输争议领域引入仲裁机制便无从谈起。因此，在某种程度上可以认为，解决航空运输争议可仲裁与否的关键，在于如何认定双方达成的仲裁协议；而认定航空运输仲裁协议的前提，则在于厘定航空运输总条件的法律属性。

二、航空运输总条件法律属性的初步厘定

(一) 关于航空运输总条件法律属性的主要观点

航空承运人运输总条件（General Conditions of Carriage）在学理上又称

---

〔1〕　中国航空运输协会法律委员会对近年来国内航空承运人所处理的近千例航空纠纷案例经过归类、总结和分析，形成了《中国民航法律案例精解》一书，在其精选的 86 个案例中，航空运输合同履行中产生的合同之诉（包括航空旅客运输合同和航空货物运输合同）和侵权之诉（主要包括航空运输旅客人身损害赔偿纠纷）共计 48 个案例，占比高达 55.81%，可见一斑。参见中国航空运输协会法律委员会编著：《中国民航法律案例精解》，知识产权出版社 2016 年版。

〔2〕　指中国民用航空局（原中国民用航空总局）发布的四部部门规章，包括 2004 年修订的《中国民用航空旅客、行李国内运输规则》（CCAR-271TR-R1）、1998 年生效的《中国民用航空旅客、行李国际运输规则》（CCAR-272TR-R1）、1996 年修订的《中国民用航空货物国内运输规则》（CCAR-275TR-R1）、2000 年生效的《中国民用航空货物国际运输规则》（CCAR-274）。

"运输共同条件""一般运输条件"等，实践中各航空承运人的表达也并不一致。[1]本书认为，运输总条件一般是指由公共航空服务提供者事先制定的、规范承运人与消费者因公共航空运输服务而产生的民事权利义务关系的法律文件。仅就名称而言，"运输总条件"应当作为一种泛称而存在，且根据不同的标准可以做更进一步的区分，具体地，根据航空承运人提供运输服务的不同类别与属性，运输总条件可以区分为航空旅客、行李类运输条件（以下简称为"旅客/行李运输条件"）和航空货物类运输条件（以下简称为"货物运输条件"）；根据航空承运人提供航空运输服务的不同航段，运输总条件可以区分为航空旅客/行李、航空货物国内类运输条件（以下简称为"国内运输条件"）和航空旅客/行李、航空货物国际类运输条件（以下简称为"国际运输条件"）。[2]

长期以来，学理界与司法实务界对于航空承运人运输总条件的法律属性及其适用一直存有不同的观点，主要包括：

1. 合同说。在航空运输实践中，承运人运输总条件常由航空承运人事先统一拟定，并需于其与旅客、货主正式签署航空运输服务合同之前以特定方式告知对方。在航空承运人的相关声明之中，多数承运人一般都将运输总条件视为航空运输服务合同的组成部分，赋予其合同的地位及属性。在航空法学界，部分学者针对司法判例中的争议，积极主张在立法层面赋予运输总条件以航空运输服务合同（或其主要/核心内容）的法律地位，[3]但是，对于运输总条件与航空运输合同之间的关系，仍存有一定的争议。[4]

---

〔1〕 以我国三大国有航空公司为例，南航、国航称之为"运输总条件"，东航称之为"运输条件"。参见《中国国际航空股份有限公司旅客、行李国内运输总条件》《中国国际航空股份有限公司旅客、行李国际运输总条件》《中国南方航空股份有限公司旅客、行李国内运输总条件》《中国南方航空股份有限公司旅客、行李国际运输总条件》《中国东方航空股份有限公司旅客、行李国内运输条件》《中国东方航空股份有限公司旅客、行李国际运输条件》。

〔2〕 "国际航空运输"与"国内航空运输"的区分自1929年《华沙公约》即已被确立，但是全球范围内的城市国家理论上只存在国际航空运输活动。我国现行《民用航空法》第107条明确区分了"国内航空运输"和"国际航空运输"，但是由于法律制度上的差异，内地（大陆）飞往港、澳、台地区的航班事实上按照国际航空运输规则处理。

〔3〕 参见郝秀辉："论'航空运输总条件'的合同地位与规制"，载《当代法学》2016年第1期；赵劲松："航空运输总条件法律地位路在何方？——'弹性'合同条款，抑或'刚性'国际惯例"，载杨惠、郝秀辉主编：《航空法评论》（第4辑），法律出版社2014年版，第81~97页。

〔4〕 主张承运人运输总条件合同说的学者大都认为运输总条件构成了航空运输合同的主要内容，但是对于客票的地位和航空运输合同其他内容的界定并无完全一致的认识。

在主张合同说的观点中，有一种观点为部分条款无效说。持此观点者基本以承认航空承运人运输总条件的合同地位为前提，但同时认为总条件由承运人单方面事前发布，属于格式合同，对于其内容有属于《民法典》第497条〔1〕所规范之格式条款者，应属无效。例如，国内多家承运人在其运输总条件中所规定的"退票仅限原出票处办理"的机票不能异地退票规则就曾为理论界和实务界所批判；〔2〕此外，上海市浦东新区人民法院还曾对某承运人运输总条件中关于规范旅客支付与承运人出票行为关系的"系统产生票号后即为支付成功"的条款作出过无效认定的司法裁判。〔3〕问题在于，目前，我国民航主管单位对于航空承运人运输总条件的管理采取国内运输条件需经批准并公布方可生效、国际运输条件需经备案方可生效的制度，对于履行中国民用航空局报批与备案程序而生效的运输总条件中的部分条款经由法院作出无效判决后该如何处理，在学理上值得探讨。

2. 业务文件说。我国《民用航空法》等民航领域的立法并未明确界定公共航空承运人运输总条件的法律属性，致使国内部分航空承运人以中国民用航空局先后发布的四个运输规则为蓝本来制定其运输总条件，并将其视为承运人内部管理过程中的一种业务文件来对待，致使运输总条件仅仅成为承运人业务操作规则的文本汇编，无法发挥规范航空承运人与旅客、货主间民事权利义务关系的功能。之所以有观点将运输总条件视为一种业务文件，与我国民航业多年的改革背景密切相关，新中国成立以来，特别是改革开放以来，我国民航业历经了从"军队领导为主"到"军转民、企业化"、从"政企合一"到"政企分开、政资分开"、从"机场与航空公司分设"到"航空公司重组与机场属地化管理"等一系列改革，航空承运人在真正转变为市场主体之前，曾作为政府的生产部门而存在，而中国民用航空局发布的四部属于部

---

〔1〕《民法典》第497条规定："有下列情形之一的，该格式条款无效：（一）具有本法第一编第六章第三节和本法第五百零六条规定的无效情形；（二）提供格式条款一方不合理地免除或者减轻其责任、加重对方责任、限制对方主要权利；（三）提供格式条款一方排除对方主要权利。"

〔2〕早期，由于民航业内承运人对代理人管理乏力，为避免代理人借旅客退票的方式侵害航空承运人的利益，此类条款被绝大多数承运人吸纳进入其运输总条件中，甚至还引发过要求旅客跨国退票的争讼。

〔3〕参见梁明月诉中国东方航空股份有限公司航空旅客运输合同纠纷案，上海市浦东新区人民法院民事判决书（2010）浦民一（民）初字第25394号。

门规章性质的运输规则，也先后在此背景下出台，并为国内航空承运人所广泛采纳，这也致使部分承运人至今仍将其运输总条件视为企业自身为落实中国民用航空局四部运输规则的内部业务文件而存在。

3. 国际商业惯例说。持国际商业惯例说者认为，承运人运输总条件（特别是超售、拒载等特别条款）系经由国际航空运输实践形成的商业惯例，且为各国航空公司和旅客、货主所认可并遵循，主要体现在国际航空运输协会版本的运输条件中。作为国际航空公司间的行业性民间组织，国际航空运输协会在履行"统一国际航空运输规则"的职能中，主要工作之一即是制定运输条件（Conditions of Carriage）范本供会员采用。为了弥补1929年《华沙公约》的不足，其先后发布了多个版本的运输条件，目前最新的版本是1986年通过的"建议措施"（Recommended Practice）第1724号文件，即《运输条件（旅客及行李）》，[1]内容涉及客票、行李、票价、订座、值机、拒绝与限制载运、航班时刻、退票、行政手续等。这一文本虽无强制性的法律约束力，但鉴于国际航空运输协会在全球航空业界的广泛影响力，包括我国在内的许多国家的航空承运人均广泛借鉴了该版运输条件的相关内容，这也使得各承运人的运输总条件常被视为全球航空业界的商业惯例而存在。

有部分学者认为，鉴于目前各国司法机关对于运输总条件的认识停留在弹性合同条款阶段，在裁决航空运输案件时，仍然是有选择性地适用，因此，解决航空承运人运输总条件法律属性问题的路径在于将国际航空运输协会颁布的运输条件上升为刚性国际惯例，而非停留在目前的建议版本阶段，具体的路径在于通过制定运输总条件标准范本，在行业内广泛推广适用，使其最终走向国际惯例。[2]

4. 回避适用说。此外，有部分法院在审理航空运输合同纠纷案件中，对于航空承运人运输总条件采取回避认定其法律属性甚至排斥适用的观点，主

---

〔1〕 自20世纪20年代以来，国际航空运输协会先后提出过多个版本的国际航空运输"标准条件"。在旅客运输方面，1927年制定出了第一个版本的《维也纳条件》，1933年修订后成为《安特卫普条件》，1949年制定出新的《百慕大条件》，1953年在檀香山又加以修订。

〔2〕 参见赵劲松："航空运输总条件法律地位路在何方？——'弹性'合同条款，抑或'刚性'国际惯例"，载杨惠、郝秀辉主编：《航空法评论》（第4辑），法律出版社2014年版，第81~97页。

要是通过直接援引《民法典》合同编或《消费者权益保护法》的方式以回避承运人运输总条件的存在，[1]甚至对于中国民用航空局颁布的《中国民用航空旅客、行李国内运输规则》（CCAR-271TR-R1）、《中国民用航空旅客、行李国际运输规则》（CCAR-272TR-R1）、《中国民用航空货物国内运输规则》（CCAR-275TR-R1）、《中国民用航空货物国际运输规则》（CCAR-274）等行政规章也采取回避态度。[2]

（二）航空运输总条件法律属性的认定维度

尽管理论界与司法实务界对于航空承运人运输总条件法律功能的认识尚不尽一致，尤其对于其法律属性仍存有较大争议，但是本书认为，将运输总条件界定为航空运输合同的主要内容较为合理。主要原因在于：

1. 基于"条件"的法律意涵。在大陆法系民法理论中，"条件"作为法律行为之附款而存在，也即当事人对于法律行为效果的发生、中止或消灭所加的限制。传统民法上，法律行为的附款包括条件和期限，分别构成了附条件的法律行为和附期限的法律行为，因此，大陆法系民法理论中的条件，"谓构成法律行为的意思表示之一部（分），使其法律行为效力之发生或消灭，系于客观的不确定的将来之事实"[3]，换言之，此处条件的内容是将来客观上不确定的事实，其效力在于决定法律行为的效力。具体到合同领域中，当事人依自由意志创设彼此间的权利义务关系，而条件制度则是在此基础上对合同风险进行分配的一种方式，构成了对当事人意思表示的限制。以附条件合同法律制度为例，条件的成就与否视为确定合同效力发生、中止或消灭的关键。在大陆法系民法理论中，条件有多种类别，如明示条件和默示条件、先决条件和解除条件、肯定条件和否定条件等。但违法的、不符合社会公共秩序的和不可能发生的条件一般无效。

然而，合同法中常有所谓"合同交易条件"的概念，此处的"条件"是

---

〔1〕　参见潘毅诉四川航空股份有限公司航空旅客运输合同纠纷案，四川省高级人民法院民事裁定书（2014）川民申字第1955号。本案系因航班延误原因引起，历经一审、二审和再审程序。在审判程序中，四川航空公司作为承运人向法院举证其运输总条件的相关内容，但法院在裁判中并未对其采纳，而是直接援引（彼时的）《合同法》的规定进行裁判。

〔2〕　参见吴胜男诉上海华程西南国际旅行社有限公司等服务合同纠纷案，重庆市渝北区人民法院民事判决书（2016）渝0112民初5181号。

〔3〕　史尚宽：《民法总论》，中国政法大学出版社2000年版，第474页。

否即为传统大陆法系法律行为理论中的"条件",理论上存有不同的观点。有学者认为,作为契约内容的"交易条件"应与作为法律行为附款的"条件"相区别,前者如买卖契约中关于标的物、价金、清偿时间及地点等条款。[1]换言之,大陆法系合同法中所使用的"交易条件"或"一般交易条件"与"格式合同"的称谓相通,具体而言,其在大陆法系的德国法中称为"一般交易条款"(Allgemeine Geschä-ftsbedingurg),法国法中称为"附合契约"(Contract d'ad-hesion)[2],日本法中称为"普通条款",在英美法多称为"标准条款"(Standard Article)或"格式条款/不公平契约条款"(Unfair Contract Terms)。在立法例上,德国曾于 1976 年制定《一般交易条件法》,内容涉及对一般交易条件的界定、一般交易条件纳入具体合同的要件、对一般交易条件内容的法律控制、《一般交易条件法》的适用范围以及一些过渡性规定等。2002 年 1 月 1 日,随着《德国债法现代化法》的正式生效,《一般交易条件法》被废止,其主要内容被纳入《德国民法典》"债法编",成为债法编第 2 章"以一般交易条款形成意定债务关系"。[3]可见,此处所指的"一般交易条件"与作为法律行为之附款的"条件"并非指同一概念。

本书认为,"条件"这一概念虽被大陆法系立法广为采纳,但却源自普通法,且在英美法上常作为合同中已明确的条款内容而存在。正常而言,英美法中的合同系由当事人双方的各种声明和承诺所构成,其性质和重要性各有不同,这些已被明确为合同条款的声明和承诺可以依当事人的主观意愿以及违反时的效力区分为两类,即"条件"(Condition)与"担保"(Warranty)。其中,条件被视为对事实的陈述或承诺,此种陈述或承诺是合同不可缺少的条款,且为当事人高度重视,如果陈述不真实或者承诺得不到履行,则无过失当事人可将违约当作拒绝履行,并可使其免除进一步履行合同的义务,甚至可以解除合同并请求损害赔偿;相较而言,担保处于较次要的地位,意指当事人对某事加以明确或隐含的陈述,这种陈述可以成为合同的一部分,或者虽然是合同的一部分,但对于合同的明确目的而言是次要的,并且无过失当事人

---

〔1〕 参见王泽鉴:《民法总则》(增订版),中国政法大学出版社 2001 年版,第 420 页。

〔2〕 参见史尚宽:《债法总论》,中国政法大学出版社 2000 年版,第 14 页;王泽鉴:《债法原理》(第一册),中国政法大学出版社 2001 年版,第 86 页。

〔3〕 置于债法编原第 2 章"因合同而产生的债的关系"之前。

在对方违反担保的情况下，无权拒绝履行合同，而只能要求损害赔偿。由此可见，在普通法上，条件构成合同的"基础"（Root），担保仅为合同中次要的条款。[1]

更进一步地是，英美法上条件制度所包含的范围要比大陆法更为广泛。英美法系对于条件之于合同作用的认定有所谓"对流条件（Concurrent Condition）规则"或"共存条件规则"，即合同一方的履行被推定为另一方履行其义务的先决条件，换言之，通常意义上的条件是一方当事人承诺履行合同的重要前提，在这一意义上，条件承担着类似大陆法上履行抗辩权的功能，[2] 此处所谓的条件也被称为"承诺的条件"。[3] 而在特殊情况下，条件才具有了"附属的条件"的特征，即合同的生效与否取决于条件是否得到履行，此时的条件才具有了与作为大陆法系"法律行为之附款"的条件相通的功能与意涵。从这一意义出发，将航空承运人运输条件中所述的"条件"归入"承诺的条件"更为恰当。

本质上，"条件"在英美法系合同法中的地位与其在大陆法系法律行为理论框架内的不同功能，也与两大法系早期对于合同属性的不同认识密切相关。大陆法系学者对合同的属性秉持"协议说"，认为合同是意定之债的主要发生原因，[4] 本质上是当事人之间合意的结果，是一种协议。[5] 但英美法系对合同属性持"承诺说（允诺说）"，[6] 合同被视为是一种承诺或允诺，合同法所规范的乃是包含一个或者多个允诺的交易，此种承诺或允诺为一方向他方当事人作出负担某种行为或不行为的义务的表示，进而引起受允诺人的

〔1〕 参见杨桢：《英美契约法论》，北京大学出版社 1997 年版，第 290 页。

〔2〕 参见董安生：《民事法律行为》，中国人民大学出版社 2002 年版，第 152 页。

〔3〕 参见［英］A.G.盖斯特：《英国合同法与案例》，张文镇等译，中国大百科全书出版社 1998 年版，第 121 页。

〔4〕 参见王泽鉴：《债法原理》（第一册），中国政法大学出版社 2001 年版，第 6 页。

〔5〕 然而，也有学者认为，在罗马法史上，"诺成契约"亦是"契约"的四大类型之一（其他三种类型分别为口头契约、文书契约、要物契约）。参见［英］梅因：《古代法》，沈景一译，商务印书馆 1959 年版，第 209 页。

〔6〕 譬如，《美国合同法第二次重述》第 1 条规定："合同是一个允诺或一系列允诺，违反该允诺将由法律给予救济，履行该允诺是法律在某些情况下确认的一项义务。"

信赖。[1]将合同视为是一种允诺，最早是由英国的历史习惯和诉讼程序所决定的，[2]同时也与英美法将不当得利与无因管理等关系作为"准合同"对待的做法有联系，但是从强制执行允诺的本质来看，无论是"作为履行的强制执行"还是"作为激励的强制执行"，[3]都表明此种允诺并非一种单纯的允诺，而是建立在交易基础之上的允诺。但是，由于"允诺说"容易导致将合同视为单方允诺的误解，所以，一些英美法学者也开始逐渐采纳大陆法关于合同的见解，将合同视为一种协议，[4]由此，两大法系在合同的概念上有逐步接近的趋势。[5]

2. 基于航空运输合同的法律结构。从航空运输合同的法律结构分析，承运人运输总条件契合航空运输合同的基本要素，发挥着系统规范因航空运输活动产生的私法关系的积极功能，为航空运输服务合同的核心内容。

我国现行的《民用航空法》并未规定承运人运输总条件的法律属性，亦未界定"航空运输合同"的内涵与外延，但分别于第 111 条、第 112 条和第 118 条界定了运输凭证之于航空运输合同的法律关系。[6]而学理上在讨论运输总条件的法律地位时，常视其为航空运输合同的主要内容或核心内容，但是对于航空运输合同的具体构成却存在争议。《民法典》第 809 条规定："运输合同是承运人将旅客或者货物从起运地点运输到约定地点，旅客、托运人或者收货人支付票款或者运输费用的合同。"比照这一规定，狭义范围内[7]

---

[1] 作出允诺表示的人是为允诺人（Promisor），而接受允诺表示的人是为受允诺人（Promisee）。

[2] 在中世纪的英国法中，并没有形成合同的概念。最早出现的，只是所谓的"允诺之诉"，即当允诺人违背其允诺时，受允诺人有权向法院起诉，请求法院执行诺言。参见王军编著：《美国合同法》，中国政法大学出版社 1996 年版，第 5 页。

[3] 参见［加］Peter Benson 主编：《合同法理论》，易继明译，北京大学出版社 2004 年版，第 21 页。

[4] 譬如，英国《牛津法律大辞典》将合同定义为"二人或多人之间为在相互间设定合同义务而达成的具有法律强制力的协议"；《美国统一商法典》第 1-201（11）条将合同界定为"产生于当事人受本法以及任何其他应适用的法律规则影响而达成的协议的全部法律债务"。

[5] 参见王利明：《合同法研究》（第一卷），中国人民大学出版社 2015 年版，第 6 页。

[6]《民用航空法》第 111 条、第 112 条和第 118 条分别规定了客票是航空旅客运输合同订立和运输合同条件的初步证据、行李票是行李托运和运输合同条件的初步证据、航空货运单是航空货物运输合同订立和运输条件以及承运人接受货物的初步证据。

[7] 笔者认为，广义范围内的航空运输合同除涉及起降机场之间的航空运输服务外，还包括承运人或其代理人通过自有或第三方物流体系所提供的门到门等物理距离上的延展服务等。

的航空运输合同可以被界定为航空承运人将旅客或者货物从起运机场运输到约定机场，旅客、托运人或者收货人支付票款或者运输费用的合同。

　　无论是在大陆法系还是在英美法系的合同法中，运输类合同作为一种重要的合同类别，一般不以承运人与每位旅客、货主签订正式的运输合同为必要形式，而常以承运人向旅客、货主交付客票/航空货运单为成立要件，这也是基于交易效率和交易便利的考量。航空运输虽然不签订具体的协议，仅通过旅客购票和托运人通过承运人填写货运单来确定双方的权利义务关系，但这并不意味着双方之间不存在航空运输合同。应当说，航空运输合同至少由运输凭证、承运人发布的运输总条件、其他相关法律文件等三部分内容构成。

　　首先，航空运输凭证作为航空运输合同订立的初步证据而存在。航空运输凭证是航空运输中使用的、来确立旅客、托运人、收货人和承运人及其代理人之间权利义务关系的法律文件。以航空旅客运输合同为例，根据《民用航空法》第111条第1款的规定："客票是航空旅客运输合同订立和运输合同条件的初步证据"，该条明确了客票的性质、法律地位以及承运人违反客票规则的法律后果，它是参考1955年《关于修改1929年在华沙制定的关于统一国际航空运输某些规则的议定书》（以下简称为《海牙议定书》）第3条第2款[1]的规定和我国航空运输发展的实际情况拟定的。航空旅客运输合同一般于旅客购入客票时即告成立，客票只是此项合同订立的初步证据，而不是合同本身。初步证据是普通法中的概念，普通法把证据分为初步证据（Prima Facie Evidence）和最终证据（Conclusive Evidence），前者又称表面证据，它表明了对其所证明的事务的基本肯定，其作为证据的充分性和有效性等证明力已经达到法院可以据以认定事实、进行判决的程度，但是如有相反的更为确凿的证据证明时，初步证据可以被推翻，因此，初步证据的证明力是初步的，而不是最终的；最终证据的证明力是完全充分和有效的，其他证据不能否认最终证据的证明力。两相比较，最终证据可以否认初步证据，但初步证

---

　　〔1〕　1955年《海牙议定书》对1929年《华沙公约》做了部分修订，修订后的《海牙议定书》第3条第2款规定："在无相反的证明时，客票应作为载运契约的缔结及载运条件的证据。客票的缺如，不合规定或遗失，并不影响载运契约的存在或有效，载运契约仍受本公约规定的约束。但如承运人同意旅客不经其出票而上机，或如客票上并无本条一款（3）项规定的声明，则承运人无权引用第二十二条的规定。"

151

据不能否认最终证据。

其次，承运人运输总条件集中载明了航空运输合同各方当事人的主要权利义务。我国《民法典》第 814 条规定："客运合同自承运人向旅客出具客票时成立，但是当事人另有约定或者另有交易习惯的除外"，但是客票等运输凭证并非运输合同本身，因为它缺少对旅客与承运人等合同当事方之间权利义务内容的规范，而运输总条件集中载明了航空运输合同当事方的具体权利与义务，以及违反合同时当事方（尤其是承运人）应当承担的责任，实质上涵盖了航空运输合同的主要内容，为航空运输这种特殊的、典型的交易事件创造了一个固定的"法律框架"，从而避免每次订立同类型的单个合同时总是去重新确定合同的样式。正如有学者所言："航空承运人运输总条件作为一种格式的'一般交易条件'，因此为航空公司提供了一个履行航空运输合同给付的统一的'法律基础'，进而（通过）公司声明成为嗣后订立的各个航空运输合同的组成部分。"[1]

再其次，其他相关法律文件构成了航空运输合同的重要补充。如果说客票是航空运输合同订立的初步证据、且运输总条件是航空运输合同的主要或核心内容的话，运输合同究竟还包含哪些法律文件，也需进一步厘定。有学者认为"在'航空运输总条件'之外，航空运输合同还包括其他可适用的重要规定和条件，其中包括特殊旅客的运输规定、电子设备的限制使用规定、在飞机上饮用酒精饮料的规定等"。[2]本书认为，在航空运输合同中，除客票、承运人运输总条件之外的其他法律文件，不应仅仅局限于上述文本，从类型化的角度分析，应当包括可以引起航空法及航空运输当事人民商事法律关系产生、变更、中止甚至终止的特殊法律文件，此种特殊法律文件所调整的事宜在当事人举证之时并未由承运人运输总条件所规范，并且既可以是承运人与旅客、货主之间的特殊民商事约定，也可以是相关的法律、行政法规等。从这一角度而言，构成航空运输合同重要补充的此类特殊法律文件是动态变化的，并且需经个案方能具体认定。

最后，有学者认为在航空运输合同所涉的系列法律文件中，"运输条件"

---

[1] 参见郝秀辉："论'航空运输总条件'的合同地位与规制"，载《当代法学》2016 年第 1 期。
[2] 参见郝秀辉："论'航空运输总条件'的合同地位与规制"，载《当代法学》2016 年第 1 期。

与"合同条件"也不尽一致。[1]航空运输中的合同条件一般是指机票（指纸质客票、非电子行程单）背面和货运单背面规定的条款，确立了航空承运人与消费者之间的基本合同关系，而运输条件所涉及的内容则要广泛得多，也构成了航空运输合同的组成部分。以国际航空运输协会决议为例，除了通过第1724号决议之外，其还发布过文件名为《旅客机票——通知与合同条件》的第724号决议，该决议规定了机票上必备的各种通知和合同条件。本书认为，鉴于我国现行的《民用航空法》并未单独使用运输总条件的表述，而只是于第111条、第112条和第118条分别就客票、行李票及航空货运单对于运输合同及合同运输条件的证据效力作了规范，且第118条虽然使用了"运输条件"的表述，但从文意解释的角度，应与第111条和第112条所使用的"合同运输条件"做并列理解，可见，现行《民用航空法》在立法例上并未严格区分"运输条件"与"合同条件"。

（三）航空运输总条件的立法表达

由于运输合同是附和合同，其条款一般是由承运人一方拟定，而不是由当事人双方协商确定，旅客、货主只在是否订立合同上有自由选择权。为了防止承运人一方将不公平条款强加给旅客、货主，国际航空运输公约和各国立法基本都把运输合同条件法定化。"华沙-蒙特利尔公约体系"项下有关合同双方权利义务的条款在法理上属于缔约国之间法定的国际航空运输合同条件的核心内容（包括国际公约转化为国内立法中有关合同双方权利义务的规定），而在国际航空运输协会运输条件广泛影响之下由各承运人自行发布的运输总条件的合同属性理应为立法所认可。

当前，我国《民用航空法》正在修订之中，作为突出承运人在民航市场中的主体地位、进一步发挥市场在资源配置中决定性作用的重要方式，从立法角度赋予运输总条件以合同地位正当其时。建议《民用航空法》在《民法典》合同编、《消费者权益保护法》对运输合同、消费者权益保护等法律规制的立法体例基础上，明确厘定运输总条件的法律属性，通过运输总条件平衡承运人与旅客、货主的权益，构造符合航空业惯例的新型契约关系，并鼓励承运人通过优化其运输总条件的方式来推动民航市场承运人之间的良性"制

---

[1]　参见吴建端：《航空法学》，中国民航出版社2005年版，第160页。

度竞争",[1]以进一步推动民航业的市场化发展及治理能力、治理体系的现代化。[2]

三、"特别条款"适用困境的消解

从学理乃至立法层面赋予航空承运人运输总条件以航空运输合同主要内容的法律地位,所面临的法理障碍之一是各承运人在其运输总条件中对航班超售、航空旅客黑名单、航班延误及取消等问题的调整与界定,在学理层面,此类问题凸显了航空运输与传统运输方式的不同,在司法实践中也是争议的热点和难点。从类别化角度考虑,本书拟将运输总条件中的此类条款统称为"特别条款",并拟就此类特别条款对于航空承运人运输总条件合同属性的影响做一些不成熟的分析。

(一)"特别条款"对运输总条件法律效力的影响

作为对"华沙–蒙特利尔公约体系"项下航空承运人责任认定规则的重要补充,各航空承运人颁布的运输总条件所调整的内容一般涉及航空运输服务链条的全部程序。以旅客运输条件为例,内容一般涉及客票、票价与税费、订座与购票、航班超售、乘机、行李运输、航班时刻、航班延误及取消、拒绝和限制运输、退票、客票变更、旅客服务、第三方服务、航空器上的行为、行政手续、连续承运人、损害赔偿责任等。

---

〔1〕 在新制度经济学看来,制度是经济领域的一个内生变量而非外生变量,制度在长期经济增长的分析中至关重要;人类的理性选择(在具体的约束条件下)将创造和改变诸如产权结构、法律、契约、政府形式和管制这样一些制度,这些制度和组织将提供激励或建立成本与收益,最终这些激励或成本与收益关系在一定时期内将支配经济活动和经济增长。进而言之,在市场竞争及竞争法领域,市场主体之间的制度竞争较其行为竞争更为重要。参见〔美〕西奥多·W. 舒尔茨:"制度与人的经济价值的不断提高",载〔美〕罗纳德·H. 科斯等:《财产权利与制度变迁:产权学派与新制度学派译文集》,刘守英等译,格致出版社、上海三联书店、上海人民出版社 2014 年版,第 175~184 页;〔美〕小罗伯特·B·埃克伦德、罗伯特·F·赫伯特:《经济理论和方法史》,杨玉生等译,中国人民大学出版社 2000 年版,第 361 页。

〔2〕 2016 年 8 月 8 日,中国民用航空局发布了《关于〈中华人民共和国民用航空法〉修订征求意见稿公开征求意见的通知》,并于此版《中华人民共和国民用航空法(修订征求意见稿)》第 107 条第 3 款规定:"本法所称航空运输合同是航空运输承运人将旅客、行李或者货物从出发地点运输到目的地点,旅客、托运人或者收货人支付票款或者运输费用的合同。公共航空运输企业公布的运输总条件是航空运输合同的组成部分。"

其中，航班超售、航班延误及取消、拒绝和限制运输、行政手续等条款颇具特殊性。一方面，尽管我国《民法典》合同编将运输合同单列为一种有名合同予以规范，但是，鉴于民用航空业独具的高风险、高运营成本、高科技含量等产业特征，决定着包括承运人运输总条件在内的航空运输合同与传统运输合同存在着若干重要差别，这往往是航空法与合同法边界之所在，当客票超售、黑名单等有别于传统运输合同的事件发生时，如何通过运输总条件平衡承运人与消费者之间的契约关系至关重要；另一方面，合同法上格式条款的产生对于增进交易、便利消费者至关重要，但也因其由优势企业一方所拟定而限制了合同自由，而强制缔约义务的产生可谓是对合同自由的一次修正与保护，意即为了保障消费者的需要得到满足和合法权益不受侵害，法律规定非有正当理由，格式合同提供者不得拒绝消费者的缔约请求，具体到航空运输服务中，承运人运输总条件对于航班超售、黑名单等问题的界定是否属于"法律规定非有正当理由"的范畴，应慎重考量。基于此，如何认定此类特别条款的效力，对于承运人运输总条件合同属性的认定颇为重要。

（二）"特别条款"的适用困境：以"客票超售条款"为例

一般而言，在航空承运人运输总条件中，客票超售条款往往被作为特别条款之一为承运人所单方面设置。客票超售是目前国内实践中约定俗成的说法，其英文原文是"Overbooking"，[1]译意为"超订座"，指为了避免航班座位的虚耗、满足更多旅客的出行需求，航空承运人往往会在某些容易出现座位虚耗的航班上进行超过航班最大允许座位数适当比例的客票销售行为。

航班超售是为了避免座位虚耗。座位虚耗的原因主要包括：其一，旅客原因，由于旅客通过航空订票的周期较长，在购买机票并订好座位后，往往存在少量旅客最终未按约定时间前往机场办理登机手续的情形，也即航空法上的"No-Show"，或者旅客可能同时与多家机票代理联系购票，各家代理都订座，无意中造成重复等；其二，代理人原因，比如航空公司代理人的虚假订座等；其三，其他原因，比如旅客由于乘坐另一航空公司或同一航空公司的航班，由于航空承运人或天气原因延误而错过衔接航班，或者航空公司不

---

〔1〕《美国联邦行政法典》第14篇第250节所规定的"超售规则"（14 CFR Part 250-OVERSALES）中采用了"Oversales"的表述，译意为"超销售"。

要求旅客"再证实"座位等。

航班超售具有一定的经济合理性，被视为"飞机经济学"的典型案例，但对于航空消费者的合法权益也极易造成侵害。一方面，各航空承运人都会实行一定比例的超售，规模越大、管理越先进的航空公司的超售范围越广，超售收益也越大，这些航空承运人会通过相关数据分析系统抽取历年订座和离港数据，同时参考前期被延误行程人数和补偿费用，以决定是否对航班进行超售以及超售数量，且必需权衡合理超售和拒载两者之间的利弊，找出一个既有效利用空位、又能将拒载登机损失压缩到最小的平衡点；[1]另一方面，由于超售极有可能造成航班旅客的溢出，致使部分旅客无法登机，在补救措施无法满足溢出旅客需求的情况下，甚至产生承运人拒载等一系列问题。

基于此，理论界和司法实务界对于航空承运人运输总条件中超售条款的合理性始终存有争议，可以概括为"肯定说"和"否定说"两种观点。

1. 肯定说。"肯定说"认为：首先，在产生原因方面，超售源自航空承运人为避免座位的虚耗以及满足更多旅客出行的需求，而非基于承运人的主观恶意，航空承运人基于市场竞争、运营成本、客源流失等考虑，对航班进行超售也符合国际航空业的售票惯例，且法律上对超售行为未予以明令禁止；其次，在控制措施方面，全球民航业对于适宜超售的航班及超售的比例都有明确的业内限制，而非承运人不受控制；再其次，在补救措施方面，超售一旦发生后，承运人需针对溢出旅客及时采取寻找自愿者、尽快安排下一班航班、现金补救等措施，且此类补救措施需作为明示条款而与超售条款一起列入运输总条件中；最后，在责任认定方面，对于自愿接受补偿金的溢出旅客，承运人一般会提供类似《非自愿弃乘及免责书》等法律文件，该等法律文件通常载有"把赔偿金视为弃乘而引起或可能引起的一切索赔要求、费用支出及损失的最终解决"等类似条款，从而在旅客与承运人之间形成了一份新的认定双方责任的合同。

2. 否定说。持"否定说"观点者又可细分为"欺诈说"和"违约说"。"欺诈说"认为，航空承运人在旅客购票之时并未告知消费者关于客票超售情况，侵犯了消费者的知情权，进而影响了消费者的缔约意愿，客观上会造成

---

〔1〕 参见吴建端：《航空法学》，中国民航出版社2005年版，第165页。

消费者在不知情的情况下违背真实意愿订立合同，违反了诚实信用原则，构成欺诈，因此应按《消费者权益保护法》第 55 条关于"退一赔三"的罚则处理。[1]"违约说"认为，旅客自购票之时即已达成其与航空承运人之间的运输合同，航空公司未按客票载明的时间和班次运输旅客，即使已根据旅客的要求安排改乘其他班次，但无法影响迟延运输违约责任的界定，也属于未按约定全面履行自己的义务，应承担承运人的违约责任，赔偿因违约给旅客造成的经济损失。[2]

由此可见，在承运人运输总条件中，以航班超售为代表的特别条款，无论在学理还是在实践中，极易遭遇适用上的困境，这既源自航空产业与航空法较之于传统运输行业及其法律规则的特殊性，也与立法缺失和行业导向的模糊性有关，进而共同导致了司法裁量的非一致性后果。

（三）"特别条款"订入运输总条件的立法规制

应当承认，特别条款所规范的超售、拒载等是航空运输中长久以来形成的合法实践，[3]无论是国际航空运输协会版本的"运输条件"与"合同条件"，[4]还是"华沙-蒙特利尔公约体系"项下的国际公约，都明确认可了航空运输过程中客票超售、航班拒载、延误及取消等行为作为航空业惯例的客观性。从航空运输合同角度来看，问题在于在此类行为作为特别条款载入运输总条件的过程中，如何在保持条款合理性与必要性的同时，亦能有效维护航空消费者的合法权益，并通过运输总条件在航空承运人与消费者之间构建平衡的契约关系？诚然，这不仅有赖于立法与行业主管机关的指引与规范，以及航空消费者对承运人运输总条件相关规则的事前审查机制，也需进一步

---

〔1〕 2010 年 11 月，浙江省温州市龙湾区工商分局对国内某航空公司开出关于机票超售的行政处罚决定书，认为其对旅客黄某一行八人中两人的机票超售行为违反了《民法通则》第 4 条规定的诚实信用原则，剥夺了《消费者权益保护法》第 8 条赋予旅客的知情权，同时违反了《浙江省实施〈中华人民共和国消费者权益保护法〉办法》第 51 条第 15 项的规定，构成了以欺诈方式超售机票的违法事实，责令该航空公司改正违法行为，并处以罚款 5000 元。此案是为我国机票超售行政处罚的第一案。

〔2〕 参见王娟诉中国东方航空股份有限公司航空旅客运输合同纠纷案，上海市第一中级人民法院民事判决书（2015）沪一中民一（民）终字第 1946 号等。

〔3〕 参见美国运输部消费者保护处的 *Fly-Rights A Consumer Guide to Air Travel*，转引自吴建端：《航空法学》，中国民航出版社 2005 年版，第 169 页。

〔4〕 国际航空运输协会第 724a 号决议明确了协会会员可以在机票上适用的有关超售的相关规则。

规范承运人在制定运输总条件过程中的各项实体义务和程序义务，前者包括科学、合理制定各项条款尤其是特别条款的义务，后者包括承运人的告知义务等。就立法对于特别条款拟约定事项的规制而言，美欧等航空业发达国家和地区的经验可资借鉴，而我国在立法领域也开展了类似实践。

1. 国外立法。在对客票超售、航班拒载、延误及取消等特别条款规则的设置方面，立法的作用至关重要。应当充分了解此类问题的法律属性，广泛借鉴欧美等航空业起步较早的国家和地区的立法规则，通过制定相应的法律规范，引导承运人在运输总条件中合理设置特别条款，使承运人与旅客之间的格式合同兼顾《民法典》合同编、《消费者权益保护法》等法律的要求和航空运输产业的特殊性。目前，在超售等行为的规制领域，美国《联邦行政法典》第 14 篇第 250 节所规定的"超售规则"和欧盟《关于航班拒载、取消或长时间延误时对旅客补偿和协助的一般规定》（以下简称为"欧盟 261/2004 条例"）最具代表性。

（1）美国。美国的民航运输总量长期居于全球首位，其航空法律体系体现在国际公约、国会立法、司法判例、行政规章等层面。在国际公约层面，根据美国最高法院判例，适用公约的航空运输，排除地方法律的适用（包括消费者权益保护法）；此外，由于国会的立法具有较强的原则性，美国交通运输部（Department of Transportation，以下简称为"DOT"）、美国联邦航空运输局（Federal Aviation Administration，以下简称为"FAA"）等行政机构制定了更为详细的行政规章，以使国会立法具体化，并确保其有效执行。美国交通运输部于 1978 年就颁布了专门调整有关超售和拒绝登机的规则，并沿用至今，也即美国《联邦行政法典》第 14 篇第 250 节的"超售规则"，适用于因持有经确认的订座和客票的旅客超过航班实有座位，致使航空公司无法全面提供原先确认预定的座位的情形。美国交通运输部超售规则对于非自愿拒载登机遴选程序（Priorities Procedure）中旅客权益的保护和航空承运人的义务作了重点规范，细致规定了遴选自愿者与非自愿者的程序和方法、补救的措施、补偿的标准、支付的方式、补偿资格的获得等一系列具体规则。同时，美国交通运输部对于超售规则的实施情况也予以监督，要求航空承运人如实报告超售和拒绝登机情况，并将其汇总在航空旅游消费者报告（Air Travel Consumer Report，以下简称为"ATCR"）中。美国机票超售规则自 1978 年生效以来能沿用至今的重要原因之一在于，在其确立了超售规则的基本框架上，还建立了赔偿金额的通货膨胀自动调整机制等。[1]然而，必须强调的是，虽然超售规则在美国已实行多年，但是关于航班超售的合理性问题始终存有争议，2017 年 4 月，因美联航 UA3411 航班超售暴力驱客事件[2]的发生，有关机票超售的话题又掀起了新一轮争论，但是即使如此，由于美国航空运输的法律体系相对较为完善，尽管航空公司的客规中约定了极具争议的客票超售等条款，但是一般而言，旅客在选择航空承运人出行之前，需要根据法律的规定先了解和阅读其"旅客须知"，如果旅客选择购买了一家航空公司的机票，那么双方合同达成，航空公司和旅客都要承担自己的义务，以最终促使航空运输市场的自由竞争。[3]

（2）欧盟。欧盟的航空业发展水平及其航空法也始终走在全球前列，在航空立法方面，除国际公约优先适用外，亦采取单独立法的体例。在机票超售方面，欧盟早于 1991 年就颁布了《关于在定期航空运输中建立拒载赔偿制度的规定》（以下简称为"欧盟 295/91 条例"），之后，为了更好地保护航空旅客的权利，欧盟于 2004 年新修订了 261/2004 条例，并完全取代了 295/91 条例。261/2004 条例的主要内容是在旅客被拒绝登机、航班取消以及长时间延误的情况下，确立如何对其进行赔偿和协助的具体规则。该条例适用范围为欧盟成员国境内机场出发的旅客，也适用于从第三国出发、前往欧盟条约适用的欧盟成员国内的机场且承运人为欧盟承运人的旅客，除非该旅客在第三国内收到益处、赔偿或获得帮助。条例将因客票超售产生的拒载分为自愿拒载和非自愿拒载，并规定了承运人的告知义务以及拒载后补偿金的额度、

---

[1]　赔偿金额通货膨胀自动调整机制，指由美国交通运输部每两年对赔偿金额进行审查，并根据城市居民消费者价格指数的增长来计算最高赔偿额的增幅。此外，美国交通运输部在执法方面也体现出了与航空承运人良好的互动性。

[2]　2017 年 4 月，美籍越南裔旅客 David Dao 与妻子乘坐美联航 UA3411 航班，由芝加哥飞往肯塔基州路易斯维尔，在航班登机后、起飞前被强行拖下飞机，致使其鼻梁骨折，失去了两颗前牙，并有脑震荡情况。事件发生后，全球航空业与消费者组织哗然，关于航班超售合理性与否的争论再起。最终，遭暴力拖拽下飞机的乘客 David Dao 与美联航达成和解协议，但作为条件之一，协议的具体内容和涉及的金额保密。

[3]　美国本土的许多低成本航空机票价格非常便宜，但出现超售情况时不仅没有补偿，而且也无后续航班安排，从而在航空市场上实现多样化的选择与竞争，以使航空市场的旅客运输交易更为公平且自由。

标准与支付方式等，体现了欧盟对于航空旅客优先保护的强烈色彩。[1]然而，欧盟261/2004条例的内容因与欧盟成员国在之前条约中的义务相冲突，并且与"华沙-蒙特利尔公约体系"项下有关航空承运人责任中的第三国义务相冲突，因而引起了很大的国际争议。国际航空运输协会曾就此提起诉讼，虽然最后的诉讼结果是欧盟维持该条例的合法性，但国际航空业界尚未放弃重新审查该条例的努力。

2. 我国实践。截至目前，在航班超售问题上，我国民航法律体系内尚未有直接对其进行规范的、具有强制约束力的法律规定，中国民用航空局消费者事务中心曾于2014年发布过作为行业标准的《公共航空运输航班超售处置规范》（行业标准号：MH/T 1060-2014，以下简称为《处置规范》），并于2015年3月1日起正式实施，为国内首个直接针对航班超售问题而制定的文件，但由于该《处置规范》的法律属性为推荐性行业标准，尽管对于各航空承运人具有参照意义，但实际上并不具有强制执行力。但是，相比2006年我国机票超售第一案中北京市朝阳区人民法院的《司法建议函》，[2]这已是明显的进步。如果《民用航空法》能够以本次修订为契机，在行业基本法中增加关于规范超售等行为及责任的相关条款，进一步明确承运人必须履行的义务，将会对完善承运人运输总条件的合同地位、平衡维护航空消费者权益与保护航空业商业惯例之间的关系大有裨益。

总体而言，作为规范航空运输活动中承运人与旅客、货主之间法律关系

---

〔1〕 除了欧盟261/2004条例之外，欧盟对于航空旅客权利的保护还包括：Regulation（EC）No 1008/2008，要求航空公司在网站上对价格进行透明化公示；Regulation（EC）No 2111/2005，要求承运人告知旅客航班实际承运人；Regulation（EC）No 1107/2006，对残疾旅客及其他行动不便旅客的保护等。

〔2〕 2006年7月21日，旅客肖某以1300元的价格购买了南航CZ3112航班（北京—广州）机票，在旅客到机场办理登机手续时，南航告知由于机票超售，CZ3112航班已经满员，旅客肖某无法乘坐，于是南航为旅客肖某办理了签转手续，但随后签转航班也发生了延误，南航方面又将旅客唤回，在将其转签至南航CZ3110航班时，免费为其升舱至头等舱（头等舱机票价格2300元），当日22时39分，原座乘坐CZ3110航班头等舱离港，此时距其原定起飞时间已过去3小时。2006年9月，旅客肖某将南航诉至北京市朝阳区人民法院。朝阳法院最终判定虽然南航方面的行为并未构成欺诈，但其未尽到告知义务，应当承担相应的法律责任；同时，朝阳法院向当时的中国民航总局（现为中国民用航空局）和南航发出《司法建议函》，建议中国民航总局作为行业主管部门，能够承担起制定规则的责任，尽快制定航空客运机票超售的规章制度并指导航空运输企业适用。

的重要载体，航空承运人运输总条件理应被立法尤其是《民用航空法》赋予相应的法律地位。尽管目前学术界和司法实务界对于运输总条件的法律属性仍存有不同的认识，但是将其定位为航空运输服务合同的主要内容具有相当程度的合理性。通过对承运人国内运输条件中普遍存在的类似于航班延误及取消、客票超售等特别条款的分析，可以发现，尽管运输总条件中的许多规则系承运人单方事先拟定，对于承运人与旅客、货主的合同权利义务都具有重大的影响，但由于其具有相当程度的合理性，且需要立法或行政手段的同步规制，因此，对于承运人运输总条件合同属性的证成并不构成实质性的法理障碍。同时，应利用《民用航空法》正在修订的宝贵契机，适时在立法中明确承运人运输总条件的合同属性，进而为包括仲裁机制适用在内的其他相关法律问题的破解奠定基础。

第三节　航空运输争议中仲裁协议的效力纾困

如前文所述，航空运输是航空产业链条的核心组成部分。近年来，围绕航空运输的争讼案例大量发生，且仍呈不断增长的趋势。就个案而言，相对于航空运输的快捷与方便，这一领域的诉讼案件却常因其冗长的程序而消耗当事人的各种成本，如能辅之以仲裁机制，对于快速定分止争、节约司法资源均具有积极的意义。根据前文的论证，在运输总条件合同属性已然明确的前提下，仲裁条款的有效性构成了仲裁机制适用于航空运输争议解决的另一必要条件。根据法理，航空运输领域的仲裁协议不仅是当事人在争议解决层面意思自治的体现，同样也是仲裁机构受理案件的权力来源；此外，对于法院而言，仲裁协议虽然在审判阶段排除了其管辖权，但也构成了法院对航空运输争议仲裁进行司法审查的首要内容。

一、航空运输争议中仲裁协议效力评价的维度构成

诚如前文所述，在航空运输领域，仲裁协议的效力不仅受限于航空运输总条件是否具有合同属性的问题，亦受制于仲裁条款引入航空运输合同的方式。如果说航空运输总条件合同属性的证成为航空运输争议中仲裁机制的适

用性提供了前提，仲裁条款引入航空运输合同的方式则构成了航空运输争议中仲裁协议效力评价的本体性问题。在本书看来，其效力评价既需考量《仲裁法》与相关国际公约所确立的评价维度，又需考量航空商事合同争议与航空消费合同争议在航空运输合同中的分野所产生的影响因子。

（一）评价维度

本质上，仲裁协议制度和或裁或审制度、一裁终局制度共同作为我国《仲裁法》中的基本制度而存在。[1]仲裁协议制度集中体现了仲裁制度的自治性、民间性优势，并构成了仲裁程序启动的前置性要件，由此，仲裁协议的效力评价极为关键。就仲裁协议的生效要件而言，一般包括主体要件、形式要件、实质要件等三个组成部分，这既是《纽约公约》《国际商事仲裁示范法》等国际通行仲裁规则经由长久实践所确立的评价维度，也是我国《仲裁法》对于仲裁协议有效性予以评估的基础标准。

1. 主体要件。所谓仲裁协议效力评价中的主体要件，意指仲裁协议当事人应当具备缔约能力。无论将仲裁协议定位于一种程序法领域的协议还是实体法领域的协议，抑或是兼具实体法和程序法协议的属性，以及既不同于实体法又不同于程序法的独立协议类型，当事人具有达成仲裁协议的相应权利能力和行为能力均极为重要。这不仅为《纽约公约》第 5 条第 1 款[2]和《国际商事仲裁示范法》第 36 条第 1 款[3]所确认，且为我国现行《仲裁法》第 17 条[4]所认可，这也为我国航空运输争议解决领域仲裁协议在主体维度的效力评价方面提出了基础性要求。

2. 形式要件。所谓仲裁协议效力评价中的形式要件，意指法律对于仲裁

---

〔1〕 参见宋朝武主编：《仲裁法学》，北京大学出版社 2013 年版，第 29~31 页。

〔2〕《纽约公约》第 5 条第 1 款规定："被请求承认或执行裁决的管辖当局只有在作为裁决执行对象的当事人提出有关下列情况的证明的时候，才可以根据该当事人的要求，拒绝承认和执行该裁决：（一）第二条所述的协议的双方当事人，根据对他们适用的法律，当时是处于某种无行为能力的情况之下……"

〔3〕《国际商事仲裁示范法》第 36 条的标题为"拒绝承认或执行的理由"，其中，第 1 款规定："仲裁裁决不论在何国境内作出，仅在下列任何情形下才可拒绝予以承认或执行：（A）援用的裁决所针对的当事人提出如此请求，并向被请求承认或执行的管辖法院提出证据，证明有下列任何情况：（a）第七条所指仲裁协议的当事人有某种无行为能力情形……"

〔4〕《仲裁法》第 17 条规定："有下列情形之一的，仲裁协议无效：……（二）无民事行为能力人或者限制民事行为能力人订立的仲裁协议……"

协议在具体呈现形式方面的要求。尽管国际公约和各国立法对仲裁协议形式要件的要求存在一些差别，但是大都要求当事人采用"书面协议"订立仲裁协议，[1]我国《仲裁法》第 16 条第 1 款[2]及最高院相关司法解释亦规定了仲裁协议可采用仲裁条款或其他书面形式订立的形式要件。在航空运输领域仲裁协议构成的形式要件方面，国内航空运输争议仲裁需遵循《仲裁法》前述规定采书面形式，国际航空运输争议中仲裁协议的构成要件则为《蒙特利尔公约》所规范，后者于其第 34 条第 1 款明确规定仲裁协议应以书面形式订立。对于书面协议的具体表现形式，公约并未做进一步细化规定，对此，按照国际航空仲裁的实践，应适用 1958 年《纽约公约》中关于仲裁协议形式的相关准则。

3. 实质要件。所谓仲裁协议效力评价中的实质要件，意指法律对于仲裁协议在具体呈现内容方面的要求。根据我国《仲裁法》第 16 条第 2 款[3]之规定，请求仲裁的意思表示、仲裁事项、选定的仲裁委员会构成了仲裁协议应当具备的三项基本内容，这也成为包括航空运输争议仲裁协议在内的仲裁协议效力评价的实质维度。有鉴于航空运输领域争议类型的典型差异化特征和航空运输规则的相对特殊性，对于航空仲裁协议在实质要件方面的效力认定不仅需以《仲裁法》的制度安排为基本前提，更需结合《民用航空法》及《消费者权益保护法》等法律的若干特定规则进行具体展开，进而予以综合评估认定。对此，本书后续将试析之。

（二）影响因子

除前述主体要件、形式要件和实质要件共同构成航空运输领域仲裁协议效力评价的正向维度之外，航空消费合同争议与航空商事合同争议在航空运输合同领域的合理区分（即航空旅客运输、货物运输的区分）亦会对仲裁协议的效力产生重大影响。具体而言，在实践中，航空运输争议常常呈现如下

---

〔1〕 参见朱科：《中国国际商事仲裁司法审查制度完善研究》，法律出版社 2018 年版，第 102 页。

〔2〕《仲裁法》第 16 条第 1 款规定："仲裁协议包括合同中订立的仲裁条款和以其他书面方式在纠纷发生前或者纠纷发生后达成的请求仲裁的协议。"

〔3〕《仲裁法》第 16 条第 2 款规定："仲裁协议应当具有下列内容：（一）请求仲裁的意思表示；（二）仲裁事项；（三）选定的仲裁委员会。"

特征：其一，就数量而言，这一领域所产生的航空争议在目前所有类型的航空争议中体量最大；其二，就争讼事由而言，客运纠纷主要涉及电子商务、机票、误机、黑名单、残疾旅客、航班延误、退改签、航空食品、行李托运等，货运纠纷主要涉及迟延交付、货损、代位求偿、危险品运输等，争议事由也较为复杂；其三，就法律适用而言，航空承运人与旅客、货主之间的旅客运输合同、货物运输合同不仅受到《民用航空法》的调整，《民法典》合同编也以专章方式将运输合同作为有名合同的一种重要类型予以规范，此外，《消费者权益保护法》也对涉及消费者权益保护的相关法律关系进行调整。不同位阶、不同视角的立法固然体现出包括航空运输在内的运输法律关系在经济社会生活中的重要意义，但也在一定程度上反映出这一领域中争议解决机制的法律适用存在着《民法典》、《民用航空法》与《消费者权益保护法》竞合的可能，且对于能否适用仲裁机制也存有许多争议和不同见解。譬如，就学理角度而言，上海国际航空仲裁院将航空运输合同纠纷纳入受案范围，这一仲裁实践与《消费者权益保护法》上消费仲裁的法律属性是否相同？如该处的航空运输仲裁属于消法上的消费仲裁，则上海国际航空仲裁院应当如何协调其与其他类型航空商事仲裁案件之间的关系？进而言之，不难发现，无论是国内法抑或是国际法，无论是仲裁法抑或是航空法，无论是合同法抑或是消法，无论是理论界抑或是实务界，就航空消费争议中的仲裁适用问题，在现阶段并未就航空商事争议与消费争议进行区分，而这恰恰决定了不同法律关系适用不同类型仲裁的应然机理。基于此，通过区分旅客/货物航空运输法律关系及其争议的类型，从商事争议与消费争议的区分角度出发，对于评估航空运输争议当事人之间是否具有真实的"请求仲裁的意思表示"、进而界定不同类型航空运输争议中仲裁协议的效力至关重要。

1. 区分标准。就航空运输协议的类型区分而言，存在着严格区分标准和相对区分标准。所谓严格区分标准，即指基于学理层面法域划分的刚性标准，来审视各部门法之间子制度的区别，就航空争议而言，如果基于最严格意义上的消法与商法的区分标准，航空消费争议仲裁与航空商事争议仲裁理所当然存在交易主体、交易方式、法律后果等多个维度的区别；如果将这一问题从航空运输领域扩展至消费者权益保护的一般类型领域，不难发现，消费争议与仲裁法范畴内的商事争议及其仲裁机制之间同样存有这一矛盾。所谓相对区分标准，系着眼于不同部门法之间相似制度所存在的共性要素所作的区分，就航空争议而言，消费争议与普通商事争议必然存有多种差别，但在其仲裁机制的适用方面也存在若干共同的连接点，譬如，有学者考察美国仲裁体系后指出，在美国，消费争议仲裁仍然属于最广义的商事仲裁，但它在继承了商事仲裁制度大量核心特点的同时，由于消费争议自身的特殊性，又与狭义的商事仲裁有着诸多方面的不同。[1]

　　就航空运输争议的仲裁机制适用而言，笔者倾向于采纳相对区分标准。一方面，如能通过探讨消费争议与商事争议的区别，从而探求仲裁机制适用于航空争议的个性化特征，不仅有助于从学理层面进一步增强航空仲裁机制生成的说理性，更有助于增加实务层面对于航空仲裁机制适用性的判断；另一方面，如能在研判消费争议与商事争议区别的基础上，寻求仲裁机制适用的共通性特征，或许对于合理设置仲裁机制、节省仲裁资源大有裨益。

　　2. 类型区分。在航空法上，航空运输合同可以具体区分为国内航空旅客/行李运输合同、国内航空货物运输合同、国际航空旅客/行李运输合同、国际航空货物运输合同。从争议解决的角度出发，如果以国内、国际的维度区分，可以概括为国内航空运输、国际航空运输这两大争议类型；如果以旅客/行李、货物的维度区分，则可以概括为航空旅客/行李运输、航空货物运输这两大争议类型。依照消费争议与商事争议的差别，在航空运输法律关系内，如果说航空旅客/行李运输侧重于消费者与航空承运人之间的消费法律关系，航空货物运输则更侧重于航空货运商之间的商事法律关系，相应地，在争议解决领域，与商事仲裁相比，消费仲裁在仲裁属性、仲裁协议的达成及效力认定、仲裁机构的选择等方面均存在若干差别。据此，本书拟通过航空旅客运输和航空货物运输的区分，以就其对航空运输仲裁协议的效力影响进行说明。

　　（1）航空旅客运输争议。航空旅客运输是航空运输中传统且重要的类型之一，并为国际公约和《民用航空法》等规范性文件所重点规制。然而，随着消费者权益保护运动的兴起，航空旅客运输合同及其争议的解决规则日渐呈现出适用消费者权益保护类法律的倾向。如果说"现代合同法发展的一大

---

〔1〕　参见彭硕："美国消费争议仲裁若干法律问题研究"，武汉大学 2014 年博士学位论文。

特点即是从契约到身份的反向运动",〔1〕则消费者合同特别是航空消费者合同便是这一转变的典型代表。作为传统商事交易法的核心内容,《民法典》合同编虽在商法人与商法人之间的交易领域着墨较多,但并未摒弃自然人与商法人之间的商事交易,这也奠定了现代合同法体系对旅客运输合同、货物运输合同进行规制的基本前提。基于此,在传统航空运输合同领域,旅客、货主在购买机票、提交航空货运单之际,即与航空承运人形成了合同法所调整的航空旅客运输、货物运输关系,然而,随着消费者运动的兴起,"服务"被纳入消费的对象,购买商品或服务的个人不再仅仅是合同的一方当事人,而且享有"消费者"的法律身份以及相关的权利。〔2〕

在制度设计层面,航空旅客完成了从合同当事人到消费者、从契约到身份的转变,在其与航空承运人达成运输合同之后,便获得了消法所赋予的特别权利,并受到特别的保护。在争议解决领域,《仲裁法》的颁布标志着我国确立了市场经济土壤之上的现代仲裁制度,且主要以公民、法人和其他组织之间发生的合同纠纷和其他财产权益纠纷为主要受案范围,理论上,消费纠纷中涉及财产权益纠纷的相关领域亦可被涵盖于仲裁的受案范围之中;同时,我国现行《消费者权益保护法》亦将仲裁作为争议解决方式的一种,规定消费者和经营者发生消费者权益争议的,可以根据与经营者达成的仲裁协议提请仲裁机构仲裁,由此可见,消费纠纷仲裁制度事实上存在于我国的立法层面。然而,就学理角度而言,《消费者权益保护法》所界定的消费纠纷仲裁与《仲裁法》所界定的民商事财产纠纷仲裁的关系究竟为何,值得探讨。对于航空旅客运输在法律关系、实务操作中所呈现出的行业性、独特性,特别是在合同双方权利义务发生冲突之际,究竟应当以承运人与旅客间的航空运输合同法律视角来分析,还是以经营者与消费者之航空消费合同的法律思维来评判,学术界存有不同的争议,这也进而导致了航空运输法律关系在过错评价与责任分担、裁量标准与法律适用等维度存有许多分歧。这一法理层面的纷争,也衍生出航空争议解决机制中仲裁的适用性问题,即在面对航空运输争

---

〔1〕 参见董保华、周开畅:"也谈'从契约到身份'——对第三法域的探索",载《浙江学刊》2004年第1期。

〔2〕 参见马俊驹、童列春:"私法中身份的再发现",载《法学研究》2008年第5期。

议之时，究竟应以航空运输合同争议的裁量规则来分析，还是应当以航空消费争议的判断标准来评价。此外，就争议解决的效果而言，仲裁较之诉讼在隐私、效率等方面更具优势，然而，在消费合同特别是航空消费合同领域，代表着当事人就仲裁达成意思自治的核心体现的仲裁条款，同样也构成了航空消费争议可仲裁与否的根本障碍。

（2）航空货物运输争议。与航空旅客/行李运输领域不同，航空货物运输虽亦属于航空运输的重要种类之一，但却呈现出了若干不同的特征。就市场主体而言，航空货运市场不仅存在着运营航空货运机队的承运人，还存在着大量货运代理人，且该等货运代理人与航空旅客/行李运输中的客票代理人的显著不同在于：大多数货运代理人既是航空公司的销售代理人（Sales Agent），往往同时也是航空运输的地面操作代理人（Ground Handling Agent），且常"以自己的名义"直接参与航班运营，并且自主签发航空分运单。[1] 此外，随着电子商务（包括跨境电商）的迅猛崛起，物流配送市场的需求日益旺盛，海内外多家围绕航空货运机队运营的电商平台迅速崛起，此类重要商事主体在航空货运物流市场中占据着重要地位。

在法律层面，相对于航空旅客/行李运输市场而言，航空货物运输市场更多体现为货主、代理商、承运人、物流商等商事主体之间的交易，航空货运领域的市场交易从而也具有了典型的商事交易特征。在这一领域中，如拟以仲裁机制解决货运商之间的争议，根据交易是否具有"国际运输"属性等因素，分别适用《蒙特利尔公约》《仲裁法》的规定即可。此外，与以航空旅客运输争议为代表的消费仲裁相比，航空货物运输争议在仲裁协议的达成空间等问题上较少存在法理障碍。

二、航空运输争议中仲裁协议效力评价的具体路径

根据我国《仲裁法》，仲裁协议的效力评价由主体要件、形式要件、实质要件构成，鉴于航空运输争议中仲裁协议效力评价的特殊性主要体现于实质要件，因此，本书此处仅以我国《仲裁法》第16条第2款之规定（即"请求

---

[1]　参见孙磊、魏晓雷："论航空货运争议的几个法律问题"，载杨惠、郝秀辉主编：《航空法评论》（第6辑），法律出版社2017年版，第52页。

仲裁的意思表示""仲裁事项""选定的仲裁委员会"构成了仲裁协议应当具备的三项基本内容）为基础，就航空运输争议中仲裁协议效力评价的具体路径尝试展开论述。

（一）"请求仲裁的意思表示"维度下仲裁条款订入航空运输协议的方式与效力——以航空消费争议为切入

在仲裁协议效力评价的实质要件中，"请求仲裁的意思表示"既是当事人达成仲裁协议的前提条件，又是仲裁协议有效性的必备要素和题中应有之义，本质上是当事人就争议事项提交仲裁的意思自治，且该等意思自治为各方当事人平等协商基础上的共同意思表示。然而，在航空争议解决领域，因航空运输关系而引起的法律纠纷虽作为一种重要乃至主要类型存在，但在争议类型构成方面却呈现出了消费争议与商事争议相区分的典型差异化特征，由此，"请求仲裁的意思表示"这一要素也会因运输争议类型的区分（航空旅客/货物运输争议）而呈现不同的表达方式，进而对仲裁协议的有效性产生影响。

在航空运输领域特别是以航空客运为代表的消费争议领域，当事人之间的诉争即便再微小，也会因双方事前未达成过仲裁协议而无法引入仲裁机制。倘若将与航空承运人签署运输合同的当事人引入至航空消费领域，作为相对方的旅客因兼具了运输合同当事人与航空消费者的双重身份，而在选择仲裁作为争议解决方式的法理基础领域亦增添了复杂性，且因消费者常与格式合同提供者之间无法达成具有法律拘束力的仲裁协议而使得仲裁在航空消费领域的适用缺少了现实可行性，进而构成了判断航空消费争议仲裁可契约与否的根本障碍。

1. 事前仲裁条款的效力困境。在航空旅客运输领域引入仲裁机制，可以分为事前仲裁和事后仲裁。在纠纷发生之后，当事方基于事后达成的仲裁协议，将争端提交约定的仲裁机构予以裁定，只要符合《仲裁法》的规定，仲裁当属合理有效。有疑问的是，如作为当事人一方的经营者在事前拟定的消费合同中事先拟定了仲裁条款，该等仲裁条款的效力应当如何认定，值得讨论。具体到航空运输领域，即为在航空运输总条件中事先拟定的仲裁条款，应当如何认定其效力的问题。

在消费合同领域，由于合同双方当事人的经济地位常常并不相等，消费者需以相对弱势的地位被迫接受经营者所提出的格式合同，此类格式合同正是出于提高交易效率和交易便利的目的而制定，即在经济社会高度发达的背景下，个别磋商的传统缔约方式不再适用，格式合同应运而生，并多含有提升交易效率、最大限度维护经营者经济利益的条款。如在消费者提供的格式合同条款中预设仲裁条款，在主观意愿层面虽契合仲裁对于纠纷（特别是小额纠纷）的快速处置功能，但是，毕竟此类仲裁协议缺失了消费者本人的意思自治，与仲裁机制的自治性背道而驰。

对此，学术界给出了不同建议，有学者建议由经营者向消费者自愿发出仲裁承诺是订立仲裁协议的重要途径，譬如，全行业将仲裁条款纳入格式合同或在交易中以"信誉卡""三保卡"等形式向消费者承诺未来可能发生的消费纠纷可通过仲裁方式解决，如果消费者认可并同意仲裁，则视为达成协议；[1]有学者建议对一些垄断性强、经营者实力特别强的行业（如公共服务领域、宽带通信行业等）探索有限度地推行消费争议强制仲裁。[2]本书认为，上述建议虽有利于推动消费仲裁机制在实践中的应用，但在航空消费领域却未必适合，其一在于航空消费交易在日常生活中大量发生，传统磋商方式根本无法适应行业发展，就消费争议仲裁条款单独协商的方式在实践中根本不具有可操作性；其二在于自治性被认为是仲裁制度的根基和生命力所在，强制仲裁的建议虽有利于仲裁机制的大力推广，但对于仲裁作为民间争议解决方式的价值却是一种损耗。

2. 承运人就运输总条件特别条款的告知义务。诚如前文所述，合同法上的一般交易条件虽然有利于降低交易成本、提高交易效率，但因限制了交易相对方的契约自由而极易减免统一条款提供者的法律责任。[3]就航空运输总条件的适用而言，在目前情况下，如能将运输总条件中由航空承运人单方拟定的仲裁条款归入前文所界定的"特别条款"，使之与航班超售、航空旅客黑名单、航班延误及取消等条款一道纳入承运人向合同相对人特殊告知事项的范畴，对于纾缓仲裁条款在法理层面的困境，或许具有一定意义。

---

〔1〕 参见任卓冉、贺蒽蒽："消费纠纷仲裁解决机制进路之新探"，载《内蒙古社会科学（汉文版）》2015 年第 5 期。

〔2〕 参见金妮："浅谈《消费者权益保护法》视角下的我国消费争议仲裁协议达成问题"，载《太原城市职业技术学院学报》2013 年第 3 期。

〔3〕 参见［德］罗伯特·霍恩、海因·科茨、汉斯·G·莱塞：《德国民商法导论》，楚建译，中国大百科全书出版社 1996 年版，第 94 页。

需要注意的是，在司法实践中，承运人的告知义务往往构成了法院对于运输总条件中特别条款效力认定的争议焦点，[1]基于此，笔者认为，在《民用航空法（修订征求意见稿）》已初步确认承运人运输总条件合同属性的背景下，合理界定承运人的告知义务，对于运输总条件中仲裁机制适用困境的消解尤为重要，尽管这仍无法完全解决前文所述的消费争议强制仲裁的困境与痛点。

具体而言，我国早在1999年《合同法》及其司法解释、《消费者权益保护法》中就已分别规定了格式合同提供者和经营者的告知义务，虽然二者在告知义务的范围和违反告知义务时相对方的救济途径方面存在差异，[2]但是相比之下，两法较之《民用航空法》对承运人告知义务的规定更加充分，后者只规定了承运人就责任限额进行告知的义务。有鉴于此，建议在《民用航空法》修订过程中，应当合理、科学界定承运人告知义务的法律边界。具体而言，可以从告知的时间和范围等维度进行界定，包括：

第一，告知的时间。从告知时间来看，航空承运人的告知义务主要集中在订立合同和履行合同的过程中。[3]一般而言，航班超售、拒载、延误等运输总条件的传统性特别条款所约定的事项往往发生于合同履行之中，仲裁等争议解决机制的适用阶段则更为滞后，在前述事项发生之时，航空承运人固然需要承担及时、合理的告知义务，并且立法及行业惯例对于此时的告知均给予了较为详尽的规范，[4]但此种告知在性质上属于承运人就特别条款所规

〔1〕 参见祁秀云诉云南祥鹏航空有限责任公司航空旅客运输合同纠纷案，云南省昆明市官渡区人民法院民事判决书（2014）官民一初字第1745号；张静诉山东航空股份有限公司航空旅客运输合同纠纷案，山东省济南市历城区人民法院民事判决书（2015）历城商初字第1082号；王娟诉中国东方航空股份有限公司航空旅客运输合同纠纷案，上海市浦东新区人民法院民事判决书（2015）浦民一（民）初字第6762号。

〔2〕 参见万方："我国《消费者权益保护法》经营者告知义务之法律适用"，载《政治与法律》2017年第5期。

〔3〕 参见董念清："论航空承运人的告知义务"，载《北京航空航天大学学报（社会科学版）》2009年第2期。

〔4〕 以欧盟261/2004条例为例，该条例特别要求承运人在航班延误等情况下就旅客的权利进行告知，具体为承运人应保证在值机柜台以清晰易读的方式展示包含如下内容的通知：如果旅客被拒载或旅客的航班被取消或延误至少两小时，请在值机柜台或登机口索要权利书，特别是与赔偿（补偿）金和帮助有关的内容；承运人拒载或取消航班，应给受其影响的每位旅客提供一份包含本条例赔偿金和帮助内容的书面通知；承运人也应向延误至少两小时的旅客提供同样内容的通知；以书面的形式向旅客提供（本条例第16条规定的）国家指定机构的联系资料等。此外，对于盲人和视力受损的旅客，承运人也需以合理的备选方式来告知。

定事项的补救义务，相对而言，无论是从航空运输合同证成的角度分析，抑或是从航空仲裁机制适用的角度考量，承运人在订立阶段就运输总条件尤其是包含争议解决机制在内的特别条款的告知义务，无论对于航空运输争议的定性还是对于仲裁机制的适用均极为重要。

第二，告知的范围。尽管航空承运人在其运输总条件生效之后，往往会将其公布于所属各售票场所、订票网站等，并在客票/货单背面记载其全部或主要内容，以履行承运人的基本告知义务，同时，旅客通过购买客票与承运人签订航空运输服务合同之际，即被承运人视为已接受运输总条件的全部内容。但是，一旦围绕特别条款所约定的事项发生争议，法院往往会以承运人对特别事项的告知"欠缺明确性和指向性"为由，[1]认定承运人未充分履行经营者的告知义务。笔者认为，所谓"欠缺明确性和指向性"，核心的指向为承运人告知范围的特定性。我国 1999 年《合同法》第 298 条曾明确将承运人的告知义务界定为"有关不能正常运输的重要事由"和"安全运输应当注意的事项"，2020 年生效的《民法典》第 820 条则将告知范围进一步指向承运人的"迟延运输或者有其他不能正常运输情形"，但就争议解决方式而言，在归类方面似乎存有逻辑难点，仍待未来学理的进一步探讨。需说明的是，《民法典》此处的规定与承运人运输总条件中特别条款所规范的事项较为契合，但也并非完全重合，本书对于特别条款的界定侧重于影响正常航空运输的事项，但是对于广义范围内的航空业惯例（比如特价客票等不属于上述两项事项的特别事项）的告知范畴及其程度，在司法实务界仍存在争议。[2]较为妥当的处理原则是：其一，仅根据行业惯例或者交易习惯，不能直接推定消费者对相关信息明知；其二，告知作为经营者的一种法定义务，不能仅因为消费者的知情而被豁免；其三，若以行业惯例之方式履行合同而免除或限制己方责任，则法院会要求经营者履行特殊的告知义务，即以合理的方式提请对方注意该等条款并按消费者的要求加以说明。[3]如根据上述原则，在航空运

---

〔1〕 参见王娟诉中国东方航空股份有限公司航空旅客运输合同纠纷案，上海市浦东新区人民法院民事判决书（2015）浦民一（民）初字第 6762 号等。

〔2〕 从最高院发布的参考案例分析，不同法院对于行业惯例及交易习惯的态度不尽一致。

〔3〕 参见万方："我国《消费者权益保护法》经营者告知义务之法律适用"，载《政治与法律》2017 年第 5 期。

输总条件中规定仲裁条款时，辅之以事前告知的必经程序，将对纾缓航空消费争议中事前仲裁条款的效力困境产生积极作用。

总体而言，本书认为，虽然《消费者权益保护法》明确规定了消费仲裁制度，但在达成事前仲裁条款领域，确实存有法理上的障碍。但是，在航空仲裁领域，由于《民用航空法》在修改中将会进一步突出航空承运人和消费者的市场主体地位，其重要举措包括赋予航空承运人运输总条件以合同之法律属性，同时进一步加强对消费者权益的保护。由于此类运输总条件涉及广大航空消费者的切身权益，如能在其生效之前引入有消费者组织等社会力量参与的事前磋商机制，并对适合于消费仲裁机制发挥作用的航空争议辅之以仲裁适用的约定，对于从法理和实践两个方面分别赋予其逻辑性和可能性，或许不失为一种合理的途径。进而，如一旦发生可适用仲裁机制的消费争议时，双方均可交由仲裁机构进行仲裁，或依照消法所设置的格式合同规则处理即可。[1]

（二）"仲裁事项"维度下航空运输争议仲裁适用的范围整理

仲裁事项是指当事人在仲裁协议中约定的、通过仲裁解决的争议的内容，它直接决定了仲裁机构管辖权的范围，并与仲裁事项的可仲裁性和仲裁事项的特定性等问题密切相关。[2]在航空运输争议中，由于航空旅客/货物运输争议的区分，以及不同立法对于可仲裁争议范围的界定不同，进而也极易导致航空运输领域中仲裁协议因"仲裁事项"的差异化界定而产生效力认定困境。通过梳理涉及航空运输争议仲裁的国内立法和国际公约，不难发现，不同层级的立法对这一领域的制度规范存有明显的冲突。具体体现在：

1.《仲裁法》视角。根据我国《仲裁法》的立法精神，结合航空运输争议领域的纠纷种类，可以推导出符合我国《仲裁法》受案范围的航空消费争议案件应当主要集中于航空运输合同的财产纠纷领域，且涉及人身伤亡的纠纷被排除在外。由此造成的理论难点是，在航空运输领域，基于交易便利的考量，涉及旅客人身伤亡讼争的法律规则常由航空旅客运输总条件规范，且该等规范常与航空旅客的自身权益以及其行李、随身携带财物的法律关系等

---

[1] 本书认为，在航空运输总条件中加强对消费者权益的保护是一项系统性工程，这不仅涉及消费者权益与航空承运人权益的合理平衡，更牵连着航空运输产业特性与社会大众实际出行需求之间可能存在的矛盾调和问题，故而任重而道远。

[2] 参见江伟、肖建国主编：《仲裁法》，中国人民大学出版社2016年版，第65~66页。

内容一体调整，这也意味着航空旅客运输总条件既调整航空运输当事人之间的财产法律关系，又调整人身法律关系。如此，依照《仲裁法》的理念，在航空旅客运输领域，如不考量仲裁协议是否符合当事人意思自治的因素，仅涉及财产纠纷的讼争可以引入仲裁机制。在航空货物运输领域，正常而言，运输总条件一般不涉及货主本人的人身伤亡，而仅仅对航空货物运输各环节上的财产性权利义务予以规范，故《仲裁法》所适用的范围理应涵盖航空货物运输总条件的全部领域。

2. 《民用航空法》视角。在航空运输合同领域，我国现行《民用航空法》的立法思路主要在于厘定承运人与旅客、货主之间的责任，在某种意义上也可以认为是以航空承运人责任为核心规范对象，对于双方的争议解决方式，《民用航空法》并未明确将仲裁作为其中的选项，而是仅于第 16 章 "附则" 界定特别提款权[1]的换算办法时确认了仲裁在航空运输合同中的功能。[2]鉴于对特别提款权的换算办法主要指向于《民用航空法》第 129 条[3]关于国际航空运输

---

〔1〕　特别提款权是国际货币基金组织于 1969 年 9 月为增加国际储备而人为创立的储备资产，在国际流通手段不足时，由国际货币基金组织根据需要发行，并按各成员国在该组织认缴的份额所占比例进行分配，成为在原有提款权之外的一种使用资金的权利，用以补充储备资产的不足。特别提款权不是现实的货币，不能直接用于贸易或非贸易的国际支付手段，而只是成员国在特别提款权账户上的账面资产，成员国可凭之向该组织兑换所需等值外汇，故对分得特别提款权的成员国而言，它是一种额外的资金来源，是储备资产的补充，可与黄金、外汇并列，作为国际储备资产的一个组成部分。《民用航空法》出台之际，由于我国的人民币尚不是国际自由流通的币制，因此与特别提款权之间没有直接比价。

〔2〕　《民用航空法》第 213 条规定："本法所称计算单位，是指国际货币基金组织规定的特别提款权；其人民币数额为法院判决之日、仲裁机构裁决之日或者当事人协议之日，按照国家外汇主管机关规定的国际货币基金组织的特别提款权对人民币的换算办法计算得出的人民币数额。"

〔3〕　《民用航空法》第 129 条规定："国际航空运输承运人的赔偿责任限额按照下列规定执行：（一）对每名旅客的赔偿责任限额为 16600 计算单位；但是，旅客可以同承运人书面约定高于本项规定的赔偿责任限额。（二）对托运行李或者货物的赔偿责任限额，每公斤为 17 计算单位。旅客或者托运人在交运托运行李或者货物时，特别声明在目的地点交付时的利益，并在必要时支付附加费的，除承运人证明旅客或者托运人声明的金额高于托运行李或者货物在目的地点交付时的实际利益外，承运人应当在声明金额范围内承担责任。托运行李或者货物的一部分或者托运行李、货物中的任何物件毁灭、遗失、损坏或者延误的，用以确定承运人赔偿责任限额的重量，仅为该一包件或者数包件的总重量；但是，因托运行李或者货物的一部分或者托运行李、货物中的任何物件的毁灭、遗失、损坏或者延误，影响同一份行李票或者同一份航空货运单所列其他包件的价值的，确定承运人的赔偿责任限额时，此种包件的总重量也应当考虑在内。（三）对每名旅客随身携带的物品的赔偿责任限额为 332 计算单位。"

承运人赔偿责任限额领域，因此，这是否意味着《民用航空法》所认可的仲裁适用范围仅仅限于国际航空运输纠纷领域？对此，笔者认为，这一问题的解析存在两个要素，一是此处规定的仲裁的性质，二是此处规定的仲裁的适用范围。

本书认为，一方面，在国际航空承运人赔偿责任限额确定领域所提到的"仲裁"，系能产生与法院（对承运人赔偿责任数额作出）判决、当事人（就承运人赔偿责任数额达成）协议这两种情况具有同等法律拘束力的机制，该等仲裁机制并不必然专指独立的航空仲裁机制，而是能就航空争议作出有效仲裁裁决的广义范围内的仲裁机制；另一方面，虽然在国内航空承运人赔偿责任限额领域未涉及仲裁，但有鉴于法律对于国际航空承运人赔偿责任限额领域对仲裁机制的肯定，可以推断，法律对于仲裁在国内航空运输合同其他非强制性规定领域的功能仍持肯定态度。

在此前提之下，依照《民用航空法》的制度范畴，当事人在仲裁协议中所约定的"仲裁事项"亦具有特殊性。《民用航空法》第131条规定："有关航空运输中发生的损失的诉讼，不论其根据如何，只能依照本法规定的条件和赔偿责任限额提出，但是不妨碍谁有权提起诉讼以及他们各自的权利。"这一规定表面上是对航空运输合同损失发生之后当事人诉讼权利的规定，但其深层次的含义是指：无论任何人就航空运输中发生的损失提起诉讼，也无论其提起诉讼的根据是航空运输合同、《侵权责任法》或《民用航空法》，均只能依照《民用航空法》规定的条件和赔偿责任限额提起诉讼。尽管《民用航空法》第131条以界定当事人在诉讼中所主张的责任条件、赔偿限额为核心目的，似与仲裁无关，但其对于航空运输合同争议适用仲裁机制却具有较为确定的借鉴意义，体现在对于仲裁的根据、损失的界定、责任承担的条件、赔偿限额、当事人及其权利的界定等要素的规定方面。具体而言：

第一，关于"航空运输中发生的损失"的界定。《民用航空法》第131条规定的"航空运输中发生的损失"，既包括旅客运输过程中发生的旅客人身伤亡和延误损失以及手提行李的毁灭、遗失或损失，也包括行李、货物运输中发生的托运行李或货物的毁灭、遗失、损坏和延误。与诉讼不同的是，仲裁适用范围以合同纠纷和其他财产权益纠纷（不包括身份关系的纠纷和行政争议）为限，基于此，在航空旅客/行李运输过程中，旅客的人身伤亡应当被排斥在仲裁适用范围之外。对于上述问题，前文已在论述"基于侵权的航空财产权益争议"问题时有所涉及，在此不再赘述。

第二，关于"本法规定的条件"的界定。《民用航空法》第 131 条规定的"本法规定的条件"，是指《民用航空法》关于航空运输合同有关责任基础、责任期间、援用责任限额的条件、索赔期间、诉讼时效等一系列有关承运人责任制度的规定。[1]其中，法律所规定的上述要素，对于仲裁过程中各方当事人权利、义务、责任的界定亦是极为重要的法理依据。《民用航空法》的这一规定，源于在航空承运人责任认定领域对"华沙-蒙特利尔公约体系"公约排他性适用原则的继承。虽然在我国《民用航空法》制定时，《蒙特利尔公约》尚未制定，但 1999 年《蒙特利尔公约》在公约排他性特征方面延续了 1929 年《华沙公约》的精神，并继续体现出与传统国际商事规则、《国际航协仲裁规则》的重大差别。

第三，关于"赔偿责任限额"的界定。《民用航空法》第 131 条规定的"赔偿责任限额"，是指在旅客或托运人与承运人之间没有另行约定高于本法规定的赔偿责任限额的情况下，旅客或者托运人以及其他有权提起诉讼的人也能依照法律以及有关行政法规规定的赔偿责任限额提出诉讼请求，但无权要求在法定的赔偿责任限额范围之外承担任何责任，这一规定对于仲裁同样具有极为重要的参考作用。所谓航空承运人责任限制制度，是指在出现重特大航空事故等法定情形时，立法常以确定性、强制性规范条款来界定航空承运人的法律责任，且该等界定常常排除民法中一般民事损害赔偿原则（即按照实际损失赔偿原则）的适用，而将作为事故责任人的承运人的赔偿责任限制在一定范围内进行赔偿的法律制度。与海商法领域的承运人赔偿责任限制规则相类似，航空承运人责任限制制度的初衷亦在于在促进航空运输业和航空保险业发展的同时，更加公平地维护航空运输合同各方当事人的合法权益。

---

〔1〕 譬如，《民用航空法》第 124 条规定了承运人对旅客人身伤亡承担责任的条件，即"因发生在民用航空器上或者在旅客上、下民用航空器过程中的事件，造成旅客人身伤亡的"，承运人才承担责任；"旅客的人身伤亡完全是由于旅客本人的健康状况造成的"情况下，承运人不承担责任。由此，旅客向承运人提起诉讼时，必需依照该规定的条件提出，而不能要求承运人对其责任期间之外发生的事件造成的旅客人身伤亡承担责任，也不能要求承运人对因旅客本人的健康状况造成的旅客人身伤亡承担责任。

由此，当航空运输过程中发生的旅客人身伤亡、行李货物的灭失、损坏的损失数额没有超出法定责任限额时，承运人应当按实际损失赔偿旅客或者托运人/收货人；当损失数额超过法定责任限额时，承运人仅在法定责任限额内承担赔偿责任，对法定限额以外的损失数额不予赔偿。因此，赔偿责任限额制度是通过法律或者行政法规规定承运人的最高赔偿责任数额，将承运人的责任限制在一定数额范围内，以达到保护承运人利益、使承运人不致因过度赔偿而破产的目的。[1] 据此，在我国法上，国内航空承运人赔偿责任限额的标准由法律以授权国务院制定行政法规的方式明确，国际航空承运人赔偿责任限额的标准按照《民用航空法》第 129 条执行。[2]

第四，关于"不妨碍谁有权提起诉讼以及他们各自的权利"的界定。《民用航空法》第 131 条规定的"不妨碍谁有权提起诉讼以及他们各自的权利"，是指本条要求旅客或者托运人以及其他有权提起诉讼的人根据《民用航空法》规定的条件和赔偿责任限额提起诉讼的规定，不影响谁有权提起诉讼及提起诉讼的人的各自的权利。对于谁有权提起诉讼，因《民法典》《民事诉讼法》等其他法律均有所涉及，因此，此处的规定并不需要完全列明；对于提起诉讼的人的各自的权利，不仅包含实体性权利，亦包含各项程序性权利。相应地，该条的规定对于仲裁同样具有重要意义，但需结合仲裁协议予以具体认定。

3.《蒙特利尔公约》视角。在国际航空运输领域，"华沙-蒙特利尔公约体系"对于规范航空承运人与旅客、货主之间相关权利义务关系占据着主导性作用。包括航空仲裁规则在内，《蒙特利尔公约》对于签署国的适用性问题极为重要，并成为国际法上条约适用在国际航空运输领域的具体体现。

1999 年《蒙特利尔公约》对公约体系内航空争议的仲裁程序以专门性条款的方式做了界定，公约第 34 条规定："一、在符合本条规定的条件下，货物运输合同的当事人可以约定，有关本公约中的承运人责任所发生的任何争议应当通过仲裁解决。此协议应当以书面形式订立。二、仲裁程序应当按照索赔人的选择，在第三十三条所指的其中一个管辖区内进行。三、仲裁员或

---

[1] 参见曹三明等主编：《民用航空法释义》，辽宁教育出版社 1996 年版，第 298 页。

[2] 在此情况之下，法律至少排除了仲裁在国内航空承运人赔偿责任限额计算标准领域的作用。

者仲裁庭应当适用本公约的规定。四、本条第二款和第三款的规定应当视为每一仲裁条款或者仲裁协议的一部分，此种条款或者协议中与上述规定不一致的任何条款均属无效。"根据这一条款，可以明显地发现，《蒙特利尔公约》在赋予航空货物运输合同争议以可仲裁性的同时，实际上明确否认了航空旅客/行李运输合同争议的可仲裁性。

有学者曾考察过 1999 年《蒙特利尔公约》在制定本条款时的背景，指出：1999 年 5 月在蒙特利尔召开的国际航空法大会上，参会各方代表对国际航空仲裁的适用范围意见分歧颇大。[1]其中，得到美国货运业支持的代表认为《蒙特利尔公约》第 34 条规定仲裁条款并非必要；有些国家则认为有关本公约中承运人责任的所有争议都可提交仲裁，但遭到国际航空运输协会和许多国家的反对，[2]其主要原因在于，一方面，这种规定可能不会被代表此类索赔原告的大部分美国律师接受；另一方面，此举可能增加美国批准公约的难度。[3]

《蒙特利尔公约》不仅在主合同准据法的适用方面赋予了当事人强制适用公约的义务，还特别要求货物运输合同如通过仲裁解决争议时，当事人必须在仲裁条款或仲裁协议中对仲裁员或者仲裁庭应当适用《蒙特利尔公约》予以明确规定，如无这一规定则仲裁协议/仲裁条款属于无效，可谓是公约对仲裁协议效力判定的强制性规定。[4]尽管此处《蒙特利尔公约》所规定的当事人在仲裁协议中需明确约定强制适用公约的条款，并非直接指向仲裁协议的准据法，而是希冀通过当事人在争议解决条款中以刚性约定的方式确保争议解决机构强制适用公约作为判定主合同各方权利义务的准据法，但其关于无此约定则仲裁协议无效之规定本身，仍属于仲裁协议效力判断的准据法，尽管此准据法并非来自当事人的约定、仲裁机构所在地或仲裁地法、法院地法，

---

〔1〕　参见［美］乔治·汤普金斯：《从美国法院实践看国际航空运输责任规则的适用与发展——从 1929 年〈华沙公约〉到 1999 年〈蒙特利尔公约〉》，本书译委会译，法律出版社 2014 年版，第 206 页。

〔2〕　中国民用航空局政策法规司：《1999 年〈统一国际航空运输某些规则的公约〉精解》，中国民用航空局政策法规司（1999 年内部发行），第 221~222 页。

〔3〕　See George N. Tompkins Jr. , *Liability Rules Applicable to International Air Transportation as Developed by the Courts in the United States：From Warsaw 1929 to Montreal 1999*, Kluwer Law International, 2014, p. 211.

〔4〕　参见 1999 年《蒙特利尔公约》第 34 条第 3、4 款。

可谓是航空法领域特殊性规范的又一重要表现。

4.《消费者权益保护法》视角。在我国《消费者权益保护法》上，仲裁作为消费者与经营者之间争议解决的方式之一，是为对消费仲裁法律制度的确立。现行《消费者权益保护法》第39条规定："消费者和经营者发生消费者权益争议的，可以通过下列途径解决：（一）与经营者协商和解；（二）请求消费者协会或者依法成立的其他调解组织调解；（三）向有关行政部门投诉；（四）根据与经营者达成的仲裁协议提请仲裁机构仲裁；（五）向人民法院提起诉讼。"根据这一规定可知，仲裁系与协商和解、调解、投诉、诉讼相并列的消费争议解决方式之一，且该等仲裁的前提条件为消费者与经营者之间达成仲裁协议。

有疑问的是，在消费仲裁中，消费者人身伤亡类纠纷是否可以适用仲裁机制？就消费仲裁的适用范围而言，有鉴于消费者在购买、使用商品和接受服务时所享有的首要权利即为人身、财产安全不受损害的权利，因此，仅依照《消费者权益保护法》文义的解释，消费仲裁的适用范围可以涵盖消费领域中的人身、财产纠纷。需特别说明的是，此处的人身伤害类纠纷是否可以适用消费仲裁，系基于消费仲裁与商事仲裁的不同部门法属性所衍生出的子问题，如依商事仲裁标准，人身伤亡纠纷不在商事仲裁受案范围之内，但依照《消费者权益保护法》的标准，笔者认为应当纳入消费仲裁的受案范围。

由此可见，就航空消费争议的仲裁问题，现行相关法律基于不同制定时期的不同考量视角，设置了不同的答案，进而在一定程度上形成了立法及法律适用层面的冲突（参见表6），这对于当事人在仲裁协议中对仲裁事项进行约定也极易带来偏差，从而影响仲裁协议的效力。因此，在航空运输争议的"仲裁事项"领域，立法亟待进一步统一化。

表6："仲裁事项"维度下航空运输争议仲裁适用的范围整理

制度维度	航空运输合同					
	旅客/行李运输			货物运输		
	财产	人身	延误	财产	人身	延误
《仲裁法》	√	×	—	√	×	—

续表

制度维度	航空运输合同					
	旅客/行李运输			货物运输		
	财产	人身	延误	财产	人身	延误
《民用航空法》	—	—	—	—	—	—
《蒙特利尔公约》	×	×	×	√	×	√
《消费者权益保护法》	√	√	√	√	√	√
"中华人民共和国航空法"	—	—	—	—	—	—

备注："√"指肯定性规定；"×"指否定性规定；"—"指未涉及或需依法律做进一步解释。

（三）"选定的仲裁委员会"维度下仲裁机构条款的意义

在我国《仲裁法》中，"选定的仲裁委员会"为仲裁协议有效性的必备要件之一，由此在立法层面明确了机构仲裁的地位，但也同时排除了临时仲裁制度在现行立法中的空间。其后的 2006 年，最高院以司法解释的形式进一步对仲裁协议中未明确约定仲裁机构的各类情形（包括约定的仲裁机构名称不准确但能够确定具体的仲裁机构、仅约定纠纷适用的仲裁规则、约定两个以上仲裁机构、仅约定由某地的仲裁机构仲裁等情形）进行了阐释，并分别确认了该等情况下仲裁协议的效力问题。

1. 国际航空运输争议中仲裁机构条款对仲裁协议的效力影响。在国际航空运输争议解决领域，仲裁协议中对仲裁机构的约定也存在一些独特化特征，并与仲裁协议的效力问题密切相关。由于相关国际公约的强制性规定，在国际航空运输领域的争议解决中，仲裁协议的效力判断于当事人和仲裁机构而言，虽存有体现争议方意思自治的空间，但更多呈现的是相关国际公约的强制适用的特征。如果仲裁机构均未意识到相关国际公约对于仲裁协议/仲裁条款效力赋予的强制性规范，将直接影响仲裁裁决的有效性。

在国际航空运输领域，包括航空仲裁规则在内，《蒙特利尔公约》对于签署国的适用性问题极为重要。具体而言，公约第 34 条就仲裁协议的实质要件作出了规定，在仲裁协议的内容与其效力之间的关系方面，第 4 款特别指出：

"本条第二款和第三款的规定应当视为每一仲裁条款或者仲裁协议的一部分，此种条款或者协议中与上述规定不一致的任何条款均属无效。"换言之，在《蒙特利尔公约》项下的国际航空运输争议中，当事人依各方意思自治的理念订立的仲裁协议，不仅需要具有法律意义上认可的书面形式，也需要对仲裁管辖区、仲裁员和仲裁庭的组成、仲裁适用的法律等问题作出明确约定，否则视为仲裁协议/仲裁条款无效。这意味着，在属于《蒙特利尔公约》航空争议解决机制受案范围之内的航空货运合同仲裁纠纷中，仲裁需依照《蒙特利尔公约》进行，这种依照既表现在航空公共运输法律关系所适用的实体法领域，也体现在仲裁庭管辖权、仲裁协议效力判断等仲裁条款准据法领域。

在涉及仲裁协议中如何选定/约定仲裁庭的问题方面，《蒙特利尔公约》第 34 条第 2 款规定："仲裁程序应当按照索赔人的选择，在第三十三条[1]所指的其中一个管辖区内进行。"这实质上是《蒙特利尔公约》对于航空运输领域仲裁管辖权所作出的强制性适用的规定，且仲裁可以选择的所谓"管辖区"与法院管辖权的确定密切相关。就有权受理公约所调整的"国际运输"领域争议的法院而言，其管辖权的设置发端于《华沙公约》，发展于《蒙特利尔公约》。在《华沙公约》中，有关航空领域"国际运输"赔偿的诉讼，在一个缔约国的领土内，原告有权提起诉讼的法院仅包括承运人住所地、主要营业地、订立合同的营业地、目的地等四个地点所在地的法院，[2]是为《华沙公约》对当事人选择法院的排除。在《华沙公约》基础上，《蒙特利尔公约》第 33 条新增了"第五管辖权"，即除承运人住所地、主要营业地、订立合同

---

〔1〕 1999 年《蒙特利尔公约》第 33 条对公约管辖权问题作了明确规定："一、损害赔偿诉讼必须在一个当事国的领土内，由原告选择，向承运人住所地、主要营业地或者订立合同的营业地的法院，或者向目的地点的法院提起。二、对于因旅客死亡或者伤害而产生的损失，诉讼可以向本条第一款所述的法院之一提起，或者在这样一个当事国领土内提起，即在发生事故时旅客的主要且永久居所在该国领土内，并且承运人使用自己的航空器或者根据商务协议使用另一承运人的航空器经营到达该国领土或者从该国领土始发的旅客航空运输业务，并且在该国领土内该承运人通过其本人或者与其有商务协议的另一承运人租赁或者所有的处所从事其旅客航空运输经营。三、就第二款而言，（一）'商务协议'系指承运人之间就其提供联营旅客航空运输业务而订立的协议，但代理协议除外；（二）'主要且永久居所'系指事故发生时旅客的那一个固定和永久的居住地。在此方面，旅客的国籍不得作为决定性的因素。四、诉讼程序适用案件受理法院的法律。"

〔2〕 参见 1929 年《华沙公约》第 28 条。

的营业地、目的地之外，符合本公约条件的旅客主要且永久居住地的法院（即"第五管辖区"）亦有权受理"国际运输"诉讼。由此，如当事人选择以仲裁方式解决争议，亦只能选择《华沙公约》和《蒙特利尔公约》所规定的相关"管辖区"内的仲裁机构进行仲裁。但与前四个管辖区不同，"第五管辖区"的适用条件之一为因旅客死亡或者伤害而产生的损失；而第 34 条第 1款将航空仲裁的适用范围限于货物运输争议领域，因此，如当事人通过仲裁方式解决航空货物运输争议，"第五管辖区"应当被排除在外，即第 34 条第 2款仲裁管辖区是指第 33 条中的承运人住所地、主要营业地、订立合同的营业地、目的地等四个区域。

2. 国内航空运输争议中消费仲裁机构的设置。在消费仲裁领域，仲裁机构的设置对于消费者与经营者之间纠纷的解决亦至关重要。在该领域，域外消费仲裁较为发达的国家和地区已发展出多种模式，我国在消费者权益保护实践中也形成了自身独特的做法。

（1）域外模式。就域外而言，各个国家和地区基于各自法域内消费者争议的实践，形成了不同的模式。有学者基于对该领域既有实践的考察，将其归纳为法院附设仲裁模式、专门机构仲裁模式、行业仲裁模式、消费者保护组织与行业协会联合仲裁模式、民间性机构仲裁模式等，可兹借鉴。[1]其中，若以行业仲裁的维度审视，由美国仲裁协会主导的消费仲裁制度，已具备行业仲裁与消费仲裁相结合的典型特征，对于目前我国上海国际航空仲裁院的实践颇具借鉴意义。

作为一种消费争议解决机制的消费争议仲裁，是美国仲裁制度发展和消费者运动两大因素合理推动的产物。[2]其中，经由纽约州最高法院批准，成立于 1926 年的美国仲裁协会历经多年发展，至 20 世纪 60、70 年代时在组织与运作模式上已相当成熟，而此时恰逢美国消费者运动蓬勃发展的第三阶段；1968 年，在福特基金会的支持下，美国仲裁协会成立了"全国纠纷解决中心"，并制定了专门性的消费者纠纷仲裁制度；进入到 21 世纪以来，美国仲裁协会为消费者仲裁专门制定了独立性的《消费者仲裁规则》，并于 2014 年 9

〔1〕 参见向霏："我国消费仲裁制度的构建与完善——基于比较法的研究"，华侨大学 2012 年硕士学位论文。

〔2〕 参见彭硕："美国消费争议仲裁若干法律问题研究"，武汉大学 2014 年博士学位论文。

月 1 日起施行，进而取代了美国仲裁协会于 2005 年 9 月 15 日宣布生效的《消费者相关争议补充程序》。此外，作为美国最大的庭外冲突和争议解决机构，美国仲裁协会对诸多重要的、纠纷数量大的领域专门制定了仲裁规则，如建筑（Construction）、就业（Employment）和劳工（Labour）等。[1]

（2）我国实践。诚如前文说述，在我国《消费者权益保护法》上，消费仲裁与商事仲裁在仲裁属性、仲裁协议的达成及效力认定、仲裁机构等方面存在若干差别。目前，我国受理消费者仲裁申请的仲裁机构主要有两种：一种是社会团体仲裁，主要是各级消费者协会设立的仲裁委员会；另一种是国家行政机关仲裁，如工商行政管理机关设立的仲裁委员会等。在实践中，消费争议仲裁机构名称一般为"××仲裁委员会消费争议调解仲裁中心"，是仲裁委员会在消费者保护组织的派出机构，消费争议调解仲裁中心可以在各级消费者权益保护委员会设立办事处。消费争议仲裁机构的日常工作依托消保委负责管理，仲裁业务受仲裁委指导。[2]

此外，上海国际航空仲裁院也主动将航空运输类型的纠纷纳入其受案范围。据此，在未来航空运输争议仲裁领域，如上海国际航空仲裁院能借鉴美国仲裁协会已有的实践，合理协调航空消费争议与航空商事争议的仲裁适用，对于实践中大量航空消费争议的快速、高效处置将大有裨益。

基于此，本书认为，鉴于航空运输法律关系可以区分为航空旅客运输法律关系和航空货物运输法律关系，将航空旅客运输界定为纯粹意义上的航空消费关系，辅之以消法领域所提倡的仲裁机制，同时，将航空货物运输界定为仲裁法、合同法上的航空商事关系，辅之以仲裁法领域所适用的仲裁机制，对于解释现有立法的冲突、厘定实务操作的障碍，是一种合乎机理的选择。

---

〔1〕 参见许多奇、宋晓燕、梅敏程："美国《消费者仲裁规则》"，载许多奇主编：《互联网金融法律评论》（2017 年第 2 辑），法律出版社 2017 年版，第 210 页。

〔2〕 参见郭振滨、张本明："对消费争议仲裁的理解"，载中国仲裁法学研究会编：《中国仲裁与司法论坛暨 2010 年年会论文集》，第 235~238 页。

第五章
可独立性视角下航空仲裁实践的绩效评价

第一节　我国独立航空仲裁实践的现状

航空争议解决领域引入仲裁机制问题，如果说争议法律关系的可仲裁性与争议解决方式的可契约性共同构成了这一命题在学理层面的必要条件，则航空仲裁机制在实践层面的独立化趋势便构成了这一命题的充分条件。由此，学理层面的必要条件和实践层面的充分条件，共同决定了航空仲裁机制适用的必要性与可能性。

毫无疑问，上海国际航空仲裁院的设立在一定程度上表明我国独立航空仲裁实践已远远领先于对航空仲裁的学理探索，这虽然为航空法、仲裁法学术理论研究开拓了一片崭新的天地，但也提出了更高的要求。也正是基于此，本书对于以上海国际航空仲裁院为代表的改革实践的研究，并非或并不主要是基于前瞻性的学理预测或论证，更多是基于解释论视角下的理论分析和制度解读，在现有理论体系中寻找这一改革实践的应然学理定位。

一、上海国际航空仲裁院的有益探索

近年来，我国仲裁实务界对于航空争议的多元化解决机制给予了持续关注，并付诸了多项改革举措。2013 年 1 月 30 日，北京仲裁委员会航空法研究小组成立，其宗旨在于通过航空法研究小组的活动，达到双向了解的目的（即北京仲裁委加深对航空领域纠纷多元解决需求的了解，航空领域加深对商事仲裁、商事调解等多元化解决方式的了解）；2017 年 12 月 16 日，中国海事

仲裁委员会航空争议仲裁中心在北京正式成立，致力于为我国民航争端解决提供更加专业、高效的解决途径。这些在航空仲裁领域的改革实践，侧重点虽各有不同，但却为各界进一步分析研究航空仲裁的相关问题提供了动力，并创造了良好的实践支点。

其中，在我国独立航空仲裁机制的探索领域，上海国际航空仲裁院最具代表意义。2014 年 8 月 28 日，中国航空运输协会、国际航空运输协会、上海国际仲裁中心在上海共同签署《国际航空仲裁战略合作协议》（以下简称为《合作协议》），根据《合作协议》，三方共同设立了上海国际航空仲裁院，以扩充和共享航空专家资源，制定专业化、国际化的仲裁规则，积极开展学术研究。作为"世界首个航空仲裁平台"[1]，上海国际航空仲裁院的设立，无疑对航空争议解决的理论与实践都会产生重大且积极的影响。

（一）发起主体

根据公开资料，上海国际航空仲裁院由中国航空运输协会、国际航空运输协会、上海国际仲裁中心共同发起设立。

1. 中国航空运输协会。中国航空运输协会成立于 2005 年 9 月 26 日，是依据我国有关法律规定，经民政部核准登记注册，以民用航空公司为主体，由企、事业法人和社团法人自愿参加组成的、行业性的、不以营利为目的的全国性社团法人。根据其官网统计数据，截至 2021 年 2 月，协会会员 2446 家，本级会员 117 家，分支机构会员 2329 家。[2]

2. 国际航空运输协会。国际航空运输协会成立于 1945 年，是非政府、非营利性的全球航空公司的行业协会，是全世界最有影响力的航空运输组织，总部设在加拿大蒙特利尔，执行总部位于瑞士的日内瓦。根据其官网统计数据，截至 2021 年 2 月，协会拥有 290 家会员航空公司，遍及全世界 120 个国家和地区，承载全球 83% 以上的国际航空运输。[3]

---

〔1〕 参见"上海国际仲裁中心机构简介"，载上海国际仲裁中心官网，http://www.shiac.org/SHIAC/aboutus.aspx？page=4，最后访问日期：2019 年 1 月 15 日。

〔2〕 参见"中国航空运输协会简介"，载中国航空运输协会官网，http://www.cata.org.cn/portal/content/content-list/hxgk/hxjj，最后访问日期：2021 年 2 月 23 日。

〔3〕 See IATA："IATA Members"，available at https://www.iata.org/en/about/members/，Retrieved February 23，2021.

3. 上海国际仲裁中心。上海国际仲裁中心，亦即上海国际经济贸易仲裁委员会，是由上海市人民政府于 1988 年批准设立、并经司法登记的独立仲裁机构。上海国际仲裁中心的受理案件除传统商事争议外，还涉及私募股权、互联网金融、融资租赁、航空服务、能源与环境权益等新型案件，案件当事人遍及全国各地及世界上 85 个国家和地区，仲裁裁决依据《纽约公约》已在近 50 个国家和地区得到承认和执行。根据其官网统计数据，截至 2021 年 2 月，上海国际仲裁中心《仲裁员名册》共有仲裁员 965 名，分别来自 74 个国家和地区，其中中国内地（大陆）仲裁员 604 名，占 62.59%；外籍及中国港澳台地区仲裁员 361 名，占 37.41%。[1]

毫无疑问，上述三家发起主体的背景对于上海国际航空仲裁院在航空领域和仲裁领域的专业化水平将会起到重要的支撑作用。此外，由于三家发起人中的两家都侧重于航空运输背景，随着我国航空产业的发展，航空制造、航空金融等领域的争议也日益增多，这也决定了上海国际航空仲裁院的发展侧重或将呈现出源于航空运输但又不限于航空运输的态势。

（二）受案范围

根据公开报道，上海国际航空仲裁院将其受案范围界定于"航空运输、飞机制造、飞机销售、飞机融资租赁、航空保险、油料供应、通用航空托管、地面服务及票务代理等航空产业领域各类型航空争议案件"。[2]

此外，中国民用航空局在《关于政协十二届全国委员会第四次会议第 3433 号（工交邮电类 329 号）提案答复》中就引入"国际航空仲裁机制"模式、成立"各地区航空专业委员会仲裁组织"的问题做解答时，也提到上海国际航空仲裁院"依照国际商事仲裁规则，专门处理航空领域的民商事合同纠纷案件，包括航空器制造、买卖、租赁合同纠纷，公务机销售、租赁、抵押、托管合同纠纷，航空货物运输、仓储、物流合同纠纷，机场建设合同纠纷，机场服务收费合同纠纷，以及航空油料合同纠纷等案件"，并特别提到上海国际航空仲裁院"短时期内尚不具备条件涵盖旅客与航空运输企业或机场

---

〔1〕　参见"上海国际仲裁中心机构简介"，载上海国际仲裁中心官网，http://www.shiac.org/SHIAC/aboutus.aspx？page＝4，最后访问日期：2021 年 2 月 23 日。
〔2〕　参见李含："揭秘首家国际航空仲裁院"，载和讯网，http://news.hexun.com/2016-11-02/186696734.html，最后访问日期：2018 年 12 月 27 日。

间的服务纠纷"。[1]

由此可见，作为独立航空仲裁机制的探索，上海国际航空仲裁院已初步构建起符合自身特色与定位的受案范围。

（三）成立意义

上海国际航空仲裁院的成立，不仅对完善我国航空争议解决机制具有重要意义，对于提升我国航空产业在全球范围内的综合竞争实力也具极为重要的作用。具体体现为：

1. 推动我国航空争议解决机制的完善。在航空领域，传统的争议解决机制虽然视争议类型的不同而有所差别，但诉讼仍是主要的纠纷解决途径。在商事仲裁领域，业界对于仲裁的价值尚未有足够的认识，尤其对于仲裁机制在专业性、民间性、效率性、私密性等领域所独具的优势认识不足，进而导致了其在航空业界的适用尚未普及。上海国际航空仲裁院的成立，使得航空仲裁作为一种独立的机制在实践中落地，对于丰富、完善我国的航空争议解决机制具有重大的意义。

2. 增强我国航空市场在全球的虹吸效应。在传统观念上，一国的航运中心建设往往仅指代航海，对于航空常不做涉及，然而，在上海国际航运中心建设过程中，航空却占有非常重要的地位。在上海国际航运中心建设的营商环境优化方面，2016 年 6 月 23 日，上海市人大常委会审议通过《上海市推进国际航运中心建设条例》，正式将上海国际航运中心建设的总体目标明确为"国际海运枢纽港+国际航空枢纽港"的"海空"双枢纽模式。该条例对于上海打造航运中心的营商环境极为重视，明确指出完善航运法律服务体系是重要措施之一，[2]作为完善法律服务营商环境的重要指标之一，上海国际航空仲裁院的成立对于助推上海国际航空港建设、提升我国航空市场在全球的虹吸效应无疑具有极为重要的意义。

3. 推动我国涉外仲裁水平的提升。近年来，我国国内越来越多的仲裁机

〔1〕 参见"关于政协十二届全国委员会第四次会议第 3433 号（工交邮电类 329 号）提案答复"，载中国民用航空局官网，http://www.caac.gov.cn/XXGK/XXGK/JYTNDF/201612/t20161219_41185.html，最后访问日期：2018 年 12 月 27 日。

〔2〕 上海市人民代表大会常务委员会：《上海市推进国际航运中心建设条例》（上海市人民代表大会常务委员会公告第 41 号）。

构开始着手于仲裁规则的修订，以便顺应国际化、全球化潮流。譬如，中国（上海）自由贸易试验区仲裁院在 2013 年 10 月成立之初，便制定了国际化导向的仲裁规则，后经多次修改，目前该规则已成为了中国内地（大陆）开放程度、灵活程度最高的国际化仲裁规则之一。有实务界人士认为，自贸区仲裁规则中的创新举措，特别是强化证据制度中的当事人意思自治原则、放宽从仲裁员名册之外选择仲裁员的限制等，应该在未来上海国际航空仲裁院制定的仲裁规则中也有所体现。具体而言，一方面，对证据规则的自由约定可以使得来自欧美尤其是普通法系国家的律师、仲裁员们在他们更为熟悉的环境中参与仲裁；另一方面，考虑到航空仲裁的专业性和技术性，允许在仲裁员名册之外选择航空专家担任仲裁员则有利于对专业事实问题作出准确判断，保证仲裁裁决的公正。[1]

二、上海国际航空仲裁院的发展挑战

作为一次改革的探索，上海国际航空仲裁院的先行先试无疑对于社会各界进一步关注航空仲裁制度的发展具有极大的推动作用，但或许也面临着一些"成长的烦恼"，理论界和实务界如何客观看待、评估、分析直至最终解决这些发展过程中的"阵痛"，将对于上海国际航空仲裁院自身的建设、推进我国乃至全球航空仲裁事业的发展具有相当重要的意义。

（一）机构定位方面

在我国，仲裁的专业性与仲裁机构的独立性往往相辅相成，这也为我国《仲裁法》第 14 条[2]的规定所确认。从公开报道来看，上海国际航空仲裁院的设立本意，应是旨在通过设立专业的航空仲裁机构，以增强航空争议解决机制的专业性。据此，上海国际航空仲裁院的设立，在提升航空仲裁专业性角度势必贡献甚巨，但是在目前阶段，上海国际航空仲裁院的机构独立性尚有欠缺，其角色定位尚处于相对模糊的阶段。

根据三家发起主体之间《合作协议》的相关约定，一方面，国际航空运

---

〔1〕　参见陈鲁明、毕似恩："上海正式引入国际航空仲裁制度"，载 http://www.junhe.com/legal-updates/285.

〔2〕　《仲裁法》第 14 条规定："仲裁委员独立于行政机关，与行政机关没有隶属关系。仲裁委员会之间也没有隶属关系。"

输协会、中国航空运输协会将以上海国际航空仲裁院为依托，积极向其会员单位推荐该航空争议解决机构，且致力于在航空业标准合同中纳入上海国际航空仲裁院的争议解决条款；另一方面，各方将首创国际仲裁合作模式，即仲裁委员会将由中外航空业专家共同组成。从实践来看，上海国际仲裁中心在力推上海国际航空仲裁院之时，虽然也加大了仲裁示范条款的推广力度，并且通过数次增聘，遴选了多名航空领域的专家型仲裁员，但这也从侧面反映出上海国际仲裁中心与上海国际航空仲裁院之间仍存有一定的模糊域。

上海国际航空仲裁院的仲裁示范条款规定："凡因本合同引起的或与本合同有关的任何争议，均应提交上海国际经济贸易仲裁委员会/上海国际仲裁中心仲裁，仲裁在上海国际航空仲裁院进行。"有学者认为，在两个机构之间的关系上，该仲裁示范条款将上海国际仲裁中心定位为"仲裁机构"，将上海国际航空仲裁院定位为仲裁的"法律地点"，而不是与前者并列的仲裁机构，由此将会延伸出上海国际航空仲裁院仅以航空仲裁的实际地点和场所身份存在，而非以合同当事人选定的仲裁机构而存在的情形。[1]

在现阶段，上海国际仲裁中心的大力支持对于促进上海国际航空仲裁院的快速成长具有重要的推动意义，特别是对促进航空仲裁裁决所在国法法院和《纽约公约》缔约国法院的认可和执行方面发挥着极为关键的功能。但从长远来看，上海国际航空仲裁院在仲裁法层面的机构定性仍有进一步明确的空间。

（二）仲裁规则方面

仲裁规则是仲裁机构就仲裁进行的具体程序及其相应法律关系作出规范的一整套规则程序，其目的在于为当事人提供一套相对系统、明确、科学的仲裁程序规则，以便当事方在仲裁程序中遵循使用，从而更加迅速、高效地解决纠纷。仲裁规则不同于仲裁法，一般情况下，仲裁规则由仲裁机构制定，有些内容甚至允许当事人自行约定，因此，仲裁规则是任意性较强的行为规范，但该等规范不得违反仲裁法中的强制性规定。就其具体内容而言，仲裁规则通常涵盖仲裁组织、仲裁范围、仲裁协议、仲裁申请、案件受理权、仲裁答辩和反请求、仲裁员选定或指定、仲裁庭组成、仲裁审理程序、仲裁决

---

〔1〕 参见罗超、平旭："论航空仲裁机制在中国的发展"，载《南京航空航天大学学报（社会科学版）》2015年第4期。

定和裁决的作出、送达、期间和仲裁费用等。[1]基于此，仲裁规则对于任何一家仲裁机构的重要性都不言而喻。

在这一方面，根据公开的新闻报道，上海国际航空仲裁院目前使用的是上海国际仲裁中心的仲裁规则。从上海国际航空仲裁院的发展初期来看，与上海国际仲裁中心共用一套仲裁规则，显然有助于航空仲裁业务的迅速兴起，在早期对于提升上海国际航空仲裁院的影响力、竞争力具有极为重要的意义。但从长远来看，上海国际航空仲裁院如能单独制定一整套与其受案范围相匹配的独立仲裁规则，将在更高程度上助推其独立性和专业性，从而更加有利于其长远发展。

对此，中国（上海）自由贸易试验区仲裁院的发展路径可兹借鉴。2013年10月，上海国际仲裁中心设立了中国（上海）自由贸易试验区仲裁院，其后，上海国际仲裁中心迅速制定了与国际接轨的《中国（上海）自由贸易试验区仲裁规则（2014年版）》，并于2014年5月1日起施行，迄今已更新至2015年版。应当说，这一发展路径对于上海国际航空仲裁院具有极为重要的借鉴意义。

此外，尽管经由中国航空运输协会和国际航空运输协会的推荐，目前上海国际航空仲裁院可以遴选的航空领域的仲裁员专家数量在逐年增多，但均是以上海国际仲裁中心仲裁员的身份存在。从独立性角度出发，未来如何做好仲裁员在上海国际仲裁中心与上海国际航空仲裁院之间的身份协同，亦值得期待。

（三）竞争优势方面

如果说仲裁制度的司法属性决定了仲裁裁决的可执行性，其民间属性则在很大程度上反映了现代仲裁业的服务特征。基于此，并根据《民法典》关于法人制度的类型区分，将仲裁机构定位于非营利法人中的社会服务机构，构成了仲裁机构深化改革的法律选项之一。在仲裁市场中，虽然服务能力和专业化水平塑造着一家机构的竞争优势，但案件裁判实践的长久积累对品牌美誉度也必不可少。从这一角度而言，虽然上海国际航空仲裁院是全球首家专司航空争议仲裁的机构，但因成立时间尚短，如何在已有航空仲裁实践的

---

〔1〕　参见田有赫：《国内仲裁法律适用》，法律出版社2018年版，第92页。

基础上进一步培育比较优势,进而打造符合自身定位的竞争优势,对于未来发展至关重要。

在国际航空界,除了航空类常设性国际组织、国际公约以及双边或多边航空协议(以航空运输协议为主)中的仲裁案件之外,许多争议案件是通过行业外的仲裁机构裁决的。以民航资源网于 2000~2020 年期间公开报道中涉及的航空仲裁案例(不含劳资类争议)为统计范畴,可以发现航空领域的国际贸易争端仲裁[1]、国际投资争端仲裁[2]、商事争议仲裁是主要构成类型。仅就商事领域的仲裁而言,除因航空商务合作引起的争议外,一些新型财产权益争议也常通过仲裁方式解决纠纷,前者如 2007 年由国际商会仲裁院受理的马尔代夫航空公司与马来西亚航空公司商务合同纠纷仲裁案,后者如由世界知识产权组织(World Intellectual Property Organization,以下简称为"WIPO")仲裁与调解中心、香港国际仲裁中心(Hong Kong International Arbitration Center,以下简称为"HKIAC")各自受理的航空制造和运输企业域名争议仲裁等。此外,国内多家仲裁机构近年来也加快了在航空争议解决领域的仲裁力量布局,不仅已受理多起仲裁案件,部分机构也成立了专业性平台[3]。

在前述背景下,致力于为航空争议解决提供独立性、专业化仲裁服务的上海国际航空仲裁院,与国际上多家拥有悠久历史的仲裁机构相比,虽可能

---

〔1〕 在国际贸易领域,因航空产业而起的贸易争端多有发生,这些纠纷主要存在于拥有航空制造能力和制造企业的国家和地区组织之间,也充分体现了航空产业在世界贸易关系中的特殊角色。其中,在全球干线飞机市场领域,以美国和欧盟之间关于波音和空客飞机补贴纠纷最具代表性,双方早在 1992 年就曾对飞机的贸易和补贴事宜达成一项协议,但自 2003 年空客市场占有率超过波音后,双方于 2004 年起发起多次包括仲裁在内的交锋;在全球支线飞机市场领域,围绕加拿大和巴西对于本国制造商的支持,双方曾多次发生争议并提起贸易仲裁,进入到 21 世纪以来,因加拿大拒绝撤销对庞巴迪的出口补贴,巴西于 2001 年就此再次提起仲裁。世界贸易组织(World Trade Organization,以下简称为"WTO")争端解决机制在其中发挥着重要作用。

〔2〕 2003 年德国法兰克福全球机场服务公司与菲律宾政府之间关于马尼拉阿基诺国际机场新候机室投资补偿仲裁案即是代表性案例。在本案中,德国法兰克福全球机场服务公司于 1999 年通过收购菲律宾国际航空航站楼有限公司股份的方式,对后者中标的马尼拉阿基诺国际机场建设 3 号航站楼的融资、建设、管理和运营拥有了特许经营权,在航站楼即将投入商业运营的 2002 年,菲律宾政府宣布该特许协议无效。2003 年,德国法兰克福全球机场服务公司向世界银行国际投资争端解决中心提起第一次仲裁,在历经多次反复后,仲裁庭最终于 2014 年 12 月 10 日发布最终裁决,驳回了申请人的仲裁请求。

〔3〕 如上海仲裁委员会也于 2009 年 5 月发起设立了上海国际航运仲裁院,并将受案范围从传统的海事领域扩展至大航运领域。

因成立时间较短而在影响力上有所差距，但基于上海这一国际化航空枢纽的地缘优势，并有三方发起主体的大力支持，如能在国际国内已有航空仲裁实践的基础上，进一步培育自身的竞争优势，相信将为航空产业营商环境的持续优化做出新的贡献。

总体而言，尽管上海国际航空仲裁院在现阶段的发展过程中，可能面临着诸如前文所述的若干问题，但是，本书认为，这些问题假设存在的话也属于"成长的烦恼"，并不能因此而掩盖甚至否定上海国际航空仲裁院先行先试的实践与成效，更不能因此而否定独立航空仲裁机制的价值与意义。正是因为实践的领先，学术理论领域就更加有必要加强对独立航空仲裁机制的研究，以进一步推动实践的发展。

第二节　行业仲裁理念下独立航空仲裁实践的学理定位

我国构建独立的航空仲裁制度，既是仲裁法回应社会分工高度专业化的必然选择，也是航空法逐步完善航空争议解决机制的合理方案，究其根本，均源于航空产业在现代社会经济生活中所具有的重要、独特且不可或缺的功能。基于解释论的分析脉络，笔者认为，独立航空仲裁机制在我国的落地生根，其法理基础在于仲裁法上行业仲裁理念的萌芽与发展。

一、行业仲裁的制度定位

（一）行业仲裁的基本意涵

在仲裁法的实践中，行业仲裁这一术语及由此衍生的行业仲裁制度可谓古老而常青，并伴随着仲裁行业的起步而起步、发展而发展。在现代社会，经济生活纷繁复杂，劳动分工日益细化，专业化随之日益增强。[1]相应地，对经济领域发生的各种争议、纠纷辅之以高效、专业的解决方式，对于降低交易成本、提高社会生产效率大有裨益。作为本已极具私密性、民间性的仲裁制度，也面临着向更为专业化方向发展的压力和动力，行业仲裁的应运而

---

〔1〕 参见［英］阿尔弗雷德·马歇尔、玛丽·佩利·马歇尔：《产业经济学》，肖卫东译，商务印书馆 2015 年版，第 78 页。

生，无疑既是已有的结果，更是未来的趋势。回顾行业仲裁的发展历史，不难发现，早期英国的谷物及饲料贸易协会仲裁和伦敦海事仲裁员协会仲裁、美国仲裁协会仲裁等，均可归入行业仲裁的范畴，我国现存的建筑行业仲裁、金融行业仲裁等也是行业仲裁的代表。

　　然而，在仲裁法的学理层面，行业仲裁的理念可谓尚且年轻。有学者指出，关于行业仲裁性质的实践，在国外仲裁发达国家早已司空见惯，无非没有人对其如此称谓，行业仲裁（Industrial/Professional Arbitration）的提法尽管有些 Ch-English，但还是能够体现该仲裁类型的本质属性，也比较符合中国人的习惯，与中国经济学中"行业"的提法也较为吻合与对接。[1] 对此，笔者认为，以"行业仲裁"的称谓来概括已有的仲裁实践，是基于对实践创新的抽象和提炼，或许会因其通俗易懂、约定俗成的口语色彩而相对存在学理严密性的风险，[2] 但在本质上已归纳出了基于行业而生之仲裁这一特定现象、特殊活动的核心逻辑，因此，从逻辑学、语言学的角度而言，"行业仲裁"的称谓已具有相当程度的合理性，进而为其适用性奠定了扎实的基础。

　　（二）行业仲裁在仲裁法上的应然地位

　　在仲裁法体系内，对于行业仲裁是否属于真正意义上的仲裁类型、应当赋予何种法律属性、是否具有仲裁法意义上的独立制度价值，学者存有不同的看法，概而言之，存有如下观点：

　　1. 将行业仲裁定位为并列于机构仲裁、临时仲裁的第三种仲裁类型。在传统仲裁法理论体系内，依据是否存在常设性仲裁机构的标准，仲裁可以被划分为机构仲裁和临时仲裁，从而形成了仲裁分类的两种基本形式。所谓机构仲裁，又称为制度性仲裁、常设仲裁，系由双方当事人合意选择常设仲裁机构的仲裁员，依据既定的仲裁规则解决其争议的仲裁方式，机构仲裁因可

---

〔1〕　参见黎晓光："中外行业仲裁法律制度比较研究"，中国政法大学 2005 年博士学位论文。

〔2〕　具体而言，在"行业"这一表述的外延方面，存在一定的模糊性。譬如，在实践中，"行业"与"产业"等术语常常被混同使用，两者在学理层面的边界也较为模糊，形成了一种"你中有我、我中有你"的互动关系；也有学者认为，在国民经济内部，为了区分不同层次的部门，通常将较高层次的部门称为"产业"或"产业部门"，将较低层次的部门称为"行业"或"行业部门"。参见黎晓光："中外行业仲裁法律制度比较研究"，中国政法大学 2005 年博士学位论文；杨紫烜："经济转型中的产业政策与产业法"，载吴弘主编：《转变经济发展方式与经济法》，立信会计出版社 2010 年版，第 3 页。

为当事人带来一定程度的确定性，而成为当今世界最主要、最普遍的仲裁方式；所谓临时仲裁，又称为特别仲裁、随意仲裁、临时性仲裁，系指不需要常设仲裁机构的协助，直接由双方当事人指定的仲裁员自行组成仲裁庭进行的仲裁，[1]它对于标的较小、但结案时间要求非常快且十分紧迫的案件有重要功能，在此类纠纷解决的效率性方面有显著优势。

在机构仲裁、临时仲裁构成仲裁类型主要形态的基础上，有学者提出类似于特定商业同业工会（Trade Association）或交易所（Exchange）采用的仲裁也列为一种独立仲裁类型，[2]即由该类商业团体自己设立仲裁机构，或自愿或强制解决会员间的争议。由此，行业仲裁可以作为与机构仲裁、临时仲裁并列的第三种仲裁类型。[3]

2. 将行业仲裁纳入专业性常设仲裁机构的范畴，统一归属于机构仲裁。在机构仲裁中，常设性质的仲裁机构可以区分为一般性常设机构仲裁和专业性常设机构仲裁，有鉴于此，行业仲裁中的常设机构可以纳入专业性常设机构，行业仲裁进而可归属于机构仲裁。在全球范围内，既存在类似于国际商会仲裁院、伦敦国际仲裁院、香港国际仲裁中心、斯德哥尔摩商会仲裁院等常设性仲裁机构，又存在伦敦海事仲裁员协会、中国海事仲裁委员会等只受理海商法领域仲裁案件的行业仲裁机构。因此，依据这一标准，如果行业仲裁中仲裁机构属于专业性的常设机构，行业仲裁则可能被认定为属于机构仲裁的一种类型，由此避免了对现有仲裁法理论体系关于机构仲裁、临时仲裁二分法的颠覆性改变。

3. 将行业仲裁定位为行业性仲裁。在实践中，有许多仲裁机构系由行业协会发起，并且常被作为某一行业协会体系下的内设性专业仲裁机构，因此，这一类型的行业仲裁常被认定为行业性仲裁。

笔者认为，行业仲裁之所以能够成为一种特定现象，本源在于社会分工更趋精细化背景下当事人对仲裁裁决专业化需求的同步提升，这进一步推动了仲裁行业向行业仲裁发展的趋势。当前，设立常设性的专业化平台机构、依托于行业内的专家资源参与解决该专属领域争议的仲裁模式，构成了我国

[1] 参见韩德培主编：《国际私法新论》，武汉大学出版社1997年版，第706页。
[2] 参见杨崇森：《商务仲裁之理论与实际》，文物供应社1984年版，第13~14页。
[3] 参见黎晓光："中外行业仲裁法律制度比较研究"，中国政法大学2005年博士学位论文。

行业仲裁实践中的主流方式，且该等常设性平台大都依托于仲裁机构而设立。单就仲裁法理而言，是否具有常设性的仲裁机构是机构仲裁与临时仲裁的基本区分标准，一方面，由仲裁机构单独或联合发起设立常设性、专业化平台机构的模式，因解决了仲裁裁决有效性在仲裁机构设置与选定方面的前置性需求，而为我国行业仲裁的发展提供了先天性条件；另一方面，我国虽在若干自由贸易区范围内对临时仲裁进行了积极探索，但现行《仲裁法》内尚无其赖以生成的制度土壤，在现行仲裁法律框架内探讨行业仲裁与临时仲裁的逻辑关系尚不具备条件。因此，在现阶段将行业仲裁纳入机构仲裁中专业性机构仲裁的范畴，更具合理性。

二、行业仲裁的类型实践

对于行业仲裁这一命题，我国学术界的研究成果相对匮乏与实务领域的持续创新形成了较为鲜明的对比。在理论界，有学者认为发展行业仲裁、成立各种专业仲裁委员会是建立现代仲裁服务机制和行业自治模式的需要，认为各种行业协会与仲裁机构共同发展具有现实必要性，此外，成立专业仲裁院在立法层面有法可依、在实践层面优势明显，就行业仲裁的必要性及可行性提出系统性论证，[1]对于推进行业仲裁制度的发展颇具意义。与此同时，在我国行业仲裁实务领域，各种细分领域的行业仲裁实践早已呈蓬勃发展的态势，对于我国独立航空仲裁机制的构建同样具有极为重要的参考功能。

（一）金融行业仲裁

作为金融争议解决的方式之一，金融行业仲裁与金融业的发展相生相伴。在金融法发展史上，金融争议主要集中于金融商事和金融消费者保护领域，其中证券争议解决为早期的实践领域。2008 年国际金融危机之后，由于金融争议数量激增，金融仲裁更为理论界、实务界所重视。

在全球范围内，作为传统金融中心的英国伦敦也是首先将金融仲裁付诸实践者，设立于 1994 年的金融城争议解决专家组（City Disputes Panel，以下简称为"CDP"）为专司金融仲裁职能的机构，其核心功能之一即在于面向金融机构提供替代性争议解决服务。金融城争议解决专家组的成立得到了英

---

〔1〕 参见陈忠谦："关于完善我国行业仲裁制度的若干思考"，载《仲裁研究》2011 年第 2 期。

格兰银行、伦敦金融城公司、英国工业联合会、英国金融服务管理局和伦敦劳合社的支持，此外，金融城争议解决专家组也制定了仲裁规则（Arbitration Rules of CDP），其专家组成员中有许多是英国特许仲裁员学会（Chartered Institute of Arbitrators，以下简称为"CIA"）的专家。此外，意大利、荷兰等国家也设有专门的金融仲裁机制。[1]

我国金融仲裁的历史肇始于改革开放之初，[2]发展于21世纪。中国国际经济贸易仲裁委员会于2003年4月公布《中国国际经济贸易仲裁委员会金融争议仲裁规则》，[3]被视为中国金融仲裁制度发展的里程碑；2007年12月18日，作为上海仲裁委员会的特设机构，我国首家金融仲裁院在上海正式成立，制定了专门的金融仲裁规则，聘请了一批国内外知名金融法律专家担任仲裁员，其仲裁裁决与法院终审判决具有同等的法律效力。[4]特别是近年来，随着我国金融业的快速发展，民间金融创新的力度也持续加大，金融纠纷的类型与数量相应持续增长，对于金融纠纷快速、高效处理的需求在不断扩大，在此背景之下，杭州、深圳、青岛、成都等多个城市已然开始了金融仲裁机构的布局与建设，成为构筑城市金融竞争力的模块之一。

（二）建筑行业仲裁

近年来，随着建筑领域的纠纷日益增多，[5]专门以该领域的争议解决为服务对象的行业仲裁也逐步兴起。一般而言，建设工程具有项目投资大、履约主体多、履约周期长、影响因素广等特点，并因涉及招投标、工程施工、工程验收、工程结算、索赔清欠等多个环节，履约过程中极易产生结算、索赔、工期、质量等工程合同纠纷。在此背景下，大量的纠纷为更为专业化的

---

〔1〕　参见陈胜："中国金融仲裁制度的构建"，中央财经大学2016年博士学位论文。

〔2〕　1980年2月26日，国务院发布《关于将对外贸易仲裁委员会改称为对外经济贸易仲裁委员会的通知》，扩大了对外经贸仲裁委的受案范围，这一规定应被视为我国金融仲裁的肇始性规定。

〔3〕　该规则于2003年5月8日起实施后，历经多次修订。

〔4〕　目前，上海金融仲裁院的受案范围包括：平等主体的金融机构之间或金融机构、企事业法人、其他组织、自然人之间在金融交易、金融服务等活动中发生的商事纠纷，包括存款和贷款纠纷；保险纠纷；股票、债券、基金等证券交易纠纷；金融期货交易纠纷；票据、信用证、银行卡等支付结算纠纷；金融租赁纠纷；外汇、黄金交易纠纷；信托投资纠纷；金融衍生品交易纠纷；典当纠纷等。

〔5〕　有学者曾以采样方式对某仲裁委纠纷案件进行过统计，结论为近年来该仲裁委年平均案件为4800多件，但50%~60%的案件源于房地产领域。参见叶峰："行业仲裁发展的实践研究"，载《仲裁研究》2015年第1期。

建筑行业仲裁提出了现实需求。

在称谓方面，目前，建筑行业仲裁机制尚无统一术语。譬如，有学者称之为"建筑行业仲裁"[1]或"房地产仲裁"[2]，北京仲裁委员会与中国建筑业协会联合举办多年行业研讨，将该领域仲裁机制概括为"建设工程仲裁"。[3]目前阶段，尽管建设工程施工合同纠纷是这一领域中纠纷的主要类型，但从推进行业仲裁制度建设的角度出发，将其统称为"建筑行业仲裁"具有相当程度的合理性。

在机构设置方面，目前，一些仲裁委员会已经成立了含有"建筑""建设工程""建筑业"等字样的仲裁机构。譬如，太原仲裁委成立了建筑仲裁院、土地仲裁院，[4]济南仲裁委与山东省工程建设标准造价协会联合成立了工程造价争议仲裁中心，[5]重庆仲裁委成立了建设工程仲裁院，[6]济宁仲裁委成立了建筑业仲裁中心。[7]从行业仲裁的角度出发，无论冠以何种名称，都标志着建筑行业仲裁机制的重要性在不断提升，专业性、独立化的仲裁机构日益完善。

三、行业仲裁的理念与航空仲裁的发展

航空仲裁作为航空争议解决机制的一种途径，并非自上海国际航空仲裁

---

〔1〕 参见黎晓光："中外行业仲裁法律制度比较研究"，中国政法大学 2005 年博士学位论文。

〔2〕 参见叶峰："行业仲裁发展的实践研究"，载《仲裁研究》2015 年第 1 期。

〔3〕 参见"建筑行业论仲裁，年度观察展风采——建筑业争议热点问题研讨暨'中国建设工程争议解决年度观察（2017）'发布会成功举办"，载中国建筑业协会官网，http://www.zgjzy.org.cn/menu20/newsDetail/1951.html，最后访问日期：2018 年 12 月 27 日；"'建设工程仲裁的实践及展望'高峰论坛"，载北京仲裁委员会官网，http://www.bjac.org.cn/news/view？id=2606，最后访问日期：2018 年 12 月 27 日。

〔4〕 参见"太原仲裁委员会简介"，载太原仲裁委员会官网，http://www.tyac.org.cn，最后访问日期：2018 年 12 月 27 日。

〔5〕 参见"全国首家工程造价行业仲裁办事机构揭牌成立"，载齐鲁网，http://m.iqilu.com/pcarticle/3748191？from：singlemessage&isappinstalled：0，最后访问日期：2018 年 12 月 27 日。

〔6〕 参见"重庆仲裁委员会建设工程仲裁院挂牌成立"，载重庆仲裁委员会官网，http://www.cqac.org.cn/Fast/dynamic/2013/1015/1142133.html，最后访问日期：2018 年 12 月 27 日。

〔7〕 参见"济宁仲裁委员会举办建筑业仲裁中心揭牌仪式暨仲裁员沙龙活动"，载济宁仲裁委员会官网，http://sdjnzc.jiningdq.cn/art/2017/12/4/art_ 14752_ 612199.html，最后访问日期：2018 年 12 月 27 日。

院成立才产生，在此之前的国际民航组织、国际航空运输协会中，均存有解决国际公法领域和私法领域航空争议的相应机制，航空仲裁案例也已广泛存在于国际、国内商事仲裁实践中（包括国际、国内商事领域的机构仲裁和国际商事领域的临时仲裁等）。以仲裁方式丰富航空争议解决机制的选项，对于促进航空争议的高效、快速、专业化解决本就是一种积极的促进和推动，如果将此视为一种跨越的话，通过建立常设性航空仲裁机构的方式确立独立航空仲裁机制则是这一跨越的升级版，具有更为积极的意义。在本书看来，对我国的独立航空仲裁实践辅以行业仲裁的考察视角，是一次理念与实践相互验证并可相得益彰的宝贵契机。

第一，行业仲裁理念界定了航空仲裁实践的应然定位。独立航空仲裁实践的发展，源于航空争议的特征与仲裁服务的品性对专业化裁决需求的共同契合，其实质是行业仲裁在航空仲裁领域的具体化呈现。基于此，将以上海国际航空仲裁院为代表的独立航空仲裁机制纳入机构仲裁的范畴，既有合理性，更有必要性。在国际航空运输协会、中国航空运输协会特别是上海国际仲裁中心的大力支持下，上海国际航空仲裁院在机构设置、仲裁规则完善、专家力量储备、仲裁员队伍优化、仲裁场所建设等多方面都取得了长足的进步，受理案件逐年增多，社会影响力持续增强，行业话语权不断提升，为航空争议多元化解决机制的完善贡献了重要力量，作为行业仲裁的最新样本，赋予其机构仲裁的定位正当其时。

第二，航空仲裁实践丰富了行业仲裁理念的案例样本。我国独立航空仲裁虽然是行业仲裁在航空领域的具体体现，但在设立模式、规则引领等诸多方面体现出了全新的特征，因而也极大丰富了行业仲裁理念的案例库。一方面，在设立模式上，上海国际航空仲裁院由国内仲裁机构、行业组织和国际组织联合发起设立，这不仅有别于相关专业化仲裁平台仅为国内仲裁机构单独或联合有关行业组织发起设立的主流模式，也有别于境外仲裁机构以在国内设立办事处或代表处等方式落地入驻的相关实践，突出体现了独立航空仲裁机制的创新性；另一方面，在规则引领上，相关专业化仲裁平台的设立与蓬勃发展虽主要基于特定行业的争议解决对仲裁机构、仲裁能力专业化需求的持续提升，但基于我国仲裁制度的历史发展脉络，常常晚于国外已有的行业仲裁实践，而上海国际航空仲裁院为全球首家专司航空争议解决的仲裁机构，是国际航空业界的首创，并自成立以来，通过培育航空业界中外专家资源、积极向国际航空界推广航空仲裁示范条款、打造"上海国际航空法律论坛"品牌、推出相关法律文件的中文示范文本等多种途径，持续发出中国声音，有效引领了全球航空仲裁相关规则的构建与完善。

第三，行业仲裁理念和航空仲裁实践共同提供了仲裁专业性的未来走向。专业性是仲裁制度的重要特性之一，并集中体现为仲裁机构、仲裁庭以及仲裁活动辅助人员在仲裁能力方面的专业性。就仲裁能力而言，至少包含了组织并推动仲裁活动的能力、依据法律进行裁判的能力、依据专业进行事实判断的能力等。回顾我国仲裁机构的发展历程，不难发现，行业仲裁在提升仲裁专业性方面贡献巨大，新中国成立后，国家于中国国际贸易促进委员会内先后设立的对外贸易仲裁委员会、海事仲裁委员会，实质上即是专司对外贸易领域、海事海商领域争议解决的行业仲裁机构，并随着时代的发展逐渐壮大，为我国仲裁事业的发展做出了重要的贡献。改革开放以来，特别是《仲裁法》颁布以来，我国先后成立了 200 余家仲裁机构，如果说仲裁机构的大规模成立为仲裁活动"保质保量"的进行提供了前提条件，行业仲裁的发展则为"提质增效"发挥了助推的功能。中共中央办公厅、国务院办公厅《关于完善仲裁制度提高仲裁公信力的若干意见》中对加快推进仲裁制度的改革创新进一步指明了方向，要求"结合行业特点，研究建立专业仲裁工作平台，培养专业仲裁人员，制定专业仲裁规范，促进仲裁的专业化发展"，据此，如果说行业仲裁理念为深化仲裁的专业化属性再次提供了智力支持，我国独立航空仲裁实践则是其中的典型样本和具体体现。

第三节　制度竞争语境中独立航空仲裁实践的现实意义

基于解释论的视角，以上海国际航空仲裁院为代表的独立航空仲裁实践，不仅可以从仲裁法上的行业仲裁理念中寻找到其独立性根源，亦可以从我国正在推进的民航强国战略中软性制度竞争实力构建的角度出发，探寻并"发现"独立航空仲裁机制的现实意义。

一、"法律制度竞争优势"理念的提倡

法律制度并非作为一种孤立现象而存在。对于法律制度特别是经济法律制度进行研究，必然无法绕过其作用和功能这一重要命题。在法理学中，法律的作用和功能早已作为一项终极问题而存在，尽管如此，但以"法在法外"的跨学科视野来审视这一问题，依然是法学学科特别是经济法律制度功能诠释的逻辑使然。笔者认为，以"法律制度竞争优势"的概念作为对法律制度尤其是经济法律制度绩效诠释的学术表达，是借助包括法经济学上的制度分析方法、管理学上的"竞争优势理论"等前人学术研究成果在内的跨学科知识所进行的探讨与尝试，具有一定的可行性。

在西方早期经济学说史上，制度因素长期被视为一个外生变量而存在，并被排斥在主流经济分析之外，经济增长是资本、劳动和技术参数的函数。直至诺贝尔经济学奖获得者道格拉斯·C. 诺思（Douglass C. North）提出"制度变迁理论"[1]才将制度因素纳入解释经济增长中来。资源的稀缺性是经济学的出发点，如果说经济学为人类提供了进行比较选择稀缺物品的范式，那么制度经济学[2]范畴内的制度与法律则被定位为缓解、调和稀缺的公共产品，其绩效在于以最有效的规则设计进行资源的生产与分配，以促进财富的帕累托最优。在诺思看来，制度是理解政治与经济之间的关系以及这种相互关系对经济成长（或停滞、衰退）影响的关键，制度变迁决定了人类历史中的社会演化方式，因而是理解历史变迁的关键。此后，经济学领域形成了"要理解经济运行，就必需先理解制度运行"[3]的共识。在秉持"经济发展

---

〔1〕 诺思认为，制度是一个社会中的游戏规则，更规范地说，它们是为决定人们相互关系而设定的一些制约，其功能在于通过向人们提供一个日常生活的规则来减少不确定性，安排激励结构，防止和化解冲突，降低交易成本，进而增进经济绩效。参见［美］道格拉斯·C. 诺思：《制度、制度变迁与经济绩效》，杭行译，格致出版社、上海三联书店、上海人民出版社 2014 年版，第 3~11 页。

〔2〕 尽管法律经济学派的许多学者将法律经济分析等同于制度经济分析，但是鉴于制度的范畴较之法律更为广泛，而制度经济学是"分析经济问题至少不把经济制度、政治制度和法律制度排除在分析范围以外的经济学"，因此，笔者认为，法律经济学应是制度经济学（主要是新制度经济学）的一个重要分支。参见黄少安主编：《现代经济学大典》（制度经济学分册），经济科学出版社 2016 年版，第 1 页。

〔3〕 参见［日］青木昌彦：《制度经济学入门》，彭金辉、雷艳红译，中信出版集团 2017 年版，第 24 页。

制度决定论"的制度经济学者看来，制度在社会经济发展中至关重要，制度创新决定着技术创新，制度是经济增长的决定因素，高效率的制度安排是经济增长的关键。[1]特别是在市场竞争及竞争法领域，市场主体之间的制度竞争较其行为竞争更为重要，制度竞争是一种推动"制度演化"的外在挑战，而全球化是制度竞争的主要动因，这导致了"各国的文化和外在制度都暴露在与其他文化和制度系统的竞争之下……规则系统构成了重要的竞争资产，但是他们也可能成为严重的竞争负债"。[2]据此，依托于"制度变迁理论"和"制度演化理论"，"制度竞争"具有了理论可能性。

与此同时，管理学上的"竞争优势理论"则从另外一个角度阐释了竞争问题。自 1939 年美国经济学家爱德华·哈斯丁·张伯伦（Edward Hastings Chamberlin）在其著作《垄断竞争理论》中首次提出竞争优势的概念以来，竞争优势理论不断发展，并为管理学大师、哈佛大学商学院教授迈克尔·波特（Michael E. Porter）发扬光大。波特将竞争优势理论的研究视角由企业先后拓展至产业和国家，为竞争优势作出了巨大的贡献，其竞争战略理论成为战略管理的主流。在国家竞争优势理论中，波特认为，生产要素、需求因素、产业因素和企业竞争是一国确立竞争优势地位的主要影响因素。[3]基于此，波特的国家竞争优势理论在继承发展传统的比较优势理论的基础上，被公认为对贸易理论的发展作出了巨大的贡献。

结合制度经济学中的制度竞争理论和管理学中的国家竞争优势理论，笔者认为，法律制度的竞争优势既是制度竞争绩效的重要体现，也是国家竞争优势中竞争要素的重要组成部分。竞争是资源配置市场化的博弈准则，国家或地区之间的竞争亦是如此，如果说"国家是政治权力的制度化"，[4]那么

---

〔1〕 在制度经济学者看来，在经济发展中的技术变迁与制度变迁的联系与互动中，既存有"技术决定论"的观点，又存在"制度决定论"的主张。参见卢现祥、朱巧玲主编：《新制度经济学》，北京大学出版社 2012 年版，第 426 页。

〔2〕 参见〔德〕柯武刚、史漫飞：《制度经济学：社会秩序与公共政策》，韩朝华译，商务印书馆 2000 年版，第 463 页。

〔3〕 参见〔美〕迈克尔·波特（Michael E. Porter）：《国家竞争优势》，李明轩、邱如美译，华夏出版社 2002 年版，第 67~68 页。

〔4〕 参见〔美〕贾恩弗朗哥·波齐：《国家：本质、发展与前景》，陈尧译，上海世纪集团 2007 年版，第 17 页。

制度则是国家能力的核心，[1]而法律制度的竞争优势至为关键。在此意义上，国家之间的竞争不仅仅涉及经济、政治、文化、军事、科技、教育等因素，以法律制度为重要体现的软性实力之间的竞争与比拼亦至关重要。基于此，从制度竞争的维度出发，对独立航空仲裁机制的重要制度价值展开研究，有其独特的意义。

二、独立航空仲裁、民航强国战略与全球航空业竞争

（一）民航强国战略与我国航空业的全球竞争

在当今世界的全球化竞争中，航空作为一国综合国力的体现而存在，并在军事、科技、经济等领域处于重要地位。作为战略性新兴产业和军民结合的高科技产业，航空产业对于国家安全、国民经济发展、推动综合国力提升和竞争优势形成至关重要。[2]早在 2005 年国务院公布的《国家中长期科学和技术发展规划纲要（2006-2020 年）》中，就将作为航空产业重要组成部分的大飞机项目确定为我国未来 15 年力争取得突破的 16 个重大科技专项之一。[3] 2012 年，国务院公布《关于促进民航业发展的若干意见》，将努力增强国际航空竞争力作为我国民航业发展的主要任务和核心目标之一，为民航业参与国际竞争规划了如下目标和路径：一是适应国家对外开放和国际航空运输发展的新趋势，按照合作共赢的原则，统筹研究国际航空运输开放政策；二是鼓励国内有实力的客、货运航空企业打牢发展基础，提升管理水平，开拓国际市场，增强国际竞争能力，成为能够提供全球化服务的国际航空公司；三是完善国际航线设置，重点开辟和发展中远程国际航线，加密欧美地区航线航班，增设连接南美、非洲的国际航线；四是巩固与周边国家的航空运输联

---

〔1〕　在一些学者看来，制度甚至构成了国家竞争优势的决定性因素。譬如，美国斯坦福大学研究员、哈佛大学政治学博士弗朗西斯·福山（Francis Fukuyama）指出：现代资本经济世界的涌现，在很大程度上归功于既存的法治，缺乏高效的法治是贫穷国家不能取得较高增长的主要原因。参见［美］弗朗西斯·福山：《政治秩序的起源：从前人类时代到法国大革命》，毛俊杰译，广西师范大学出版社 2014 年版，第 225 页。

〔2〕　参见陈晓和、陈迎春主编：《政策法规对民用飞机产业发展的影响》，上海交通大学出版社 2013 年版，第 3 页。

〔3〕　参见国务院《国家中长期科学和技术发展规划纲要（2006-2020 年）》，国发〔2005〕44号。

系，推进与东盟国家航空一体化进程；五是加强国际航空交流与合作，积极参与国际民航标准的制定。[1]

与此同时，我国民航主管机构也适时提出了"民航强国"战略，并采取了多方面行动予以推进。2010 年，中国民用航空局印发《建设民航强国的战略构想》，从 6 个方面对民航强国建设进行阐述，提出到 2030 年，中国民航用 20 年的时间，全面建成安全、高效、绿色的现代化民航航空系统，实现从民航大国到民航强国的历史性转变，成为引领世界民航发展的国家。[2]2018 年 11 月 26 日，中国民用航空局公布《新时代民航强国建设行动纲要》，将"实现民航高质量发展，建成保障有力、人民满意、竞争力强的民航强国"作为指导思想，以"更好地服务国家发展战略、更好地满足广大人民群众对美好生活的需要，为全面建成社会主义现代化强国、实现中华民族伟大复兴提供重要支撑"。[3]提升我国航空业在全球范围内的综合竞争实力，既是全球航空市场中中国企业主动参与竞争的自觉和自愿，更是国家战略的重要组成部分，而民航强国战略的实施则是落实这一宏大目标的重要步骤。

(二) 民航强国战略背景下的独立航空仲裁机制

在全球航空业发展的赛道中，各国、各大企业之间的博弈体现在多个维度，既包括硬实力之间的比拼，也涉及软实力之间的竞争。目前，在航空硬实力方面，我国的航空制造、航空运输已然走在全球前列。在航空制造领域，随着 ARJ21 支线飞机的多架次交付及投入使用，以及 C919 国产大飞机多架次型号机的试飞成功，标志着中国民航飞机制造业步入新阶段，显示中国成为继美国、欧盟等国家和地区之后新兴的民用客机制造国，中国商用飞机有限公司成为继波音公司、空中客车公司之后新兴的民用客机制造商。

在航空软实力方面，我国航空业的服务能力、保障能力、运行能力均有大幅度提升，此外，在国际民航规则标准的影响力领域，我国的影响力日益彰显，航空仲裁法律制度的构建即是重要体现。根据《新时代民航强国建设行动纲要》，积极参与全球民航治理，增强制定国际民航规则标准的主导权和话语权，是落实民航强国战略的主要任务和重要措施之一，具体包括：秉持

---

〔1〕 参见《国务院关于促进民航业发展的若干意见》，国发〔2012〕24 号。
〔2〕 参见中国民用航空局《建设民航强国的战略构想》，民航发〔2010〕34 号。
〔3〕 参见中国民用航空局《新时代民航强国建设行动纲要》，民航发〔2018〕120 号。

共商共建共享的全球治理观，构建世界民航发展的命运共同体；倡导国际民航关系民主化，积极参与有关国际公约的制定和修订，逐步提高在国际民航标准规则制定中的影响力和话语权；打造新型国际民航合作机制，携手共创航空繁荣之路，实现政策沟通、航线互通、客货畅通、共同发展，为全球民航治理提供"中国智慧"。[1]由此可见，加强对包括航空法、相关国际公约在内的法律制度和机制的研究与实践，实为关乎我国航空业在全球航空市场中的竞争软实力、话语权和影响力的必要之举。

新中国成立以来，尤其是改革开放以来，民航业已然成为我国经济体制改革的见证者和参与者，为国民经济建设和社会发展发挥了重要的保障作用，并越来越多地发挥着国民经济社会发展"体温计"的功能。在民航法规建设方面，虽然我国于 1995 年就制定了《民用航空法》，并于近年来进一步加大了提升法治在行业管理、产业发展中作用与功能的力度，但是，在全球航空法治竞争力方面，我国仍处于参与为主的状态，这与我国航空制造、航空运输、航空金融等产业目前在全球航空市场中的地位尚不匹配。此外，在多部航空公约的制定过程中，虽然我国的影响力日益扩大，但仍有进一步提升的空间，而上海国际航空仲裁院的设立，突破了以往我国民航业在全球航空话语权方面的"追随"形象，在相当程度上引导了国际航空仲裁市场的方向。未来，如能以已有的上海国际航空仲裁院建设为契机，进一步构建中国独立的航空仲裁机制，在航空仲裁领域打造我国在全球市场中的领先地位，引领业界标准，主导行业话语权，势必对全球航空争议解决机制中的资源和要素流动产生积极影响，进而促进我国航空法律制度在全球范围内扩大影响力，为更好地构建民航强国提供软性制度支撑。

需要指出的是，《关于完善仲裁制度提高仲裁公信力的若干意见》从提高仲裁服务国家全面开放和发展战略能力的角度肯定了仲裁的制度竞争功能，并要求提升仲裁委员会的国际竞争力，支持有条件的仲裁委员会积极拓展国际仲裁市场，逐步把发展基础好、业务能力强的仲裁委员会打造成具有高度公信力、竞争力的区域或者国际仲裁品牌。以上海国际航空仲裁院为代表的独立航空仲裁机制的生成与发展，恰恰是我国在航空仲裁领域积极拓展国际

---

〔1〕　参见中国民用航空局《新时代民航强国建设行动纲要》，民航发〔2018〕120 号。

仲裁市场、打造区域乃至国际仲裁品牌优势的重要体现，也为助推我国航空业在全球市场中的竞争提供了新的动力。

综上所述，无论是基于制度经济学中的制度演化理论和管理学中的竞争优势理论（特别是国家竞争优势理论）而衍生的法律制度竞争优势理念，抑或是基于民航强国战略背景下提升我国航空产业在全球航空市场中竞争优势的考量，以独立航空仲裁制度在我国的落地、构建与完善为研究视角和切入契机，对于进一步发挥航空法律制度的特有功能、推进制度对于航空产业的价值颇具意义。因此，就这一角度而言，从学理层面加强对独立航空仲裁机制的研究，实属必要。

除此之外，加强航空仲裁理念的推广也极为重要。现代仲裁机制是市场经济发展到一定阶段的必然产物，构成了某一区域、某一行业的软性竞争力范畴。在航空领域，先于理论而生的航空仲裁实践，已然被纳入上海国际航运中心建设的营商环境指标之中，可以说，改革实践和地方立法的引领为该机制的落地运行奠定了良好的基础。在航空仲裁机制的推广方面，自 2014 年上海国际航空仲裁院成立以来，中国法学会航空法学研究会等学术机构、中国航空运输协会等行业机构、上海国际仲裁中心等实务机构，以及高校、律所等社会有关主体，已经通过各种积极举动来推动仲裁理念在业内的生根发芽。未来，相信通过持续不断的努力，专业性、独立化的航空仲裁机制必将在我国航空业内发挥积极作用，为引领我国航空业在全球竞争中保持领先优势贡献独特的力量。

第六章
完善我国航空仲裁制度的路径展望

第一节　基本结论：完善我国航空仲裁制度的学理依据

基于前文对我国独立航空仲裁制度及其适用性命题所作的研究论证，本书即将对研究主题做一个结论，尽管这一结论是初步的、基本的，甚至是不成熟的，但却是本书对航空仲裁制度的完善路径予以展望的逻辑前提。通过前文的研究，本书形成了两个基础性的结论：其一为我国独立航空仲裁制度的构建与完善有其理论意义和现实基础；其二为对航空仲裁适用性方面的界定有其学理必要和实践可能。

一、航空仲裁制度的完善动因

通过前文的分析，本书认为，在我国，航空仲裁拥有其特定的学理意义和现实基础，由此需进一步完善航空仲裁制度。就其动因而言，既存在必要性，又具有可行性。

（一）由"机制"到"制度"：航空仲裁制度完善的必要性

作为法学和其他学科共同研究的重要问题之一，"制度"一词包罗万象，无论是包容性制度和汲取性制度的归类，[1]还是作为行为准则的制度和作为

---

〔1〕　在麻省理工学院教授、经济学家德隆·阿西莫格鲁（Daron Acemoglu）和哈佛大学教授、拉美和非洲问题专家詹姆斯·A.罗宾逊（James A. Robinson）看来，制度可以区分为包容性制度和汲取性制度，虽然作者没有对这些概念进行界定，但却通过对不同国家（或地区）制度差异的分析与描述，来回答国家兴衰、国富国穷、国家间不平等和经济发展差距等根源性问题。参见［美］德隆·阿西莫格鲁、詹姆斯·A.罗宾逊：《国家为什么会失败》，李增刚译，湖南科学技术出版社2015年版，第49~67页。

所有权的制度的区分，[1]都展示了"制度"这一特定要素的特有魅力。无论是参照法理学中国家法与民间法的划分标准，[2]抑或是参照制度分析学派中正式制度与非正式制度的区分准则，[3]在本书看来，在航空仲裁领域，如果说"机制"一词侧重于描述以航空仲裁实践为代表的民间法/非正式制度，那么"法律"一词则代表着航空仲裁的国家法/正式制度，由此，航空仲裁"制度"至少由"机制"和"法律"两部分构成，进而共同发挥着"行动的指南、选择的集合、交往的结构"[4]的功能。

依据上述分析不难发现，作为行业仲裁在航空领域的体现，航空仲裁在我国呈现出了实践先于理论、机制先于法律的明显特征，这既奠定了我国航空仲裁理论研究的实然基础，更构成了我国航空仲裁法律完善的应然目标，进而共同证成了完善我国航空仲裁制度的必要性。

如果将上海国际航空仲裁院的仲裁改革举措归入独立航空仲裁机制的话，则意味着航空仲裁在民间法/非正式制度层面已然开始确立标准，必然也会由民间法/非正式制度走向国家法/正式制度。由此，从机制到法律，不仅是航空仲裁制度发展的目标和方向，更是航空仲裁实践发展的必然趋势。

（二）由"构建"到"完善"：航空仲裁制度完善的可行性

诚如前文所述，航空仲裁在我国的推进体现出了明显的实践先于理论发

---

〔1〕 在美国威斯康星大学麦迪逊分校教授、制度经济学家丹尼尔·W. 布罗姆利（Daniel. W. Bromley）看来，制度可以区分为：行为准则和所有权，行为准则描述用来协调行为的社会制度，由分担结果的偏好产生，但对于手段不感兴趣；所有权描述在对社会目的或手段偏好不一致时用来协调行为的社会制度。参见［美］丹尼尔·W. 布罗姆利：《经济利益与经济制度：公共政策的理论基础》，陈郁、郭宇峰、汪春译，格致出版社、上海三联书店、上海人民出版社 2012 年版，第 50~53 页。

〔2〕 "民间法"一词首先出现在苏力的《法治及其本土资源》一书中，尽管并非作为与"国家法"相对应的概念而提出，但随着学术界对"民间法"这一范畴的研究日益深入，"民间法"与"国家法"逐渐成为我国法学界对于法律制度的一种区分方式。参见苏力：《法治及其本土资源》，中国政法大学出版社 1996 年版。

〔3〕 在诺思看来，正式的法律与产权为生活和经济提供了秩序，但却只是形塑选择的约束的很小一部分；相比之下，在人类社会诸种文化传统中所逐渐形成的一些非正式约束（非正式制度），包括人们的行事准则、行为规范以及惯例等，无论是在长期还是在短期，都会在社会演化中对行为人的选择集合产生重要影响。参见 ［美］道格拉斯·C. 诺思：《制度、制度变迁与经济绩效》，杭行译，格致出版社、上海三联书店、上海人民出版社 2014 年版，第 43~44 页。

〔4〕 参见 ［美］道格拉斯·C. 诺思：《制度、制度变迁与经济绩效》，杭行译，格致出版社、上海三联书店、上海人民出版社 2014 年版，第 4~5 页。

展的特征。作为仲裁法与航空法的交叉领域，航空仲裁此前并不为学术界过多关注。究其原因，一方面是仲裁机制在航空争议解决领域的适用相对小众，在传统航空争议领域，诉讼仍为最重要的争议解决方式；另一方面是独立航空仲裁实践在全球范围内都相对稀缺。在此背景之下，上海国际航空仲裁院的设立显得更加难能可贵，这不仅标志着我国航空仲裁实践已然走在全球前列，更标志着我国航空仲裁实践也已经走在了理论前列。作为国内仲裁机构、行业组织和国际行业组织共同发起设立的机构，上海国际航空仲裁院的诸多改革举措值得理论深入研究、论证、评判，在更好地促进航空仲裁理论发展的同时，为实践发展和立法完善奠定更为扎实的基础。

基于航空仲裁实践抑或航空仲裁机制这一民间法/非正式制度已然完成了"构建"的突破，并开始了"完善"的进程，因此，无论是作为其理论土壤的航空仲裁学理，还是作为未来有可能上升为国家法/正式制度层面的航空仲裁立法研究，将目标从"构建"阶段切换到"完善"阶段更能加强对实践的理论支撑和绩效评判，而这也恰恰构成了航空仲裁制度完善的可行性。

二、航空仲裁制度的适用限度

综合前文所确立的航空仲裁适用性的评判标准和分析框架，本书认为，航空仲裁已发展为航空争议解决机制的重要法律选项、行业仲裁的重要制度创新、仲裁法与航空法的重要改革实践；航空仲裁的发展既基于仲裁对航空争议多元化解决机制的供给，又基于仲裁与航空争议个性化解决需求的契合，具有理论必要性和实践可能性。同时，航空仲裁也有其严格的适用范围和条件，此类适用范围和条件共同构成了航空仲裁适用的合理限度。通过笔者不成熟的学理、实证分析，可以得出如下初步结论：

第一，在对航空仲裁适用性论题分析方法的选取方面，如果可仲裁性和可契约性标准共同构成了这一论题在理论层面的逻辑前提（必要条件），可独立性标准则构成了其在实践领域的具体界限（充分条件）。

第二，基于可仲裁性的分析工具，可以将各种航空争议类型化为基于合同的航空财产权益争议、基于侵权的航空财产权益争议、基于法定事由的航空财产权益争议三大主要类型。其中，基于合同的航空财产权益争议应当被定性为航空仲裁机制适用的主要作用域；基于侵权/法定事由的航空财产权益争议的界定符合《仲裁法》关于"其他财产权益争议"仲裁适用的立法精神，应当被认定为具有可仲裁性，但在争议解决方式选择的（争议前）可契约性领域仍属欠缺。

第三，基于可契约性的分析工具，并通过分析作为航空仲裁协议效力认定"最后一块拼图"的航空消费领域争议，可以发现这一领域的争议事项（在特定范畴内）虽具有可仲裁性，但在争议解决机制选择的（争议前）可契约性领域仍属欠缺，加之立法对于航空运输总条件法律属性尚未作出正式界定，进而造成了其适用仲裁机制的法理和现实障碍。

第四，通过对以上海国际航空仲裁院为代表的独立航空仲裁机制的实证分析，可以发现，虽然目前独立航空仲裁机制存在若干发展挑战，但属于"成长的烦恼"，无论是基于行业仲裁的法理定位抑或是基于制度竞争的战略考量，独立航空仲裁机制均有其生成以及完善的积极意义。

第二节　研究展望：完善我国航空仲裁制度的可行路径

无论是参照法理学领域关于国家法与民间法的划分，还是基于制度分析学派关于正式制度与非正式制度之间的比较，本书所界定的航空仲裁制度可以区分为"机制"和"法律"，"机制"侧重于实践领域的民间法，而"法律"代表着规范意义上的国家法。据此，基于前文的学理分析，本书认为，未来我国航空仲裁制度的完善，可以从航空仲裁机制和航空仲裁法律两个层面推进。

一、航空仲裁机制的完善路径

航空仲裁机制的完善，主要指航空仲裁在实践领域的各项规则、要素如何走向成熟，以为实践中日益增多的各类航空争议对仲裁机制的适用提供更为科学、专业、高效的保障性制度规则。在各类仲裁实践中，以上海国际航空仲裁院为代表的独立航空仲裁机制的发展完善，对于航空仲裁业具有极强的引领示范作用，因此，如能进一步完善以上海国际航空仲裁院为代表的独立航空仲裁机制，对于提升我国航空仲裁行业的专业化水准尤为重要。进而，本书认为，对于航空仲裁机制的完善，应围绕上海国际航空仲裁院而展开，具体路径包括：

（一）扩充案件受理范围

根据公开的统计数据，上海国际航空仲裁院自成立以来，已受理 10 余起航空争议案件，案由涉及航空公司股权转让、飞机厂房建设、飞机发动机研发工厂地坪改造、航空器地面服务等多个方面。如果仅以航空仲裁案件在上海国际仲裁中心全年受案数量中的占比计，其受案数量似乎相对较少，但无论相比国际民航组织的案件数量（自成立以来共计审理过 9 起案件），还是相较国际航空运输协会仲裁案件的类型（以机场地面服务协议和总销售代理协议两类案件为主），上海国际航空仲裁院在仲裁案件的受理方面无疑已经迈出了成功的第一步。

基于不同的理念和运行逻辑，诉讼制度在社会纠纷解决方面具有"批量生产"的效应，而仲裁则为当事人之间的争议解决提供了更具灵活性、个性化的途径。尽管如此，面对当前航空领域争议案件量速齐增的态势，如能进一步扩充航空仲裁的受案范围，不仅对于优化多元化争议解决机制的结构、缓解诉讼系统压力大有裨益，同时在对航空仲裁机制和制度的深化探索方面也具有重要意义。

1. 扩大新型航空争议可仲裁性的识别范围。目前，上海国际航空仲裁院对于航空争议受案范围的文本表达主要以商事争议为主，且并未限定该等争议是基于合同、侵权或法定事由而生，这也契合了传统商事仲裁制度的主要作用域。在此基础之上，基于航空业的行业特征，亦有许多新型争议能否纳入受案范围也值得探讨，如在市场秩序规制法和竞争法范畴内的航空反垄断、反不正当竞争纠纷，产品质量法范畴内的航空产品责任纠纷，知识产权法范畴内的航空知识产权纠纷，航空法范畴内的航班时刻转让纠纷等。根据公开的报道，仅在互联网域名争议领域，航空业内已发生过多起仲裁案件，如世界知识产权组织仲裁与调解中心先后受理的达美航空公司域名争议、新加坡航空公司域名争议，以及香港国际仲裁中心受理的空中客车公司域名抢注纠纷等，这也为上海国际航空仲裁院在扩大各类航空争议可仲裁性的识别范围方面提供了借鉴。

2. 纾解特定航空争议可契约性的适用困境。在航空产业中，航空运输领域的争议大量存在，仅就旅客运输纠纷而言，尽管在特定法律范畴内、特定适用条件下的旅客运输纠纷具有可仲裁性，但往往因交易条件的限制而无法于事前达成仲裁的合意，进而限制了仲裁机制的适用。而在诉讼实践中，因航空旅客运输争议的标的相对较小，但旅客等主体在以诉讼手段向承运人、票务代理公司、机场等关联方主张权利时，也常因管辖权、审理时限、赔偿责任限制等客观因素而提升诉讼成本。在《消费者权益保护法》等规范性文件已然将消费仲裁纳入规制范围之际，如能以上海国际航空仲裁院为试点，在解决仲裁机制可契约性法律问题的前提下，集中受理航空消费类争议仲裁案件，不仅有利于快速解决航空运输实践中大量存在的此类争议，对于探索乃至解决《民用航空法》、《消费者权益保护法》、《仲裁法》和《蒙特利尔公约》关于航空旅客运输争议中仲裁机制适用的冲突性问题也将大有裨益。当然，这离不开仲裁机构对航空运输领域以及消费者权益保护领域仲裁员资源的积累，也需要邀请消费者组织以及航空承运人、机场、大型票务代理机构等相关当事方代表以定期常驻方式参与仲裁，并辅之以在线仲裁、快速仲裁等可降低消费者维权成本的措施，才能促使这一领域消费仲裁机制更好地发挥效应。

我国航空仲裁机制的长远、良性发展，有赖于诸多因素的共同作用，但是，从受案范围层面加以扩充完善，使航空仲裁机制更具适用性，至为关键。当然，航空仲裁适用限度的实践结果在于其受案范围的清晰厘定，受案范围的规范表达也恰恰构成了航空仲裁适用限度的外在表现形式。未来，在航空仲裁受案范围的本文表达方面，仅就学理层面而言，既要加强对可仲裁航空争议的类型化探讨，又要深入分析航空争议解决方式的可契约性问题，二者缺一不可。在可仲裁性领域，如能在现有"大类列举"模式的基础上，将具有可仲裁性的各种新型航空争议纳入其中，并且基于归纳法与演绎法并重的逻辑对其进行分门别类的规范化整理，将会使可仲裁航空争议的类型臻于完善；在可契约性领域，如能在清晰界定航空运输总条件法律属性的基础上，为各方提供一个责任权利对等且可辅以仲裁机制解决争议的合同框架，亦将从法理层面扫除当前航空仲裁在可契约性问题上所面临的障碍。

（二）完善仲裁基础设施

仲裁基础设施是仲裁活动运行的重要保障，不仅涉及开展仲裁的必备场所等硬件设施，更包含了仲裁得以合法、有效开展的系统性制度和要素安排，重点涉及仲裁机构、专家资源、仲裁规则等核心要素。在本书看来，仲裁基础设施的持续完善对于独立航空仲裁实践的发展至关重要。在相关发起主体特别是上海国际仲裁中心的大力支持下，经过近年来的发展，上海国际航空仲裁院在仲裁基础设施建设方面日趋完善，仲裁机构的建设和专家资源的储备持续推进，仲裁规则的制定也已提上日程。当前，在《仲裁法》系统性修订的背景下，结合上海国际航空仲裁院的发起背景，仲裁规则制定中可能涉及的相关问题亦值得进一步探讨。

作为仲裁机构的要素之一，独立仲裁规则的构建与完善也是航空仲裁独立化的重要组成部分，可以说，仲裁规则与仲裁机构的专业品质密切相关，一整套完备的仲裁规则对于提升仲裁机构的专业化乃至国际化水准至关重要。目前，在仲裁规则适用方面，上海国际航空仲裁院采用的是上海国际仲裁中心的仲裁规则，从未来更为专业化、独立化的发展目标出发，制定一整套与独立航空仲裁机制相匹配的仲裁规则势在必行。同时，对于作为三大发起主体之一的国际航空运输协会而言，上海国际航空仲裁院的设立或许还存有解决《国际航协仲裁规则》在中国的适用困境、扩大其在中国影响力等因素的考量。究其原因，在我国现行《仲裁法》框架下，临时仲裁尚不存在进一步发挥作用的制度空间，加之《国际航协仲裁规则》所具有的临时仲裁的属性，使得其在我国航空仲裁的实践中形成了某种适用障碍，并具体体现在最高院的相关司法裁定与批复中。

在马来西亚航空公司、马来西亚保险公司、曼班通用保险公司等主体与北京空港航空地面服务有限公司、中国化工建设大连公司等主体关于国际航空货物运输事故损害赔偿纠纷诉讼案中，被告北京空港航空地面服务有限公司提供了其与原告马来西亚航空公司之间签署的由国际航空运输协会统一制定的《标准地面服务协议》和对该主协议确认签署的相关附件，以及《国际航协仲裁规则》，根据主协议第9条之约定，双方之间的纠纷应通过仲裁方式解决，并约定"国际航空运输协会总干事有权指定独任仲裁员、仲裁员和仲裁庭主席，仲裁庭的裁决应为最终和结论性的裁决，对各方均具有约束力"。

据此，一审法院在被告提出的管辖权异议中认为，被告关于其与原告之间的纠纷在约定通过仲裁方式解决的同时，明确约定了有关仲裁事项、仲裁程序及仲裁机构，且该仲裁机构具有可实际操作的仲裁规则，故被告向法院提出的管辖权异议成立，原告的起诉应予驳回。但在原告提起的管辖权异议上诉中，二审法院则认为本案中的仲裁条款并未对仲裁委员会进行约定，各方当事人亦未就此达成补充协议，故该仲裁条款无效，被告援引无效仲裁条款提出的管辖权异议不能成立，据此裁定原告的上诉理由成立，一审法院驳回原告起诉的裁定应予撤销。[1]

此后的 2012 年，最高院又以司法批复的方式，就马来西亚航空公司与厦门太古飞机工程有限公司服务合同纠纷一案中仲裁条款效力的问题予以阐释。在本案中，原告马来西亚航空公司与被告厦门太古飞机工程有限公司因航空器发动机维修费用产生争议，在原告起诉之后，被告提出管辖权异议，并向法院提交了其与原告签署的由国际航空运输协会统一制定的《标准地面操作协议——简易程序》以及对该主协议确认签署的相关附件，根据主协议第 9 条之约定，双方之间"任何有关本协议的范围、含义、解释或者效力或因本协议而发生的任何争议或索赔，应根据以下所规定的程序提交并最终通过仲裁裁决解决，……裁决应当是终局的，并且对当事人具有最后的约束力"。据此，一审法院认为案涉仲裁条款仅约定仲裁员的选任，未约定仲裁地点、仲裁委员会以及仲裁规则，事后双方当事人也未能就此达成补充协议，故该仲裁条款应认定无效。在就此案的批复中，最高院指出，涉案仲裁协议中未约定明确的仲裁机构，事后当事人亦未达成补充协议，因此，涉案仲裁协议应当认定无效。[2]

基于前述司法实践，国际航空运输协会在表达对于"由于中国一些制度

---

〔1〕 参见马来西亚航空公司、马来西亚保险公司、曼班通用保险公司、艾米保险公司、特卡福保险公司、艾思伦敦航空有限公司与北京空港航空地面服务有限公司、中国化工建设大连公司、嘉里大通物流有限公司、天航国际货运有限公司、利航国际货运服务（天津）有限公司、北京迪捷姆空运咨询服务有限公司国际航空货物运输事故损害赔偿纠纷诉讼的管辖权异议纠纷上诉案。

〔2〕 参见《最高人民法院关于马来西亚航空公司与厦门太古飞机工程有限公司服务合同纠纷一案中仲裁条款效力问题的请示的复函》，最高人民法院〔2012〕民四他字第 4 号。

的障碍，导致国际航空仲裁规则未能引入中国大陆"[1]（上述所言"中国一些制度"主要指"临时仲裁"，"国际航空仲裁规则"主要指"《国际航协仲裁规则》"）这一问题忧虑的同时，对上海国际航空仲裁院能够引入《国际航协仲裁规则》寄予了厚望。在前述背景下，如果属于临时仲裁的《国际航协仲裁规则》能够被上海国际航空仲裁院所引入，则不仅对于上海国际航空仲裁院在机构仲裁抑或临时仲裁的属性定位和制度走向方面将产生重大影响，甚至对于临时仲裁制度在我国的落地亦会形成实证样本。对此，相关业内人士也指出，作为国际航空运输协会与上海国际仲裁中心的合作成果，上海国际航空仲裁院的设立是临时仲裁制度在中国现有法律框架体制内取得突破性进展的最新尝试，反映了临时仲裁与机构仲裁之间互补长短、共谋发展的合作趋势。[2]

目前，根据公开的报道，由上海国际仲裁中心和上海国际航空仲裁院共同制定一套独立航空仲裁规则的工作正在推进之中，初步命名为"《上海国际经济贸易仲裁委员会（上海国际仲裁中心）航空仲裁规则》"，[3]这也为上海国际航空仲裁院在航空仲裁领域制度类、标准类基础设施的完善方面注入了新的动力。

（三）探索仲裁适用场域

截至目前，国际航空界建立了以《芝加哥公约》为核心的法律规范体系，共计包含了 48 部国际公约、议定书和修正案，以及数以万计的技术标准规范。其中，在国际航空私法领域，除了"华沙-蒙特利尔公约体系"项下仲裁规则的适用具有特殊性之外，《开普敦公约》项下仲裁机制的适用也存在诸多值得商榷的问题，未来，上海国际航空仲裁院如能就此问题进行探索，不仅有利于《开普敦公约》在中国的落地，对于上海国际仲裁院在航空仲裁领域率先探索与国际规则的接轨、继续引领竞争优势将大有裨益。

基于航空器标的物高价值的资产属性，业界对航空器融资及担保交易始

---

[1]　参见"国际航空仲裁机制首次引入中国"，载新浪网，最后访问日期：2019 年 1 月 16 日。

[2]　参见杜丽君："对中国引进国际航空仲裁制度的思考"，载《中国对外贸易》2015 年第 6 期。

[3]　参见"中国航协与上海国际航空仲裁院领导会谈"，载搜狐网，http://www.sohu.com/a/211368567_725892，最后访问日期：2021 年 2 月 23 日。

终保持着高度需求，加之航空产业的跨国界特征，如何协调跨法域国家和地区间航空器融资担保交易规则的趋同性，特别是加强对此类交易中债权人利益的保护，成为降低债务人融资成本、提升各方交易机会的必然条件。基于此，在《日内瓦公约》确立了航空器权利体系的基础上，国际航空界和国际私法界更于20世纪末推动了《开普敦公约》及《航空器议定书》的制定。有鉴于围绕航空器的争议常存在于航空器所有人、担保权人、非担保权债务人、实际运营的占有人等多个主体之间，围绕竞存的航空器利益存有多重诉求，据此，《开普敦公约》明确了航空器担保交易中的担保权人、所有权保留交易中的附条件卖方、租赁交易中的出租人等主体的权益可通过公约创设的国际利益登记系统进行登记生效，并基于特定的次序而产生优先于第三人的对抗效力。

在《开普敦公约》中，对于"法院"范畴的界定和功能的设置极为重要，一方面，"法院"不仅指缔约国设立的法院、行政裁判庭，还包括仲裁庭；另一方面，在债务人违约时，债权人可通过有管辖权的"法院"行使救济措施。由此，赋予了仲裁机制在《开普敦公约》所调整的特定类型商事争议中的适用空间。鉴于航空器在商业层面的运营往往随着相关争议的发生而停止，从而对各方权利义务人造成合同可预见之外的损失，尽管该种损失的负担规则大多已为合同所约定，但此时航空器在法律层面的快速处置无疑对减少各方损失具有至关重要的作用，因此，《开普敦公约》赋予了债权人自力救济和最终裁决前的临时救济等措施。在自力救济措施中，基于债务人的违约，债权人有权终止协议并占有或控制与该协议相关的任何标的物（其中，担保权人还可出售或者出租任何此类标的物，以及收取或者领受因管理或使用任何此类标的物而产生的收入或盈利），或者申请法院令状授权或指令实施上述任一行为；在最终裁决前的临时救济措施中，基于债务人的违约，债权人可以通过向法院申请保全、控制（包括占有、监管等）、冻结、出租和管理标的物等令状获得快速救济。

如以仲裁方式处置纠纷，前述措施中，无论是自力救济中申请法院令状或指令的措施，还是最终裁决前的临时救济措施，均可归入仲裁程序中临时措施（Interim Measures）的范畴。在国际商事仲裁范围内，《纽约公约》并未界定仲裁中的临时措施及其执行，《国际商事仲裁示范法》则于其第四章"仲裁庭的管辖权"之后另设第四 A 章（经由联合国贸易法委员会于 2006 年第 39 届委员会通过），详细规范了仲裁中临时措施的类型与条件、初步命令、适用于临时措施和初步命令的条文、临时措施的承认和执行、法院下令采取的临时措施等内容。尽管此种临时措施常以裁决（Award）和命令（Order）的形式作出，[1]呈现出临时裁决（Provisional Award）的表征，但其功能在于对被申请人的相关财产、案件相关证据采取保全措施，以确保仲裁程序顺利进行，并保证仲裁裁决在将来得以执行。基于此，在航空器国际利益纠纷仲裁案件中，依照《开普敦公约》赋予债权人的救济措施体系，并结合《航空器议定书》对相关条款的修订和具体化规则，应当将其归入临时措施的类型。

　　然而，需要指出的是，尽管《开普敦公约》预留了仲裁机制适用于航空器国际利益纠纷案件的制度空间，但根据《全国人民代表大会常务委员会关于批准〈移动设备国际利益公约〉和〈移动设备国际利益公约关于航空器设备特定问题的议定书〉的决定》中我国所作的声明，现阶段仲裁制度的适用还存有若干障碍：首先，《开普敦公约》仅适用于跨境交易，国内交易无法适用，这意味着如以仲裁机制解决国内交易中的争议，仲裁保全的相关措施需依《仲裁法》《民事诉讼法》《民用航空器权利登记条例》等规范性文件进行，其中，《开普敦公约》项下临时救济措施中的保全、控制、冻结等措施可为我国国内法保全程序所涵盖，但出租、管理乃至出售标的物等措施因不属于我国法定的保全措施，故而无法为债权人所享有；其次，《开普敦公约》虽然将仲裁涵盖于"法院"的范畴之中，但同时也强调缔约国可以在批准、接受、核准或者加入议定书时声明相关的一个或多个"法院"，对此，我国对"法院"的范畴作了缩限性解释，明确规定我国各航空公司总部所在地的中级人民法院对《开普敦公约》所涉及的航空器设备租赁纠纷具有管辖权，这也在某种程度上排除了仲裁机构对于以《开普敦公约》为合同准据法且承租人为我国境内航空公司的前述三类航空器跨境交易争议的适用空间。

　　基于我国适用《开普敦公约》的整体性制度安排，航空仲裁之于特定类型的航空器跨境交易争议虽然受限（尽管此种限制并非基于争议事项的可仲裁性因素），但鉴于我国《民用航空法》尚未正式吸收《开普敦公约》的相

---

〔1〕　参见江伟、肖建国主编：《仲裁法》，中国人民大学出版社 2016 年版，第 254 页。

关规则，未来的制度创新仍存在一定空间。加之上海这一国际航空枢纽在亚太地区乃至全球的影响力持续提升，配套法律服务体系也不断完善，航空仲裁的重要性愈发凸显。以上海国际航空仲裁院的设立为代表的改革实践已然证明了机制创新的必要性，未来如能从仲裁机制的适用角度就《开普敦公约》的进一步落地提供若干实践经验，相信将会进一步提升航空仲裁的影响力。具体而言，一方面，尽管我国的声明对于有管辖权的"法院"进行了限定，但基于保全程序可以区分为保全决定程序和保全执行程序的因素，是否可以理解为此处是对保全执行机构（亦即《开普敦公约》规定的救济措施执行机构）而非保全决定机构的限定，从而也为我国仲裁保全实践中的相关争论提供现实案例；另一方面，在现阶段的航空器跨境交易中，基于特定的海关政策、外汇政策、税收返还和激励政策，许多境外出租人或境内承租人在保税区内通过头租承租人/转租出租人对航空器进行转租，从而形成跨境转租赁交易结构，其中，对于境内保税区转租人所设的 SPV 公司与境内航空公司之间的租赁交易构成了国内交易，对于该等交易产生的争议如能适用仲裁机制，虽然可能会在临时救济措施的类型方面有所缺省，但如辅之以仲裁第三人规则，就航空仲裁的专业性、便利性角度而言，无疑对于当事人权益的保护也极为有利。

（四）强化规则治理优势

如从微观层面审视，以上海国际航空仲裁院为代表的独立航空仲裁机制因契合于航空争议解决的个性化特征和航空争议解决的多元化需求，进而得以在实践领域落地生根并发展壮大；如从宏观层面分析，独立航空仲裁机制的建立对于提升我国航空仲裁制度乃至航空法律制度的竞争优势、增强我国航空业在全球航空市场综合竞争的软实力起到了良好的示范效应，从长远来看，至少对我国在全球航空市场争议解决领域保持话语权和影响力将会产生积极而深远的作用，这也与中共中央办公厅、国务院办公厅《关于完善仲裁制度提高仲裁公信力的若干意见》中关于"提升仲裁委员会的国际竞争力"的系统性要求相契合。如果说上海国际航空仲裁院的设立为未来我国更为主动地参与全球航空市场的制度竞争奠定了良好的基础，那么进一步提升其在全球仲裁服务市场中的规则治理优势则更为关键。在这一领域，上海国际航空仲裁院已经做出了诸多努力，并且未来依然有更为广阔的引领空间，其中，合同示范文本领域的先行先试即为例证。

2017 年 10 月，《飞机融资租赁协议示范文本（征求意见稿）》的发布对于我国航空器租赁产业法治化水平的提升具有重要意义。在航空产业中，包括经营性租赁和融资租赁在内的航空器租赁业是一个兼具金融性、涉外性、产业性的复合问题。在以 ARJ21、C919 为代表的中国自主制造的航空器面世之前，我国航空制造业在全球范围内长期落后于欧美等国家，作为航空运输大国，我国长期以来只能通过大量采购、租赁等方式引进波音、空中客车公司等生产的飞机。由此，在合同文本拟定方面，以波音、空中客车为代表的飞机制造商和全球主流航空租赁商在合同标准制定及合同保密性等方面牢牢把握商业和法律维度的话语权，导致我国航空公司在合同准据法、争议解决机制等法律核心要点方面的谈判能力长期欠缺，进而为未来有可能发生的潜在巨额商业纠纷埋下隐患。

飞机融资租赁协议中文示范文本的推出，对于我国航空承运人在法律规则领域掌握主动权将会产生积极作用。无论是争议解决机制的选择、合同准据法的适用，抑或是合同文本关于制造商、出租商、承租商之间实体权利义务的合理平衡，甚至合同文本的语言，都成为飞机采购商与制造商、出租商较量的领域。当然，由我国仲裁机构主导的飞机融资租赁协议示范文本的推出，也得益于我国航空制造业、金融业、法律服务业竞争力的大幅度提升，尽管从示范文本到合同交易达成的实际采用文本尚有很多的障碍需要克服，但仍然为航空租赁法治化水平的提升奠定了良好的基础，为未来我国更好地参与国际标准的制定打开了局面。

二、航空仲裁法律的完善路径

如果说航空仲裁机制的完善侧重于实践领域中仲裁行为的个性化规范，那么航空仲裁法律的完善则更具普遍适用性，有鉴于立法活动的严肃性、立法程序的复杂性，航空仲裁的立法完善也将是一个渐进的过程，需由立法机构结合多重因素予以论证，在综合评估必要性后作出审慎决策。仅就学理而言，在假设理论和实务界对于航空仲裁机制由实践中的规则上升为正式立法的必要性形成较为一致认可的前提下，随着我国《民用航空法》紧锣密鼓的修订，结合《仲裁法》即将修改的契机，本书认为，仅就我国当前航空仲裁立法完善的可能性而言，存在多条路径。

（一）《民用航空法》的修订与航空仲裁的立法完善

《民用航空法》是我国第一部规范民用航空活动的法律，是我国民航发展历史中的重要里程碑，也是改革开放以来民航法治建设的重要结晶，对于维护国家领空安全和民用航空权利、保障民航活动安全有序进行、保护民航活动中各方当事人的合法权益具有极为重要的作用。

我国现行的《民用航空法》于 1995 年 10 月 30 日经由第八届全国人民代表大会常务委员会第十六次会议审议通过，于 1996 年 3 月 1 日正式实施。之后，分别于 2009 年 8 月、2015 年 4 月、2016 年 11 月、2017 年 11 月、2018 年 12 月、2021 年 4 月进行过六次修正。目前，《民用航空法》的系统性修订工作也在紧锣密鼓推进中，2016 年 8 月 8 日，中国民用航空局公布了《关于〈中华人民共和国民用航空法〉修订征求意见稿公开征求意见的通知》，就《民用航空法》系统修订工作做了详细说明。其中，"借鉴和吸收国内外民航立法及民航国际公约的新成果"是本次系统性修法的重要指导思想之一，这也为航空仲裁制度的引入提供了契机，特别反映在与航空器权利、航空运输这两大领域相关的制度设计上。[1]

1. 航空器权利与 2001 年《开普敦公约》的引入。随着全球范围内航空制造产业和航空运输产业的迅速发展，1948 年《日内瓦公约》已逐渐无法适应商业交易的制度需求，特别是在以航空器、卫星以及铁路运输设备为代表的相关高价值移动设备作为标的物的融资租赁活动中，由于商业交易的国际化因素，致使融资人、出租人等相关利益方无法确保其于标的物之上所设置的担保物权可以完全有效地得到法律保护，因此，构建一套全新的、国际统一化的、可以加强对债权人保护的关于调整物上担保、产权保留和租赁利益的法律制度，显得尤为必要。基于此，国际统一私法协会于 1992 年起即开始

---

〔1〕 值得注意的是，在该通知的附件 2《关于〈中华人民共和国民用航空法〉修订征求意见稿的说明》中，中国民用航空局指出其于 1999 年 12 月即向国务院法制办上报了《关于建议修改〈中华人民共和国民用航空法〉的函》（民航体函［1999］928 号），建议结合行业发展实际，启动《民用航空法》的修订工作。如以 1999 年 12 月为起点推算，我国《民用航空法》的修订准备工作已历经多年。

了起草《开普敦公约》及航空器设备、铁路车辆、空间资产等三个方面特定问题议定书的努力，并最终于 2001 年在由国际统一私法协会和国际民航组织于南非开普敦召开的外交会议上获得通过。

《开普敦公约》与其项下附件一《航空器议定书》等两个法律文件旨在促进航空器这一高价值移动设备的融资租赁交易，通过强化对债权人利益的保护，减少债权人、出租人的交易风险来降低购买、租赁航空器的国外融资利率和担保费用，同时为融资多样化创造条件。《开普敦公约》及《航空器议定书》共同创设了航空器国际利益，且需通过国际登记系统登记而生效，并由各国依据公约来保护。

《开普敦公约》及《航空器议定书》分别于 2004 年 4 月 1 日和 2006 年 3 月 1 日正式生效。作为签署国之一，我国全国人民代表大会常务委员会于 2008 年 10 月 28 日审议批准加入《开普敦公约》，这不仅为其纳入国际法渊源解决相关权利人的纠纷奠定了法律基础，也为《民用航空法》在本次修订中吸纳《开普敦公约》及《航空器议定书》相关制度提出了新的任务。

有鉴于《开普敦公约》创设了移动设备上的"国际利益"及其效力的优先顺序，确定了已完成国际登记的国际利益优先于未登记的利益、登记在先的国际利益优先于登记在后的国际利益等规则，并在允许缔约国对部分条款声明是否适用及具体司法救济措施的保留、对已登记国际利益优先受偿性质的修正等方面均体现出一定程度的灵活性，这对于未来我国《民用航空法》在航空器权利体系领域的修订势必产生较大影响，包括将会为航空器权利登记、航空器留置权规则设置等问题带来较大讨论空间。相应地，《开普敦公约》及《航空器议定书》的相关规则在我国《民用航空法》中的引入，将会为作为航空财产权益争议重要组成部分的航空器法定及意定保担权、航空器租赁等交易中仲裁机制的适用带来新的挑战。未来，关于航空器权利体系和航空器融资租赁体系的立法规范走向何方，值得期待。

2. 航空运输争议的仲裁适用与 1999 年《蒙特利尔公约》的引入。在航空承运人责任制度领域，我国《民用航空法》制定之际，主要参照了华沙公约体系下的相应法律规则。随着 1999 年《蒙特利尔公约》的制定，以及我国政府 2005 年对《蒙特利尔公约》的批准加入，未来，在《民用航空法》中采纳《蒙特利尔公约》的相关规则成为必然选择。根据《关于〈中华人民共和国民用航空法〉修订征求意见稿公开征求意见的通知》，2016 年 8 月版《中华人民共和国民用航空法（修订征求意见稿）》"规定了国内运输和国际运输承运人责任制度与 1999 年《蒙特利尔公约》全面接轨"，[1]这也为航空运输争议的仲裁解决机制是否引入埋下了伏笔。

1999 年《蒙特利尔公约》第 34 条对公约体系内航空争议的仲裁程序以专门性条款的方式做了界定，据此，如果我国《民用航空法》从立法层面设立航空争议的仲裁解决条款，具体规则如何设置将会存在较大的探讨空间。一方面，如果《民用航空法》严格依照《蒙特利尔公约》仅对航空货物运输合同争议赋以可仲裁性，而将航空旅客/行李运输争议的仲裁机制排除在外，或许将会与其"最大限度保护消费者权利"[2]的目标产生偏差，也与《消费者权益保护法》对于消费仲裁的规定产生差异；另一方面，如果《民用航空法》将航空运输领域的仲裁适用进行扩大化，便会对如何从法理层面解决航空消费争议领域争议解决机制可契约性的问题构成挑战。

此外，除了航空运输领域的仲裁适用，在未来《民用航空法》体系内，有无必要对包括航空器制造及其产品责任、航空反垄断、航空时刻争议等航空业特有纠纷的解决机制进行规定，也存在许多讨论空间。因此，在上述领域的仲裁适用方面，我国《民用航空法》将会如何修订，值得期待。

（二）《仲裁法》的修订与航空仲裁的立法完善

1995 年 9 月 1 日，我国《仲裁法》正式实施，这标志着我国初步构建了社会主义市场经济体制基础之上的现代仲裁制度，自此，新中国成立以来以行政仲裁为主导的仲裁模式进一步向民间仲裁转型。此后，2005 年 12 月，最高院审判委员会第 1375 次会议审议通过了《〈仲裁法〉司法解释》，并于 2008 年作出相关调整，对有关内容进行了细化和补充。

《仲裁法》实施至今已 20 余年，该法对于构建我国现代仲裁制度与框架、推动以仲裁方式解决商事纠纷和各类财产纠纷、完善社会主义市场经济体制发挥了有益的作用。但是，随着我国经济社会生活的快速发展，公众和各类

---

〔1〕 参见中国民用航空局《关于〈中华人民共和国民用航空法〉修订征求意见稿公开征求意见的通知》，2016 年 8 月 8 日公布。

〔2〕 参见中国民用航空局《关于〈中华人民共和国民用航空法〉修订征求意见稿公开征求意见的通知》，2016 年 8 月 8 日公布。

商事主体参与经济活动逐渐增多，以《仲裁法》为主体建立起来的仲裁制度虽然在解决各类纠纷问题上发挥了越来越重要的作用，但也在实践中发现了一些亟需修订和完善的问题。因此，社会各界对于修订《仲裁法》的呼声日益增多。在此背景之下，《仲裁法》的修改已被列入第十三届全国人民代表大会常务委员会立法规划中的第二类项目，亦即"需要抓紧工作、条件成熟时提请审议的法律草案"。

　　"有效的制度结果不一定来自唯一的制度设计"。[1]对于作为行业仲裁重要类型之一的独立航空仲裁机制而言，仲裁法毋需也不可能单独涉及，但仅就行业仲裁的制度完善而言，则在立法层面存有是否确立的探讨必要。必须承认的是，行业仲裁不仅仅是基于仲裁制度的民间属性和服务属性而生，更重要的是其体现了仲裁制度的专业属性和自治属性。如果说我国现行《仲裁法》第 13 条第 3 款关于"仲裁委员会按照不同专业设仲裁员名册"的规定已经为行业仲裁埋下了伏笔，中共中央办公厅、国务院办公厅《关于完善仲裁制度提高仲裁公信力的若干意见》中"研究建立专业仲裁工作平台"的要求，则为包括独立航空仲裁机制在内的行业仲裁制度的发展提供了全新的前进方向。未来，通过修改《仲裁法》、成立中国仲裁协会等改革举措，[2]或许将为行业仲裁专业化发展的目标提供更为有利的制度支撑。从这一角度出发，未来我国《仲裁法》将会如何修改，值得期待。

---

　　〔1〕　参见［土耳其］丹尼·罗德里克（Dani Rodrik）：《一种经济学，多种药方：全球化、制度建设和经济增长》，张军扩等译，中信出版集团 2016 年版，第 173 页。
　　〔2〕　参见陈忠谦："关于完善我国行业仲裁制度的若干思考"，载《仲裁研究》2011 年第 2 期。

参考文献

一、著作类

[1] 蔡福华:《民事优先权新论》,人民法院出版社 2002 年版。

[2] 程啸:《侵权责任法》,法律出版社 2021 年版。

[3] 董安生:《民事法律行为》,中国人民大学出版社 2002 年版。

[4] 高圣平、乐沸涛:《融资租赁登记与取回权》,当代中国出版社 2007 年版。

[5] 郭明瑞:《担保法》,法律出版社 2010 年版。

[6] 胡长清:《中国民法总论》,中国政法大学出版社 1997 年版。

[7] 黄国雄、曹厚昌:《现代商学通论》,人民日报出版社 1997 年版。

[8] 李海:《船舶物权之研究》,法律出版社 2002 年版。

[9] 梁慧星:《民法总论》,法律出版社 2001 年版。

[10] 梁冰:《动产担保与登记》,群言出版社 2007 年版。

[11] 刘敬东:《国际融资租赁交易中的法律问题》,中国人民公安大学出版社 2002 年版。

[12] 林一:《国际商事仲裁中的意思自治原则——基于现代商业社会的考察》,法律出版社 2018 年版。

[13] 乔欣:《仲裁权论》,法律出版社 2009 年版。

[14] 史尚宽:《民法总论》,中国政法大学出版社 2000 年版。

[15] 史尚宽:《债法总论》,中国政法大学出版社 2000 年版。

[16] 苏力:《法治及其本土资源》,中国政法大学出版社 1996 年版。

[17] 田有赫:《国内仲裁法律适用》,法律出版社 2018 年版。

[18] 王利明:《合同法研究》(第一卷),中国人民大学出版社 2015 年版。

[19] 王利明:《侵权行为法研究》(上卷),中国人民大学出版社 2004 年版。

［20］王利明等：《民法学》，法律出版社 2017 年版。

［21］王立志：《国际航空法的统一化与我国的利益：历史逻辑与理性回应》，法律出版社 2014 年版。

［22］王瀚、张超汉、孙玉超：《国际航空法专论》，法律出版社 2017 年版。

［23］吴建端：《航空法学》，中国民航出版社 2005 年版。

［24］杨良宜、莫世杰、杨大明：《仲裁法：从 1996 年英国仲裁法到国际商务仲裁》，法律出版社 2006 年版。

［25］杨良宜、莫世杰、杨大明：《仲裁法：从开庭审理到裁决书的作出与执行》，法律出版社 2010 年版。

［26］杨良宜：《船舶融资与抵押》，大连海事大学出版社 2003 年版。

［27］杨桢：《英美契约法论》，北京大学出版社 1997 年版。

［28］于丹：《飞机租赁交易的私法问题研究》，法律出版社 2019 年版。

［29］于喜富：《国际商事仲裁的司法监督与协助——兼论中国的立法与司法实践》，知识产权出版社 2006 年版。

［30］虞康等：《飞机租赁》，中国民航出版社 1995 年版。

［31］张辉：《船舶优先权法律制度研究》，武汉大学出版社 2005 年版。

［32］赵秀文：《国际商事仲裁及其适用法律研究》，北京大学出版社 2002 年版。

［33］赵维田：《国际航空法》，社会科学文献出版社 2000 年版。

［34］郑派：《国际航空旅客运输承运人责任研究》，法律出版社 2016 年版。

［35］周枏：《罗马法原论》（下册），商务印书馆 2014 年版。

［36］朱科：《中国国际商事仲裁司法审查制度完善研究》，法律出版社 2018 年版。

［37］王泽鉴：《民法总则》（增订版），中国政法大学出版社 2001 年版。

［38］王泽鉴：《债法原理》（第一册），中国政法大学出版社 2001 年版。

［39］杨崇森：《商务仲裁之理论与实际》，文物供应社 1984 年版。

［40］［美］艾伦·沃森：《民法法系的演变及形成》，李静冰、姚新华译，中国法制出版社 2005 年版。

［41］［美］E. 博登海默：《法理学：法律哲学与法律方法》，邓正来译，中国政法大学出版社 2004 年版。

［42］［美］小罗伯特·B. 埃克伦德、罗伯特·F. 赫伯特：《经济理论和方法史》，杨玉生等译，中国人民大学出版社 2001 年版。

［43］［美］加里·B. 博恩：《国际仲裁：法律与实践》，白麟等译，郑若骅等审校，商务印书馆 2015 年版。

［44］［美］德隆·阿西莫格鲁、詹姆斯·A. 罗宾逊：《国家为什么会失败》，李增刚译，徐彬审校，湖南科学技术出版社 2015 年版。

［45］［美］贾恩弗朗哥·波齐：《国家：本质、发展与前景》，陈尧译，上海世纪出版集团 2007 年版。

［46］［美］弗朗西斯·福山：《政治秩序的起源：从前人类时代到法国大革命》，毛俊杰译，广西师范大学出版社 2014 年版。

［47］［美］丹尼尔·W. 布罗姆利：《经济利益与经济制度：公共政策的理论基础》，陈郁、郭宇峰、汪春译，格致出版社、上海三联书店、上海人民出版社 2012 年版。

［48］［美］道格拉斯·C. 诺思：《制度、制度变迁与经济绩效》，杭行译，格致出版社、上海三联书店、上海人民出版社 2014 年版。

［49］［美］保罗·A·萨缪尔森、威廉·D·诺德豪斯：《经济学》（上），高鸿业等译，中国发展出版社 1992 年版。

［50］［美］罗宾·保罗·马洛伊：《法律和市场经济——法律经济学价值的重新诠释》，钱弘道、朱素梅译，法律出版社 2006 年版。

［51］［美］康芒斯：《制度经济学》（下册），于树生译，商务印书馆 1962 年版。

［52］［美］阿维纳什·迪克西特：《法律缺失与经济学：可供选择的经济治理方式》，郑江淮等译，中国人民大学出版社 2007 年版。

［53］［美］乔治·汤普金斯：《从美国法院实践看国际航空运输责任规则的适用与发展：从 1929 年〈华沙公约〉到 1999 年〈蒙特利尔公约〉》，本书译委会译，法律出版社 2014 年版。

［54］［美］米尔顿·弗里德曼：《资本主义与自由》，张瑞玉译，商务印书馆 2004 年版。

［55］［美］迈克尔·波特（Michael E. Porter）：《国家竞争优势》，李明轩、邱如美译，郑风田校，华夏出版社 2002 年版。

［56］［英］梅因：《古代法》，沈景一译，商务印书馆 1959 年版。

［57］［英］亚当·斯密：《国富论》（下），杨敬年译，陕西人民出版社 2001 年版。

［58］［英］阿尔弗雷德·马歇尔、玛丽·佩利·马歇尔：《产业经济学》，肖卫东译，商务印书馆 2015 年版。

［59］［英］约翰·梅纳德·凯恩斯：《就业、利息和货币通论》（重译本），高鸿业译，商务印书馆 1999 年版。

［60］［英］F. H. 劳森、B. 拉登：《财产法》，施天涛、梅慎实、孔祥俊译，中国大百科全书出版社 1998 年版。

［61］［英］A. G. 盖斯特：《英国合同法与案例》，张文镇等译，中国大百科全书出版社1998年版。

［62］［英］西蒙·罗伯茨：《秩序与争议——法律人类学导论》，沈伟、张铮译，上海交通大学出版社2012年版。

［63］［德］伯恩·魏德士：《法理学》，丁晓春、吴越译，法律出版社2013年版。

［64］［德］柯武刚、史漫飞：《制度经济学：社会秩序与公共政策》，韩朝华译，商务印书馆2000年版。

［65］［德］沃尔夫冈·费肯杰：《经济法》（第一卷），张世明、袁剑、梁君译，中国民主法制出版社2010年版。

［66］［德］弗里茨·里特纳、迈因哈德·德雷埃尔：《欧洲与德国经济法》，张学哲译，法律出版社2017年版。

［67］［德］维尔纳·弗卢梅：《法律行为论》，迟颖译，法律出版社2013年版。

［68］［德］罗伯特·霍恩、海因·科茨、汉斯·G·莱塞：《德国民商法导论》，楚建译，中国大百科全书出版社1996年版。

［69］［日］金泽良雄：《经济法概论》，满达人译，中国法制出版社2005年版。

［70］［日］丹宗昭信、伊从宽：《经济法总论》，［日］吉田庆子译，中国法制出版社2010年版。

［71］［日］青木昌彦：《制度经济学入门》，彭金辉、雷艳红译，中信出版集团2017年版。

［72］［奥］凯尔森：《法与国家的一般理论》，沈宗灵译，商务印书馆2013年版。

［73］［澳］欧文·E·休斯：《公共管理导论》，张成福等译，中国人民大学出版社2007年版。

［74］［荷］I·H·Ph·迪德里克斯-范思赫：《国际航空法》，黄韬等译，上海交通大学出版社2014年版。

［75］［土耳其］丹尼·罗德里克（Dani Rodrik）：《一种经济学，多种药方：全球化、制度建设和经济增长》，张军扩、侯永志等译，高世楫校，中信出版集团2016年版。

二、编著类

［1］曹三明等主编：《民用航空法释义》，辽宁教育出版社1996年版。

［2］陈晓和、陈迎春主编：《政策法规对民用飞机产业发展的影响》，上海交通大学出版社2013年版。

［3］董杜骄、顾琳华主编：《航空法教程》，对外经济贸易大学出版社2016年版。

［4］顾功耘主编：《商法教程》，上海人民出版社、北京大学出版社 2006 年版。

［5］顾功耘主编：《经济法教程》，上海人民出版社、北京大学出版社 2013 年版。

［6］韩德培主编：《国际私法新论》，武汉大学出版社 1997 年版。

［7］胡建淼主编：《法律适用学》，浙江大学出版社 2010 年版。

［8］黄少安主编：《现代经济学大典》（制度经济学分册），经济科学出版社 2016 年版。

［9］江伟、肖建国主编：《仲裁法》，中国人民大学出版社 2016 年版。

［10］梁慧星、陈华彬编著：《物权法》，法律出版社 2003 年版。

［11］刘保玉编著：《物权法》，上海人民出版社 2003 年版。

［12］卢现祥、朱巧玲主编：《新制度经济学》，北京大学出版社 2012 年版。

［13］马丽娟主编：《信托与融资租赁》，首都经济贸易大学出版社 2008 年版。

［14］齐树洁主编：《英国民事司法改革》，北京大学出版社 2004 年版。

［15］司玉琢主编：《海商法》，法律出版社 2003 年版。

［16］宋朝武主编：《仲裁法学》，北京大学出版社 2013 年版。

［17］王保树主编：《中国商事法》（新编本），人民法院出版社 2001 年版。

［18］王利明主编：《中国物权法草案建议稿及说明》，中国法制出版社 2001 年版。

［19］王军编著：《美国合同法》，中国政法大学出版社 1996 年版。

［20］魏振瀛主编：《民法》，北京大学出版社、高等教育出版社 2010 年版。

［21］吴汉东主编：《知识产权法》，法律出版社 2014 年版。

［22］吴弘、陈岱松、贾希凌编著：《金融法》，格致出版社、上海人民出版社 2011 年版。

［23］徐开墅主编：《民商法辞典》（增订版），上海人民出版社 2004 年版。

［24］薛波主编：《元照英美法词典》（缩印版），北京大学出版社 2013 年版。

［25］余先予主编：《国际法律大辞典》，湖南出版社 1995 年版。

［26］余劲松、吴志攀主编：《国际经济法》，北京大学出版社、高等教育出版社 2000 年版。

［27］孟赤兵、李周书编著：《神鹰凌空——中国航空史话》，北京航空航天大学出版社 2003 年版。

［28］王钟强编著：《灿烂群星——外国航空人物》，北京航空航天大学出版社 2003 年版。

［29］全国人大常委会法制工作委员会民法室、中国国际经济贸易仲裁委员会秘书局编著：《中华人民共和国仲裁法全书》，法律出版社 1995 年版。

［30］中国航空运输协会法律委员会编著：《中国民航法律案例精解》，知识产权出版

社 2016 年版。

[31] 中国社会科学院法学研究所民法研究室编：《外国仲裁法》，中国社会科学出版社 1982 年版。

[32] 中国民用航空总局政策法规司主编：《1999 年〈统一国际航空运输某些规则的公约〉精解》，中国民用航空总局政策法规司 1999 年内部发行。

[33] ［加］Peter Benson 主编：《合同法理论》，易继明译，北京大学出版社 2004 年版。

三、期刊类

[1] 曹志勋："论可仲裁性的司法审查标准——基于美国反垄断仲裁经验的考察"，载《华东政法大学学报》2012 年第 4 期。

[2] 陈忠谦："关于完善我国行业仲裁制度的若干思考"，载《仲裁研究》2011 年第 2 期。

[3] 陈彬："从'灰脚法庭'到现代常设仲裁机构——追寻商事仲裁机构发展的足迹"，载《仲裁研究》2007 年第 1 期。

[4] 陈福勇："仲裁机构的独立、胜任和公正如何可能——对 S 仲裁委的个案考察"，载《北大法律评论》2009 年第 2 期。

[5] 初北平："'一带一路'多元争端解决中心构建的当下与未来"，载《中国法学》2017 年第 6 期。

[6] 邓茗："从理念到实践：临时仲裁制度构建初探"，载《仲裁研究》2005 年第 1 期。

[7] 董念清："1999 年《蒙特利尔公约》对中国的影响"，载《中国民用航空》2004 年第 1 期。

[8] 董念清："论航空承运人的告知义务"，载《北京航空航天大学学报（社会科学版）》2009 年第 2 期。

[9] 董念清："论国际航空私法条约适用的强制性"，载《中国法学》2020 年第 1 期。

[10] 董保华、周开畅："也谈'从契约到身份'——对第三法域的探索"，载《浙江学刊》2004 年第 1 期。

[11] 杜丽君："对中国引进国际航空仲裁制度的思考"，载《中国对外贸易》2015 年第 6 期。

[12] 傅廷忠："也谈海事优先权的法律性质"，载《中国海商法年刊》1990 年第 00 期。

［13］高圣平、王思源："论融资租赁交易的法律构造"，载《法律科学（西北政法大学学报）》2013 年第 1 期。

［14］郝秀辉："论'航空运输总条件'的合同地位与规制"，载《当代法学》2016 年第 1 期。

［15］黄进："建立中国现代仲裁制度的三点构想"，载《中国法律评论》2017 年第 3 期。

［16］黄桂琴、李慧英："融资租赁的法律性质与形式"，载《河北学刊》2010 年第 2 期。

［17］金妮："浅谈《消费者权益保护法》视角下的我国消费争议仲裁协议达成问题"，载《太原城市职业技术学院学报》2013 年第 3 期。

［18］金海："判定融资租赁法律性质的经济实质分析法——以承租人破产时租赁物归属为例"，载《华东政法大学学报》2013 年第 2 期。

［19］赖震平："我国商事仲裁制度的阙如——以临时仲裁在上海自贸区的试构建为视角"，载《河北法学》2015 年第 2 期。

［20］雷继平、原爽、李志刚："交易实践与司法回应：融资租赁合同若干法律问题——《最高人民法院关于审理融资租赁合同纠纷案件适用法律问题的解释》解读"，载《法律适用》2014 年第 4 期。

［21］李葆义："我国仲裁制度改革的几个问题"，载《中国法学》1984 年第 3 期。

［22］李志强、王向前："中国（上海）自由贸易区临时仲裁制度的建立"，载《中国法律》2013 年第 6 期。

［23］李广辉："入世与中国临时仲裁制度的构建"，载《政治与法律》2004 年第 4 期。

［24］李亚凝："《开普敦公约》对高价值移动设备交易适用性研究：基于航空器跨境交易的实践"，载《经贸法律评论》2019 年第 2 期。

［25］李锡鹤："论民事优先权的概念"，载《法学》2004 年第 7 期。

［26］李乾贵、郑囿君："航空知识产权纠纷可仲裁性探讨"，载《北京航空航天大学学报（社会科学版）》2012 年第 4 期。

［27］梁慧星："制定中国物权法的若干问题"，载《法学研究》2000 年第 4 期。

［28］林燕平："民用航空侵权的法律适用及《蒙特利尔公约》对中国的影响"，载《华东政法学院学报》2006 年第 6 期。

［29］刘彦伟、何晓凤："经济仲裁比较谈——兼论我国经济合同仲裁制度的特征"，载《政治与法律》1985 年第 3 期。

［30］刘晓红、周祺："我国建立临时仲裁利弊分析和时机选择"，载《南京社会科学》2012 年第 9 期。

［31］刘晓红："论我国商事仲裁裁决执行的区际司法协助"，载《政法论丛》2010 年第 1 期。

［32］刘晓红、冯硕："论国际商事仲裁中机构管理权与意思自治的冲突与协调——以快速仲裁程序中强制条款的适用为视角"，载《上海政法学院学报（法治论丛）》2018 年第 5 期。

［33］卢绳祖："试论国际商事仲裁制度的特性——兼论仲裁与调解的关系"，载《外贸教学与研究·上海对外贸易学院学报》1982 年第 2 期。

［34］罗超、平旭："论航空仲裁机制在中国的发展"，载《南京航空航天大学学报（社会科学版）》2015 年第 4 期。

［35］马俊驹、童列春："私法中身份的再发现"，载《法学研究》2008 年第 5 期。

［36］梅夏英、方春晖："优先权制度的理论和立法问题"，载《法商研究》2004 年第 3 期。

［37］倪静："论知识产权有效性争议的可仲裁性——对公共政策理由的反思"，载《江西社会科学》2012 年第 2 期。

［38］欧阳紫琪："国际航空仲裁制度探析"，载《法制博览》2015 年第 12 期。

［39］任卓冉、贺蒽蒽："消费纠纷仲裁解决机制进路之新探"，载《内蒙古社会科学（汉文版）》2015 年第 5 期。

［40］申卫星："信心与思路：我国设立优先权制度的立法建议"，载《清华大学学报（哲学社会科学版）》2005 年第 2 期。

［41］沈秋明："论我国对涉外仲裁裁决的司法审查"，载《南京大学法律评论》1996 年第 2 期。

［42］宋宗宇："优先权制度在我国的现实与理想"，载《现代法学》2007 年第 1 期。

［43］孙新强、秦伟："论'优先权'的危害性——以船舶优先权为中心"，载《法学论坛》2010 年第 1 期。

［44］田土城、王康："论民法典中统一优先权制度的构建"，载《河南师范大学学报（哲学社会科学版）》2016 年第 6 期。

［45］魏青松："融资租赁中的侵权行为责任——兼论融资租赁的法律性质"，载《云南法学》1996 年第 3 期。

［46］万鄂湘、于喜富："再论司法与仲裁的关系——关于法院应否监督仲裁实体内容的立法与实践模式及理论思考"，载《法学评论》2004 年第 3 期。

［47］万方："我国《消费者权益保护法》经营者告知义务之法律适用"，载《政治与法律》2017 年第 5 期。

［48］王献平、童新潮："美国的航空法律体系"，载《民航经济与技术》1995 年第 9 期。

［49］王贵国："'一带一路'争端解决制度研究"，载《中国法学》2017 年第 6 期。

［50］王徽："《国际商事仲裁示范法》的创设、影响及启示"，载《武大国际法评论》2019 年第 3 期。

［51］王瀚、孙玉超："国际航空运输领域侵权行为法律适用问题研究"，载《河南省政法管理干部学院学报》2006 年第 1 期。

［52］肖晗："建议取消不予执行仲裁裁决的司法监督方式"，载《河北法学》2001 年第 3 期。

［53］叶峰："行业仲裁发展的实践研究"，载《仲裁研究》2015 年第 1 期。

［54］尹伊："略论国内仲裁制度的改革"，载《西北政法学院学报》1984 年第 4 期。

［55］于丹："飞机租赁合同的准据法选择及中国实践探讨"，载《北京理工大学学报（社会科学版）》2017 年第 2 期。

［56］余成安、闵亮："《民用航空法》：民用航空发展的保障"，载《江苏航空》1995 年第 C1 期。

［57］张千帆等："建立统一的中国航空法体系——理论初探与立法建议"，载《北京航空航天大学学报（社会科学版）》2008 年第 2 期。

［58］张建："构建中国自贸区临时仲裁规则的法律思考——以《横琴自由贸易试验区临时仲裁规则》为中心"，载《南海法学》2017 年第 2 期。

［59］张贤达："我国自贸区临时仲裁制度的构建"，载《国家检察官学院学报》2017 年第 3 期。

［60］张超汉、张宗师："国际航空仲裁制度研究——兼评 1999 年《蒙特利尔公约》第 34 条"，载《北京理工大学学报（社会科学版）》2017 年第 4 期。

［61］张超汉："航空产品责任论要"，载《甘肃社会科学》2016 年第 4 期。

［62］章杰超："论仲裁司法审查理念之变迁——以 N 市中院申请撤销国内仲裁裁决裁定为基础"，载《当代法学》2015 年第 4 期。

［63］赵金镶："谈谈我国仲裁制度的改革"，载《法学研究》1986 年第 1 期。

［64］赵秀文："从奥特克案看外国临时仲裁裁决在我国的承认与执行"，载《政法论丛》2007 年第 3 期。

［65］周亚光："ETS 指令的法律遗产：国家与外国航空企业间航空争端解决的投资仲

裁路径",载《河北法学》2013 年第 10 期。

［66］周友军："论侵权法上的民用航空器致害责任",载《北京航空航天大学学报（社会科学版）》2010 年第 5 期。

［67］朱子勤、冯舸："航空产品责任诉讼初探——以美国立法与司法实践为视角",载《北京航空航天大学学报（社会科学版）》2014 年第 5 期。

［68］朱子勤："论国际航空侵权行为的法律适用",载《行政与法（吉林省行政学院学报）》2006 年第 12 期。

［69］［加］Ludwig Weber："开普敦公约将促进中国的航空器融资租赁",孙凯文、雷傲、富毓译,载《中国律师》2016 年第 2-5 期（注：本文系连载）。

［70］［德］哈拉尔德·容、米尉中："仲裁的选择与实施——中国与联邦德国的法律与实施",载《比较法研究》1989 年第 3-4 辑。

四、文集类

［1］高峰、金喆："中国民用航空争议解决年度观察（2018）",载北京仲裁委员会、北京国际仲裁中心编：《中国商事争议解决年度观察（2018）》,中国法制出版社 2018 年版。

［2］郭振滨、张本明："对消费争议仲裁的理解",载中国仲裁法学研究会编：《中国仲裁与司法论坛暨 2010 年年会论文集》。

［3］孙磊、魏晓雷："论航空货运争议的几个法律问题",载杨惠、郝秀辉主编：《航空法评论》（第 6 辑）,法律出版社 2017 年版。

［4］王几高："国有企业类型化管理中的分类标准",载顾功耘、罗培新主编：《经济法前沿问题（2015）》,北京大学出版社 2016 年版。

［5］肖国兴："能源发展转型的法律路径：从资源优势走向竞争优势",载肖国兴：《破解"资源诅咒"的法律回应》,法律出版社 2017 年版。

［6］许多奇、宋晓燕、梅敏程："美国《消费者仲裁规则》",载许多奇主编：《互联网金融法律评论》（2017 年第 2 辑）,法律出版社 2017 年版。

［7］赵劲松："航空运输总条件法律地位路在何方？——'弹性'合同条款,抑或'刚性'国际惯例",载杨惠、郝秀辉主编：《航空法评论》（第 4 辑）,法律出版社 2014 年版。

［8］杨紫煊："经济转型中的产业政策与产业法",载吴弘主编：《转变经济发展方式与经济法》,立信会计出版社 2010 年版。

［9］［美］T·W·舒尔茨："制度与人的经济价值的不断提高",载［美］罗纳德·H. 科斯等：《财产权利与制度变迁：产权学派与新制度学派译文集》,刘守英等译,格致

出版社、上海三联书店、上海人民出版社 2014 年版。

［10］［美］罗纳德·H. 科斯："社会成本问题"，载［美］罗纳德·H. 科斯：《企业、市场与法律》，盛洪、陈郁译校，格致出版社、上海三联书店、上海人民出版社 2014 年版。

五、学位论文类

［1］陈建："论仲裁员在市场经济中的定位"，对外经济贸易大学 2007 年博士学位论文。

［2］陈胜："中国金融仲裁制度的构建"，中央财经大学 2016 年博士学位论文。

［3］董肖肖："论在我国国际航空领域引入临时仲裁制度"，外交学院 2015 年硕士学位论文。

［4］范铭超："仲裁员责任法律制度研究——兼及我国仲裁员责任法律制度的反思与构建"，华东政法大学 2012 年博士学位论文。

［5］郝秀辉："航空器致第三人损害的侵权责任研究"，吉林大学 2009 年博士学位论文。

［6］侯登华："仲裁协议制度研究"，中国政法大学 2004 年博士学位论文。

［7］康明："论商事仲裁的专业服务属性"，对外经济贸易大学 2004 年博士学位论文。

［8］黎晓光："中外行业仲裁法律制度比较研究"，中国政法大学 2005 年博士学位论文。

［9］马占军："商事仲裁员独立性问题研究"，西南政法大学 2015 年博士学位论文。

［10］欧明生："民商事纠纷可仲裁性问题研究"，西南政法大学 2011 年博士学位论文。

［11］彭硕："美国消费争议仲裁若干法律问题研究"，武汉大学 2014 年博士学位论文。

［12］孙德胜："国际商事仲裁协议的效力问题研究"，大连海事大学 2012 年博士学位论文。

［13］向霏："我国消费仲裁制度的构建与完善——基于比较法的研究"，华侨大学 2012 年硕士学位论文。

［14］叶乃锋："国际航空侵权责任研究"，西南政法大学 2007 年博士学位论文。

［15］张贤达："国际商事仲裁协议效力扩张法律问题研究"，大连海事大学 2018 年博士学位论文。

［16］赵莘莘："英美财产法之 Estate 研究——以财产和财产权的分割为视角"，山东大学 2010 年博士学位论文。

［17］朱子勤："国际航空运输关系法律适用问题研究"，中国政法大学 2006 年博士学位论文。

六、报纸类

张超汉："设立航空运输法院、助推民航强国建设"，载《中国民航报》2019 年 1 月 24 日，第 7 版。

七、中文网站、公众号类

［1］"中国发布｜2019 年中国民航行业规模居世界第二　运输航空持续安全飞行 8068 万小时"，载中国民用航空局官网，http://www.caac.gov.cn/ZTZL/RDZT/2020QGMHGZHY/2020WZBB/202001/t20200109_ 200249. html.

［2］"关于国际民航组织——成员国"，载国际民航组织官网，https://www.icao.int/about-icao/Pages/member-states. aspx.

［3］李含："揭秘首家国际航空仲裁院"，载和讯网，http://news.hexun.com/2016-11-02/186696734. html.

［4］"关于政协十二届全国委员会第四次会议第 3433 号（工交邮电类 329 号）提案答复"，载中国民用航空局官网，http://www.caac.gov.cn/XXGK/XXGK/JYTNDF/201612/t20161219_ 41185. html.

［5］"上海国际仲裁中心机构简介"，载上海国际仲裁中心官网，http://www.shiac.org/SHIAC/aboutus. aspx？page＝4.

［6］"中国航空运输协会简介"，载中国航空运输协会官网，http://www.cata.org.cn/portal/content/content-list/hxgk/hxjj.

［7］"上海国际航运仲裁院简介"，载上海国际航运仲裁院官网，http://gjhy.accsh.org/index.php？m＝content&c＝index&a＝lists&catid＝11&menu＝6-11-.

［8］"建筑行业论仲裁，年度观察展风采——建筑业争议热点问题研讨暨'中国建设工程争议解决年度观察（2017）'发布会成功举办"，载中国建筑业协会官网，http://www.zgjzy.org.cn/menu20/newsDetail/1951. html.

［9］"'建设工程仲裁的实践及展望'高峰论坛"，载北京仲裁委员会官网，http://www.bjac.org.cn/news/view？id＝2606.

［10］"太仲简介"，载太原仲裁委员会官网，http://www.tyac.org.cn.

［11］"全国首家工程造价行业仲裁办事机构揭牌成立"，载齐鲁网，http://m.iqilu.

com/pcarticle/3748191？from：singlemessage&isappinstalled：0.

［12］"重庆仲裁委员会建设工程仲裁院挂牌成立"，载重庆仲裁委员会官网，http：//www. cqac. org. cn/Fast/dynamic/2013/1015/1142133. html.

［13］"我会举办建筑业仲裁中心揭牌仪式暨仲裁员沙龙活动"，载济宁仲裁委员会官网，http：//sdjnzc. jiningdq. cn/art/2017/14/4art_ 14752_ 612199. html.

［14］ "国际航空仲裁机制首次引入中国"，载新浪网，http：//news. sina. com. cn/o/2014-08-30/085930768460. shtml.

［15］"中国首部自贸区仲裁规则在上海颁布"，载中国政府网，http：//www. gov. cn/xinwen/2014-04/08/content_2654628. htm.

［16］ "中国航协与上海国际航空仲裁院领导会谈"，载搜狐网，http：//www. sohu. com/a/211368567_725892.

［17］ "2017上海国际航空法律论坛在校召开"，载华东政法大学新闻网，http：//news. ecupl. edu. cn/2007/0526/c672a157977/page. htm.

［18］"上海市法学会经济法学研究会举办'第十届经济法律高峰论坛'"，载上海法学会官网，https：//www. sls. org. cn/levelThreePage. html？id=9903.

八、外文案例类

［1］El Al Israel Airlines, Ltd. v. Tsui Yuan Tseng, 525 *U. S.* 155, 119 S. Ct. 662 （1999）.

［2］Henry Schein, Inc. *v.* Archer and White Sales, Inc. , 139 S. Ct. 524, 2019 WL 1221 64 （2019）.

九、外文论著类

［1］Andrew Tweeddale, Keren Tweeddale, *Arbitration of Commercial Disputes：International and English Law and Practice*, Oxford University Press, 2007.

［2］George N. Tompkins Jr. , *Liability Rules Applicable to International Air Transportation as Developed by the Courts in the United States：From Warsaw 1929 to Montreal 1999*, Kluwer Law International, 2014.

［3］Jean-François Poudret, Sébastien Besson, *Comparative Law of International Arbitration*, Sweet & Maxwell, 2007.

［4］Gary Slapper, David Kelly, *Sourcebook on the English Legal System*, Gavendish Publishing Limited, 1996.

［5］ Thomas H. Oehmke, *Oehmke Commercial Arbitration*, West Group, 2012.

［6］ I. H. Ph. Diederiks-Verschoor, *An Introduction to Air Law*, Kluwer Law International, 2001.

［7］ William Seagle, *The Quest For Law*, New York Alfred A. Knopf, 1941.

［8］ Bryan A. Gamer, *Black's Law Dictionary* (*pocket edition*), Thomson Reuters Company, 1996.

十、外文论文类

［1］ Giulia Mauri, "The Cape Town Convention on Interests in Mobile Equipment as Applied to Aircraft: Are Lenders Better off Under the Geneva Convention?", *European Review of Private Law*, Vol. 13, No. 5., 2005.

［2］ Lorne S. Clark, "The 2001 Cape Town Convention on International Interests in Mobile Equipment and Aircraft Equipment Protocol: Internationalising Asset-Based Financing Principles for the Acquisition of Aircraft and Engines", *Journal of Air Law and Commerce*, Vol. 69, Iss. 1, 2004.

［3］ Verson Nase, "ADR and International Aviation Disputes Between Sates", *ADR Bulletin*, Vol. 6, No. 5., 2003.

［4］ Thomas J. Whalen, "Arbitration of International Cargo Claims", *Air and Space Law*, Vol. 34, Iss. 6, 2009.

［5］ Eric A. Posner, Nathalie Voser, "Should International Arbitration Awards be Reviewable?", *Proceedings of the ASIL Annual Meeting*, Vol. 94, 2000.

［6］ Emmanuel Gaillard, Yas Banifatemi, "Negative Effect of Competence-Competence: The Rule of Priority in Favour of the Arbitrators", in Emmanuel Gaillard, Domenico Di Pietro eds., *Enforcement of Arbitration Agreements and International Arbitral Awards: The New York Convention in Practice*, Cameron May, 2008.

十一、外文网站类

［1］ "The Founding of IATA", IATA, https://www. iata. org/en/about/history/.

［2］ "About ICAO", ICAO, https://www. icao. int/about-icao/Pages/default. aspx

［3］ "IATA Members", IATA, http://www. iata. org/en/about/members/.

致 谢

　　近年来，随着航空产业的飞速发展，实践领域的新探索、新论题相应增多，这也极大拓展了航空法学的研究空间。在航空争议多元化解决机制的构建与完善领域，航空仲裁如同塔尖明珠一般，不仅彰显了航空法、仲裁法之于航空产业营商环境持续优化的制度优势，也早已成为我国航空业和仲裁业在全球市场中的一张名片。在此背景之下，学术界和实务界对这一领域的研究日渐深入，本书关于航空仲裁法律制度相关论题的探讨，亦是笔者的一次不成熟的尝试之旅。

　　本书是在笔者博士论文基础之上修改而成的，虽然以个人的名义出版，但却凝聚着众人的心血。

　　首先，我要感谢母校华东政法大学的各位老师们。攻读博士学位期间，承蒙我的导师肖国兴教授的悉心指导和足够宽容，自己度过了三年弥足珍贵的求学岁月，特别是在毕业论文撰写阶段，肖老师秉持"授人以鱼不如授人以渔"之道，从方法论的指导入手，提出了诸多极富价值的意见，让我虽多了许多思想压力，但却少走了很多弯路，这段难忘的经历必将成为人生的宝贵财富！此外，顾功耘教授、吴弘教授、沈贵明教授、唐波教授、罗培新教授、陈少英教授、钱玉林教授、张璐教授、胡改蓉教授、苏彦新教授、伍坚教授、张勇教授、袁发强教授、于丹教授、孙德通老师、欧阳天健老师、郑派老师等，都给予了我各种无私的指导、帮助与支持，在此一并表示感谢！

　　其次，我要感谢为本书出版提供指导和帮助的各位领导和专家们。中国法学会航空法学研究会的郭俊秀会长不仅引领了我国航空仲裁事业的发展，在百忙中仍对本书给予了宝贵的关注与指点，并亲自为之作序，让笔者多有

236

汗颜。中国民航大学法学院的郝秀辉院长、刘胜军教授给予了课题合作的宝贵机会，他们对本书选题的认同，对于笔者而言既是鼓励，更是鞭策。中国政法大学出版社的魏星先生在被我多次叨扰中不厌其烦地给予耐心解答，诸位素未谋面的编辑老师们以极为敬业的态度对书稿进行了严谨细致的校对，才得以使本书顺利出版。专家们的鼓励与厚爱，已然并将继续是我的荣幸！

再其次，我要感谢人生道路上给予我无私关怀的多位前辈们。特别感谢唐兵先生和我的硕士生导师史建三教授！难忘在唐总领导和教导下所积累的航空领域中多个复杂而又前沿的宝贵项目经验，难忘史老师的风度、气度、人生态度以及长久以来对我学业的持续关心。他们在工作中的敬业精神和事业之外的崇高品德，都将是我践行人生道德和行为品性的标杆和榜样！此外，有幸在人生路上遇到了航空法实务界的许多专家和领导，包括唐绮霞女士、刘绍杰先生、陈方先生等，特别是东航集团法律系统的许多位专家型管理者，无论是在向其请教航空仲裁及其他法律论题时，抑或是在自己遇到困难之际，他们都曾有求必应，甚至主动伸出援手，让我的求学、论文和人生征途多了几多信心，少了几许彷徨！

最后，我要感谢爱我的家人们。感谢我的父母，二老抵御着思乡的念头，长期在沪照料我和小家庭的日常生活，成全了我的海阔天空，自己却负重前行！感谢我的爱人，相识许久，相伴多年，太太的善良和信任给了我继续前行的足够勇气！感谢我们的宝贝小水果，有时想想，真的亏欠你太多！愿我们继续努力，共同成长！

贺大伟

2021 年 2 月 26 日　元宵节

谨识于上海